Intelectuais em
movimento

O grupo Comuna e a construção da
hegemonia antineoliberal na Bolívia

CONSELHO EDITORIAL

Ana Paula Torres Megiani
Eunice Ostrensky
Haroldo Ceravolo Sereza
Joana Monteleone
Maria Luiza Ferreira de Oliveira
Ruy Braga

Intelectuais em *movimento*

O grupo Comuna e a construção da
hegemonia antineoliberal na Bolívia

Rodrigo Santaella Gonçalves

Copyright © 2015 - Rodrigo Santaella Gonçalves

Grafia atualizada segundo o Acordo Ortográfico da Língua Portuguesa de 1990, que entrou em vigor no Brasil em 2009.

Edição: Haroldo Ceravolo Sereza
Editor assistente: Camila Hama
Assistente acadêmica: Bruna Marques
Assistente de produção: Cristina Terada Tamada/Camila Hama
Projeto gráfico, diagramação e capa: Gabriel Siqueira
Revisão: Rafael Freitas

Este livro foi publicado com o apoio da Fapesp.
CIP-BRASIL. CATALOGAÇÃO-NA-FONTE
SINDICATO NACIONAL DOS EDITORES DE LIVROS, RJ

G629i

Gonçalves, Rodrigo Santaella
INTELECTUAIS EM MOVIMENTO : O GRUPO COMUNA
E A CONSTRUÇÃO DA HEGEMONIA ANTINEOLIBERAL
NA BOLÍVIA
Rodrigo Santaella Gonçalves. - 1. ed.
São Paulo: Alameda, 2015.
304p.: il. ; 23 cm.

Inclui bibliografia e índice
ISBN 978-85-7939-380-8

1. Bolívia - Política e governo. 2. Movimentos
sociais - Bolívia. 3. Filosofia marxista. I. Título.

| 16-30922 | CDD: 320.984 |
| | CDU: 32(84) |

Alameda Casa Editorial
Rua Treze de Maio, 353 – Bela Vista
CEP 01327-000 – São Paulo – SP
Tel. (11) 3012-2403
www.alamedaeditorial.com.br

*Dedico este livro a todos e todas que lutam,
com ideias, pedras, armas, poesias ou ternura,
pela transformação da realidade.*

Sumário

PREFÁCIO 9

APRESENTAÇÃO 15

INTRODUÇÃO 19

PARTE I
O PAPEL DOS INTELECTUAIS NA DISPUTA DE HEGEMONIAS E AS
POSSIBILIDADES DE EMERGÊNCIA DO CONHECIMENTO CRÍTICO 25

I - O lugar dos intelectuais e a luta entre hegemonias 27

II - A crise como condensação social e autoconhecimento 41

III - "Nacionalização" do marxismo 47

PARTE II
A BOLÍVIA DAS ÚLTIMAS DÉCADAS E O GRUPO COMUNA 51

IV - Consenso neoliberal 57

V - Origens e principais características do grupo Comuna 69

VI - A crise da hegemonia neoliberal e o grupo Comuna 87

PARTE III

PENSAMENTO E PRODUÇÃO TEÓRICA DO GRUPO COMUNA 113

VII - Leituras de uma época: pressupostos,
referenciais teóricos e horizonte político 117

VIII - Caracterização da sociedade boliviana: composição
de classes, conjuntura de crise e formas de luta 177

IX - Democracia desde o subsolo: condições de
possibilidade para a democracia boliviana 233

X - Potencialidades e limites do Estado para a transformação
radical da sociedade: Estado e poder na Bolívia 253

CONCLUSÃO 283

REFERÊNCIAS 291

AGRADECIMENTOS 301

PREFÁCIO

Por Lucio Oliver (Professor titular da UNAM, México)
Dezembro de 2014

Um bom livro é como todo pensamento inteligente: deve ser preciso nas perguntas que se faz sobre seus sujeitos de estudo. E esse é o caso do livro de Rodrigo Santaella sobre o Grupo de intelectuais chamado Comuna, na Bolívia. O leitor pode conhecer o grande processo de transformação boliviano das duas últimas décadas a partir de uma ótica particular: a análise da produção literária de um grupo de intelectuais que se propôs a acompanhar e contribuir com a luta dos movimentos sociais em um momento privilegiado de crise. No processo, os participantes do grupo recolheram as interrogantes surgidas da profundidade da vida popular e plurinacional do país, e as transformaram em objeto de seu pensamento teórico para ampliá-las e relacioná-las com as tendências nascidas das estruturas sociais e da história do país. O resultado não poderia ter sido mais alentador: o processo foi enriquecido pelo horizonte intelectual do grupo e a crise teve uma saída positiva de criação de um novo bloco histórico progressista, com ingredientes próprios e comprometido com as demandas do processo, entre elas as de democracia participativa, emancipação sociocultural e bem viver. Hoje, numa nova etapa dessas lutas por um novo papel da Bolívia na história do mundo, o grupo diferenciou-se internamente política e teoricamente; e cada parte continua a fazer seu trabalho. O futuro das lutas latino-americanas seguramente contará com os conhecimentos e as capacidades acumuladas pelas lutas na sociedade boliviana e com o horizonte ampliado a partir da produção dos intelectuais que formaram o grupo Comuna.

Um dos objetivos mais difíceis de uma luta social revolucionária é gerar uma visão nova do mundo. Uma luta que se propõe a projetar um novo grupo social operante na vida política e econômica de um país tem que propiciar, além de uma transformação política e econômica, uma modifica-ção intelectual, cultural e moral do horizonte social. Isso nunca é resultado imediato da luta social e política. É produto de um esforço de vontade e de produção ideológica original, que muda os padrões sociais dominantes de ver o mundo para criar outros como patamar de toda a sociedade. Esta é uma tarefa difícil, porque demanda capacidade, constância, inteligência, criatividade, compromisso intelectual e político duradouro. A experiência do grupo Comuna contou com tudo isso. E, por isso, tratou-se de uma dis-puta pela hegemonia na sociedade, o que quer dizer que criou elementos ideológicos de uma nova relação de forças e de um novo bloco histórico capaz de impulsionar um momento novo na história da sociedade boliviana. Esse momento, atualmente, está precisando continuidade e de novas e mais aprofundadas lutas sociais, que vão requerer novas produções intelectuais que as acompanhem, por uma economia social, por uma transição histórica orientada pelo bem viver para criar uma sociedade em capaz de acompa-nhar um processo de mudança regional da América Latina, com o intuito de um mundo novo e multipolar. Essa construção histórica requer partir do acúmulo de experiências como as que deram um lugar de destaque ao grupo Comuna na primeira década do século.

As perguntas que inspiram Rodrigo Santaella em "Intelectuais em Movimento", tentam "entender qual foi o papel cumprido pelo grupo Comuna na disputa de hegemonias instaurada na Bolívia a partir do fim do século XX", estudando "as articulações políticas do grupo, suas relações com os movimentos e com a conjuntura política de crise hegemônica na Bolívia, focando-se principalmente na maneira por meio da qual essas relações criaram as condições para a produção de um pensamento crítico. [E], por outro lado, estudar esse pensamento crítico produzido propriamente dito, para compreender como ele influenciou no processo em curso, e quais suas principais potencialidades".

De fato, uma das questões mais complicadas da vivência atual da América Latina é a subalternidade das massas à concepção neoliberal do mundo, própria da dominação do capitalismo transnacional e da civilização mundial do capital. A experiência da Bolívia demonstra que trocar essa concepção por uma perspectiva nacional-popular autóctone e crítica não é um resultado espontâneo da resistência das minorias, nem sequer de um grande movimento de maiorias inconformadas com os efeitos econômicos, políticos, sociais do poder e da política dos Estados capitalistas. Transformar essa visão de mundo requer uma teorização para pensar nossas sociedades e nossos problemas, e exige novos mecanismos de análise e novos conceitos que gerem nas massas populares uma capacidade histórica nova: derrubar as relações tradicionais entre governantes e governados, dirigentes e dirigidos. Daí a importância do estudo de Santaella sobre o grupo Comuna: o livro permite conhecer como foi, no plano intelectual e político, a geração de um novo consenso entre Estado e sociedade, a partir de quais condições se fez, qual o foi o papel do grupo no processo, como foram pensados os problemas próprios na produção editorial e nos debates que esse grupo propôs à sociedade em seu movimento, e qual a herança teórica dessa produção. Isto é, "Intelectuais em Movimento" contribui para entender como foi apropriada e desenvolvida a teoria histórico-crítica no processo de transformação da sociedade boliviana, e como foi atualizada com novas conceitualizações e novas interrogantes.

Para empreender um estudo original como este, o Rodrigo Santaella nos lembra que se baseou em concepções sobre os intelectuais e sobre as crises histórico políticas provindas e inspiradas nos pensamentos de Antonio

Gramsci, René Zavaleta e de Caio Prado Jr., grandes pensadores críticos de Itália, da Bolívia e do Brasil. Foram eles que colocaram um novo chão nas reflexões acerca de como se vive a disputa pela hegemonia na modernidade e nas áreas periféricas.

De "Intelectuais em Movimento", podemos apreciar que as grandes lutas teóricas estão ligadas à história das sociedades e que, além do compromisso permanente dos pensadores críticos com o avanço social, as crises e as lutas dos movimentos sociais são um momento privilegiado de conhecimento e de transformação, que potencializam a emergência de pensamento crítico atrelado à ação histórico política dos agrupamentos sociais. Teoria e pensamento conformam uma unidade criativa pelo seu vínculo com a história (isto é com a ação dos grupos sociais nas conjunturas) e com a luta espiritual dos povos. Como conclui Santaella, "a partir de um contexto de crise social que potencializou a aglutinação dos diversos setores subalternos – trabalhadores, camponeses, indígenas do campo e da cidade –, o grupo foi capaz de articular-se com diversos segmentos da sociedade em luta e cumprir um papel importante na divulgação e na sistematização teórica do que estava acontecendo no país".

O seguimento da trajetória do grupo Comuna por Santaella o permite demonstrar como essa produção teórica validou nas sociedades civis das cidades as lutas e ações dos movimentos sociais nascidos no campo e nas periferias urbanas. Criou uma sensibilidade positiva e uma compreensão de como essas lutas tinham um significado de defesa e resgate nacional e histórico em uma sociedade abigarrada como a boliviana, completamente atropelada pelas políticas neoliberais. Essa criação teórica permitiu um questionamento ao senso comum criado pelo neoliberalismo, e contribuiu a uma expansão social plurinacional de um novo bom senso crítico. A luta de ideias na sociedade civil boliviana se enriqueceu com a perspectiva que o grupo assinalou de que uma sociedade abigarrada como a boliviana precisava de políticas outras que permitissem o desenvolvimento pleno do "caráter multicultural e multissocietal do país, da necessidade de um aprofundamento radical da democracia que combatesse os resquícios coloniais, dos limites estruturais objetivos do neoliberalismo, etc." e que a realidade plurinacional da Bolívia exigia a criação política de um novo núcleo comum de encontro e organização das 36 nações que constituem a multissocietalidade abigarrada do país.

A partir da leitura do livro de Santaella, se pode derivar que uma das realizações mais importantes do grupo Comuna foi permitir que a sociedade compreendesse que os problemas da persistência da colonialidade, do Estado aparente, da dominação oligárquica e da exclusão das culturas e sociedades originárias não provêm só das relações sociais culturais e das restrições da democracia, mas também da existência de uma multissocietalidade vinculada às formas produtivas do capitalismo interno, monoprodutoras e com padrões de acumulação relacionados com a subsunção formal ao capital.

Enfim, o estudo da rica produção intelectual do grupo Comuna e as reflexões trazidas por Santaella demonstram que nossos países têm condições que permitem que os intelectuais estabeleçam relações criativas com os movimentos sociais e, ao mesmo tempo, produzam um novo conhecimento da realidade social e novas categorias para entender e impulsionar a capacidade das massas populares para elas próprias passarem da subalternidade para uma situação de autonomia criadora que as aproxime da condição de ser classes dirigentes do processo social e plurinacional.

APRESENTAÇÃO

Por Prof. Dr. Bernardo Ricupero, dep. de Ciência Política da USP

Já se tornou um lugar comum afirmar que a Bolívia é hoje um laboratório político. Há, porém, inúmeros motivos que justificam o quase cliché. Afinal, para ficar apenas na história recente, o país foi pioneiro, a partir da segunda metade da década de 1980, na implantação de políticas neoliberais; ironicamente, impulsionadas pelo mesmo Movimento Nacionalista Revolucionário (MNR) que tinha liderado a Revolução nacionalista, de 1952. Como ocorreu depois no resto da América Latina, implantou-se, com a costumeira assistência de assessores internacionais, políticas de desregulamentação que deveriam conduzir ao paraíso da livre empresa. E se a eleição, em 2005, de Evo Morales não iniciou na América Latina o questionamento dessas políticas – que ocorriam desde a chegada ao poder de Hugo Chávez, em 1998, na Venezuela, de Luiz Inácio Lula da Silva, em 2002, no Brasil, de Néstor Kirchner, em 2003, na Argentina, e de Tabaré Vázquez, em 2004, no Uruguai – levou mais longe o desafio ao que já tinha se convertido num novo senso comum.

Assim, se a América Latina é atualmente a região do mundo em que a hegemonia neoliberal sofre abalos mais consistentes a Bolívia tem lugar de destaque nesse processo. Até porque o país andino foi capaz, a partir de uma conjuntura particular, de responder, como nenhum outro do subcontinente, a problemas seculares, como a opressão que as maiorias indígenas sofrem desde a conquista. Nesse sentido, o principal símbolo das transformações é a nova Constituição do Estado plurinacional que reconhece, para além do que foi, durante muito tempo, a imagem "mestiça" da Bolívia as diferentes nacionalidades presentes no território do país.

Mas porque as lutas sociais na Bolívia foram mais longe? É, em grande parte, a esta pergunta que Rodrigo Santaella Gonçalves procura responder em seu livro.

Toma, ao lidar com a questão, um ângulo original, investigando o papel de intelectuais na elaboração de uma contra-hegemonia ao neoliberalismo. É significativo como os inúmeros estudos que têm sido produzidos, inclusive na academia brasileira, para analisar o laboratório boliviano não têm prestado atenção ao problema. Têm-se estudado especialmente questões relacionadas aos movimentos sociais e ao Estado, praticamente não tendo se concedido espaço para a investigação a respeito do papel das ideias e de seus formuladores, os intelectuais, nas transformações pelas quais passa o país. No caso do trabalho em questão, é bastante natural que, ao se pesquisar o papel de intelectuais na construção de uma certa hegemonia, assuma-se uma perspectiva gramsciana. Um dos inúmeros méritos do livro está inclusive em indicar as potencialidades que esse tipo de investigação continua a ter para se compreender a política e a cultura no mundo atual.

Ainda mais interessante, a resposta de Santaella Gonçalves à pergunta vincula-se ao objeto que elegeu estudar: as formulações e ações de intelectuais, no caso, os intelectuais do grupo Comuna.

Seria possível, entretanto, questionar até que ponto os intelectuais que se reuniam semanalmente, no final dos anos 1990 e início dos anos 2000, para discutir a conjuntura política boliviana e promoveram a publicação de uma série de livros constituem efetivamente um grupo. Afinal, nem mesmo está claro, como indica a minuciosa reconstituição realizada em Intelectuais em Movimento e contra-hegemonia na Bolívia, quem fazia parte do grupo. Melhor, há um certo consenso que identifica o Comuna com o núcleo original do grupo, composto por Raquel Gutierrez, Álvaro Garcia Linera, Luis Tapia e Raúl Prada, a quem em geral se agrega Óscar Vega Camacho. Também não está claro o período de funcionamento do grupo. Seu nascimento se dando por volta da época em que Gutierrez e Garcia Linera saíram da prisão, em 1988, motivada pela vinculação ao Ejército Guerrillero Tupac Katari (EGTK). Por sua vez, desde a eleição de Morales, afloraram divergências políticas quanto à avaliação do governo e que motivaram a saída de boa parte dos participantes do Comuna, Tapia tendo mantido, mesmo na nova situação política, a intenção de manter suas atividades.

Não é mesmo evidente a natureza do Comuna, grupo que tinha motivação política mas que nunca funcionou como partido. Além de tudo, pese a comum oposição ao neoliberalismo e uma certa referência ao marxismo, as orientações teóricas dos membros do Comuna são muito variadas; Gutierrez e Garcia Linera tendo grande interesse no indianismo, Tapia no nacionalismo e Prada no pós-estruturalismo. Por fim, é interessante pensar, como sugere Santaella Gonçalves, qual é o tipo de intelectual que constitui o grupo. Os participantes do Comuna não seriam propriamente intelectuais orgânicos das classes subalternas bolivianas – que, historicamente, nas suas diferentes organizações, especialmente mineiras e camponesas, produziram intelectuais com essas características – mas também não seriam simplesmente intelectuais tradicionais, apesar de muitos de seus membros estarem vinculados à universidade.

Fato é que os membros do Comuna promoveram reuniões, seminários, participaram de debates, assessoraram movimentos sociais, publicaram livros, estiveram em programas de televisão, escreveram para jornais. Numa palavra, atuaram ativamente na disputa de hegemonia desenvolvida na Bolívia durante a década de 1990. Nesse enfrentamento, tiveram como principal alvo o consenso neoliberal que se formara anteriormente. Auxiliaram, em especial, os setores populares a elaborarem uma vontade nacional-popular capaz de colocar em questão o que já havia se convertido num senso comum. Nesse sentido, mais importante do que definir precisamente o que é o grupo Comuna é entender o papel que teve na conformação de um novo bloco histórico num dos momentos de crise decisivos da história boliviana.

O que se relaciona com outro dos aspectos mais sugestivos da prática-teórica do Comuna. A partir da análise de René Zavaleta Mercado, souberam desenvolver uma "interpretação da Bolívia" que deu subsídios à ação política das classes subalternas. Em particular, levaram adiante a visão da Bolívia como uma formação social abigarrada. Nela, mais do que modos de produção conviveriam variados tempos históricos, culturas, sistemas sociais, sistemas legais. Na Bolívia não haveria, assim, a dominação plena do capitalismo, não chegando a se dar a articulação entre os diferentes modos de produção presentes na formação social. Nessa mesma referência, se perceberia o que se pode chamar de potencial heurístico da crise, capaz de aproximar momentaneamente os diferentes tempos históricos. É possível interpretar a situação boliviana, desde a Guerra da Água, de 2000, nesses termos. A própria Constituição, ao definir o caráter multinacional do país, pode ser vista como uma maneira original de lidar com as condições de uma formação social abigarrada.

O livro que o leitor tem em mãos possui, em outras palavras, a grande qualidade de chamar a atenção para o papel de intelectuais num dos processos políticos mais interessantes que o mundo vive atualmente. Mais, Santaella Gonçalves mostra que muitas das possibilidades presentes na Bolívia são produto das formulações e ações do grupo Comuna. Até porque seus membros souberam elaborar uma rica interpretação da formação social boliviana, que alimentou a intervenção das suas classes subalternas. Em outras palavras, percebe-se pela leitura de Intelectuais em Movimento e contra-hegemonia na Bolívia como ainda há espaço para a política e, mais ainda, como os intelectuais podem desempenhar um papel decisivo nela. Não se deve subestimar uma lição como essa, particularmente, num momento de resignação como o que vivemos hoje.

INTRODUÇÃO

Transformar a realidade é uma tarefa árdua e complexa. Se partimos do pressuposto de que grande parte da nossa realidade, em termos globais, deve ser transformada profundamente, discutir os caminhos possíveis torna-se necessário. Pensar os termos, os sujeitos, os passos e as características da transformação buscada e da sociedade envolvida nela é uma decorrência lógica dessa conclusão. Entretanto, menos lógico – ainda que muitos tenham se preocupado com isso na história – é pensar o papel do próprio pensamento nessa transformação. Compreender a força das ideias, como são construídas e como elas se relacionam inseparavelmente com a atividade concreta de seus construtores, para buscar entender o papel que têm a cumprir na transformação social é um desafio importante a ser enfrentado continuamente por aqueles e aquelas que almejam, a partir da atividade de produzir conhecimento, transformar a realidade. É no contexto deste desafio que se insere esse livro.

Nos últimos anos, pensar a transformação social e a tomada de poder por setores historicamente oprimidos, especialmente no contexto latino-americano, obrigatoriamente passa por discutir o laboratório político que se tornou a experiência boliviana. A Bolívia é um país no qual o neoliberalismo foi implementado de maneira paradigmática nos anos oitenta, sendo considerado, nos primeiros anos, um dos principais exemplos de sucesso da aplicação das políticas de ajuste. Dando solução a alguns dos problemas provenientes do caos econômico reinante no país e desestruturando as formas mais consolidadas de resistência social, as classes dominantes bolivianas associadas ao capital financeiro internacional conseguiram manter uma hegemonia neoliberal por pelo menos quinze anos no país, entre 1985 e 2000. A partir dos impactos sociais dos ajustes, entretanto, e da reconfiguração dos sujeitos políticos subalternos, com uma emergência das coletividades indígenas e camponesas como centro de contestação, essa hegemonia passou a ser combatida de forma cada vez mais veemente.

Na virada para o século XXI, com as mobilizações de diversos movimentos sociais e a conformação de um novo bloco subalterno alternativo, instaurou-se uma disputa de hegemonias no país andino. Paralelamente a esse processo e em contato direto com alguns dos principais movimentos sociais deste bloco, surge um grupo de intelectuais, de diferentes trajetórias e espaços de militância, que a partir das articulações com esses movimentos passa a produzir teoria social crítica baseada no processo concreto de lutas vivido no país. É justamente esse grupo, chamado Comuna, o principal objeto de estudos do trabalho que originou este livro.

Os diversos estudos sobre o processo boliviano, em geral, se concentram nas análises dos movimentos sociais e do papel que cada um deles cumpriu neste processo, ou nas reflexões com relação à nova organização estatal da Bolívia a partir de 2005, com a vitória eleitoral de Evo Morales, representante deste novo bloco que havia se formado. A ideia central do livro é olhar para o mesmo processo sob uma ótica diferente, construída a partir das perspectivas, das ideias, da organização e dos anseios de um grupo de intelectuais que participou ativamente do processo.

A partir de uma perspectiva que busca perceber a articulação complexa entre teoria e prática, entre dominação e direção, força e consenso, o objetivo mais específico proposto no livro é explicar o papel cumprido pelo grupo Comuna na disputa de hegemonias instaurada na Bolívia a partir do fim do século XX e nas transformações ocorridas no país desde então. Neste sentido, há uma tensão que permeou toda a pesquisa e que permanece presente ao longo de todo o livro. Por um lado, está a necessidade de compreender as articulações políticas do grupo, suas relações com os movimentos e com a conjuntura política de crise hegemônica na Bolívia, focando-se principalmente na maneira por meio da qual essas relações criaram as condições para a produção de um pensamento crítico. Por outro, a necessidade de estudar este pensamento crítico propriamente dito, para compreender como ele influenciou no processo em curso, e quais suas principais potencialidades.

Assim, essa dupla perspectiva que engloba teoria e prática gera uma tensão propositalmente não resolvida aqui. Articular os dois aspectos desta tensão é parte fundamental para a compreensão do papel cumprido pelo grupo na conjuntura. Para entender o papel estritamente político cumprido por ele, analisar sua produção teórica é fundamental. Para a compreensão acerca de como emerge e quais as potencialidades desta produção, por sua vez, é necessário entender o contexto concreto no qual seus atores estavam inseridos, ao lado de que sujeitos coletivos lutavam, quais projetos defendiam concretamente etc.

Parte-se da hipótese de que o grupo Comuna cumpriu um papel importante na criação de um novo consenso e na consolidação hegemônica do bloco nacional-popular e indígena que se formava em disputa direta contra o neoliberalismo no país. Entretanto, esse contexto, aliado aos referenciais teóricos marxistas utilizados por grande parte do grupo, teria gerado condições para a produção de uma teoria que desenvolve, em alguns aspectos, o marxismo, criando novos mecanismos de análise úteis para pensar e transformar sociedades como a boliviana e outras sociedades periféricas.

O cumprimento do objetivo aqui expresso de compreender o papel do grupo neste processo tem sua relevância assegurada em pelo menos em três aspectos. Primeiro, é parte do debate sempre necessário sobre o papel dos intelectuais na transformação da sociedade, ilustrando, desenvolvendo e gerando novas reflexões que podem contribuir para os debates mais gerais acerca dos intelectuais e dos processos de disputa de hegemonias; além disso, contribui para compreender o processo boliviano dos últimos anos a partir de outra perspectiva, já que a grande maioria dos estudos se concentra no papel do Estado ou especificamente no papel dos movimentos sociais; e, por fim, pode ter relevância para pensar caminhos possíveis de desenvolvimento da teoria marxista em contextos particulares como o boliviano e que podem ser utilizados para pensar outras sociedades periféricas, que têm a marca do processo da colonização na construção de suas realidades.

O primeiro capítulo busca apresentar os principais referenciais teóricos utilizados para nortear e justificar as reflexões presentes no trabalho, debatendo aspectos importantes da teoria de Antonio Gramsci acerca dos intelectuais e da construção de hegemonia; as teorizações do marxista boliviano René Zavaleta Mercado sobre os momentos de crise e suas potencialidades para a produção de conhecimento crítico; e, por fim, a ideia de nacionalização do marxismo, trazida a partir das reflexões de Luis Tapia e Bernardo Ricupero sobre Zavaleta Mercado e Caio Prado Jr., respectivamente. A partir da dupla perspectiva de análise, geram-se dois caminhos paralelos e em contato constante, que se refletem na organização do livro. Neste sentido, o segundo capítulo trata do contexto histórico e social boliviano e das origens do grupo Comuna, relacionando o período do consenso neoliberal e sua posterior crise com as articulações e o desenvolvimento do grupo, como forma de entender que papel político o grupo cumpriu e por meio de quais mecanismos. O terceiro trata da produção teórica que emerge de todo esse processo, seus principais referentes, horizontes políticos, ideias, conceitos e análises, e de como toda essa produção se relaciona ao processo anteriormente estudado e também influencia nele. Por fim, a conclusão traz uma sistematização das relações encontradas com relação ao papel cumprido pelo grupo e ao potencial de suas ideias, e um convite à reflexão mais geral a partir de todo o debate apresentado.

O fio condutor que permeia toda a reflexão é o alinhamento de duas preocupações: a preocupação com a compreensão sobre o papel dos intelectuais do grupo Comuna na conjuntura boliviana apresentada e o potencial transformador de suas ideias, e por sua vez a preocupação com a reflexão mais geral sobre a importância dos intelectuais em processos de transformação social. Neste sentido, a partir de uma narrativa sobre a história do grupo e da Bolívia, de uma apresentação e discussão de suas principais ideias e de um marco teórico que localiza e conecta todas as discussões, o trabalho busca ser também um convite. Este livro só será pleno de sentido se convidar, de uma forma ou de outra, seus leitores e leitoras a movimentar as ideias aqui apresentadas, e a buscar, a partir de seu próprio contexto, mobilizar seu pensamento e sua produção teórica para a transformação da realidade.

Parte I
O PAPEL DOS INTELECTUAIS NA DISPUTA DE HEGEMONIAS E AS POSSIBILIDADES DE EMERGÊNCIA DO CONHECIMENTO CRÍTICO

O lugar dos intelectuais e a luta entre hegemonias

Para pensar qualquer aspecto do contexto político dos países sul-americanos na transição do século XX para o XXI, é fundamental debater a crise do neoliberalismo e a luta entre hegemonias que se instaurou com mais ou menos intensidade nos países da região. Neste sentido, a contribuição do italiano Antonio Gramsci para os debates políticos e culturais no continente é, para utilizar o termo de Álvaro Bianchi, "incontornável" (BIANCHI, 2008, p. 300). Se o tema discutido neste contexto tem relação direta com o papel dos intelectuais e sua produção, a utilização do pensamento do marxista sardo torna-se ainda mais necessária.

A América Latina passou por uma crise da hegemonia neoliberal, evidenciada, entre outros processos, pelas eleições na Venezuela em 1998, Evo Morales na Bolívia em 2005, a Lula no Brasil em 2002, de Kirchner na Argentina em 2003, Ortega na Nicarágua em 2006, Correa no Equador em 2007, além de todos os processos de luta e de mobilização social contra as políticas neoliberais que marcaram em maior ou menor medida esses e outros países do continente (GONÇALVES & ALBUQUERQUE, 2010, p. 149). Na Bolívia, em particular, o processo de luta foi muito intenso entre os anos de 2000 e 2005, e marcou um colapso da hegemonia do bloco histórico neoliberal e a ascensão de um movimento contra-hegemônico que articulava os setores nacional-populares e indígenas da sociedade boliviana (CUNHA FILHO, 2009), inaugurando um processo de disputa de hegemonias e de paulatina vitória da última sobre a primeira. O papel dos intelectuais vinculados ao bloco subalterno nacional-popular e indígena neste processo foi de suma importância e o grupo Comuna, em particular, destacou-se muito por sua produção teórica e articulações políticas no período.

Para utilizar o arcabouço teórico gramsciano na análise de situações concretas como a boliviana, dados o caráter fragmentário e inconcluso de sua obra e os diversos problemas metodológicos de todas as edições de suas obras publicadas no Brasil – especialmente a exclusão de uma série de textos e a publicação dos demais em uma ordem não cronológica reconstruída tematicamente pelos editores – é importante ter em mente que as interpretações ligeiras ou as arbitrariedades no que diz respeito às sistematizações artificiais do pensamento do autor podem levar a compreensões totalmente equivocadas, ou no mínimo muito distantes daquilo que Gramsci buscava em suas reflexões (*Ibidem* p. 48; 271). Para evitar esses equívocos, por não se tratar aqui de uma pesquisa profunda e direta a partir dos textos originais gramscianos, ou mesmo de suas edições mais críticas e criteriosas, já que foram acessados todos em suas traduções ao português a partir da edição da Civilização Brasileira dos "Cadernos do Cárcere", além da leitura dos textos propriamente ditos, trabalhou-se com o livro "O laboratório de Gramsci", de Álvaro Bianchi (2008). Neste livro, o autor busca contextualizar as fontes gramscianas e seus escritos e problematizar as interpretações do "senso comum" acadêmico acerca da obra do marxista sardo, oferecendo interpretações e chaves analíticas muito importantes para a compreensão da obra.

De acordo com Bianchi (2008, p. 73), o tema dos intelectuais surgiu antes do período do cárcere, mas foi retomado na prisão e associado à teoria da hegemonia e do Estado em sentido orgânico, passando a ocupar "uma posição estratégica no pensamento político gramsciano". Assim, o primeiro passo a seguir para entender a importância dos intelectuais no pensamento de Gramsci e embasar a análise proposta aqui é debater introdutoriamente os conceitos, entre si muito relacionados, de Estado integral e de hegemonia. O conceito de hegemonia em Gramsci surge a partir de um critério histórico-político de diferenciação entre as funções de direção das classes aliadas e domínio das adversárias (*Ibidem*, p. 234). Afirmava o marxista sardo:

> O critério metodológico sobre o qual é preciso fundar a própria análise é o seguinte: a supremacia de um grupo se manifesta de dois modos, como "domínio" e como "direção intelectual e moral". Um grupo social domina os grupos adversários, que visa a "liquidar" ou a submeter inclusive com a força armada, e dirige os grupos afins e aliados. Um grupo social pode e, aliás, deve ser dirigente já antes de conquistar o poder governamental (esta é uma das condições fundamentais inclusive para a própria conquista do poder); depois, quando exerce o poder e mesmo se o mantém fortemente nas mãos, torna-se dominante, mas deve continuar a ser também [dirigente] (GRAMSCI, 2002, p. 62-63).

O conceito de hegemonia é o que permite articular de forma complexa e dialética muitas das dicotomias ou diferenciações conceituais, acima de tudo metodológicas e didáticas – portanto não existentes de forma pura na realidade –, presentes no pensamento de Gramsci e no marxismo em geral, tais como estrutura e superestrutura, Estado e sociedade civil, economia e política etc. O exemplo desse processo de articulação dialética que melhor se encaixa na reflexão aqui buscada é o de direção e domínio, ou consenso e coerção. A partir dessa articulação surge o conceito de Estado integral: o lócus prioritário da direção, da criação de consenso, seria a sociedade civil, enquanto o espaço do domínio e da coerção consistiria prioritariamente na sociedade política – o Estado. Entretanto, isso não significa que não haja coerção no âmbito da sociedade civil e nem geração de consenso a partir do Estado: "as funções de dominação próprias da sociedade política não seriam canceladas pelas funções de direção política, que teriam lugar privilegiado na sociedade civil. Daí uma teoria que desse conta do Estado em seu sentido integral ou orgânico (...)" (BIANCHI, 2008, p. 120). Gramsci afirmava no caderno 6 que na noção geral de Estado existem elementos que devem ser remetidos à noção de sociedade civil, apresentando a conhecida fórmula de que o Estado é igual à sociedade política mais a sociedade civil, ou hegemonia encouraçada de coerção (GRAMSCI, 2000, p. 244).

Para Gramsci, portanto, há sempre uma "dupla perspectiva" na ação política e na vida estatal, na qual estão lado a lado e sempre relacionados força e consenso, autoridade e hegemonia, tática e estratégia (*Idem*, 2000, p. 33). Principalmente baseado em suas análises sobre o pensamento político de Maquiavel, o autor italiano também utiliza da metáfora do Centauro, um único ser que é metade homem racional e metade fera, para argumentar a complementaridade e a interdependência entre essas esferas (*Ibidem*). No que diz respeito ao Estado, a grande contribuição de Gramsci é pensar as suas funções para além do monopólio legítimo da violência weberiano, incorporando também a noção de direção política e de criação de consenso como uma função organizada e exercida estatalmente. A percepção dessas funções como parte do papel do Estado coloca em primeiro plano a questão dos intelectuais no pensamento do autor italiano. Ao destacar a unidade-diferenciação, a articulação dialética entre as duplas conceituais de sociedade civil e sociedade política, força e consenso, direção e dominação, ao invés de dar ênfase a seu suposto antagonismo, o lugar dos intelectuais para a compreensão desses conceitos e de como eles se complementam se torna central, pois eles são os agentes de ambas as funções (BIANCHI, 2008, p. 75;79). Neste sentido, fica claro que os intelectuais ocupam um papel fundamental na sociedade para Gramsci, e consequentemente um papel também central em suas reflexões.

A luta entre hegemonias, das classes subalternas contra as classes dominantes, passa, portanto, por um choque de ideias na busca por dirigir ideologicamente outros setores da sociedade, no qual os intelectuais cumprem um papel central. Contudo, se trata de muito mais do que um conflito de ideias, pois se confrontam comportamentos e concepções de mundo próprias de modos de produção diferentes (BALDONI, 1978, p. 11 *apud* BIANCHI, 2008, p. 116), que mobilizam toda a estrutura de aparelhos e funcionam como base material dessas ideologias, cumprindo o papel de organizá-las e difundi-las (BIANCHI, 2008, p. 179). No caso boliviano que será analisado mais adiante, isso fica muito claro na medida em que o conflito de ideias do qual o grupo Comuna foi protagonista estava diretamente relacionado às disputas materiais concretas entre as organizações das classes subalternas, como movimentos sociais diversos, partidos, grupos urbanos independentes, as estruturas estatais como a polícia e o exército, e aparelhos privados de hegemonia da burguesia como os comitês cívicos e a imprensa.

É importante, neste sentido, ter em mente que a análise da disputa ideológica e do papel do grupo Comuna no processo só tem sentido se cotejada com o processo de luta concreto entre hegemonias do qual ela fazia parte, articulava e influía, mas não encarnava totalmente. A luta material nas ruas bolivianas e a produção teórica/atuação política do grupo Comuna se articulavam dialeticamente, e o objetivo deste trabalho é compreender que papel cumpriram essas iniciativas do grupo, sem iludir-se com a ideia de uma independência total ou de uma sobreposição absoluta da esfera ideológica e do debate de ideias com relação ao resto da sociedade. Mais uma vez, é importante destacar que força e consenso andam juntos e só tem sentido se percebidas em sua articulação dialética:

> O exercício "normal" da hegemonia, no terreno tornado clássico do regime parlamentar, caracteriza-se pela combinação da força e do consenso, que se equilibram de modo variado, sem que a força suplante em muito o consenso, mas, ao contrário, tentando fazer com que a força pareça apoiada no consenso da maioria (...) (GRAMSCI, 2000, p. 95).

Ora, se num período "normal" de exercício da hegemonia em uma democracia burguesa a força está presente de forma decisiva, ainda que não possa suplantar muito o consenso, num período de crise hegemônica, no qual os conflitos entre as classes estão acirrados, não se pode iludir acerca de qualquer autonomia ou privilégio da esfera do consenso diante a disputa material. Do que se trata, neste trabalho, é justamente entender como num momento de crise, em que a força e a disputa coercitiva estavam claramente em voga na Bolívia, o papel da produção de consenso, articulado diretamente com as disputas de força, foi também importante. Os intelectuais cumprem o papel de criadores e mantenedores do consenso espontâneo das massas, e também organizam e cumprem as funções do aparelho de coerção estatal, utilizado quando esse consenso espontâneo é perdido em momentos de crise (GRAMSCI, 2006, p. 21).

Mas qual é, então, a definição de intelectuais em Gramsci? A partir de quais critérios se busca definir quem são os intelectuais? O fundamental é entender que os intelectuais estão diretamente relacionados com as classes sociais em disputa na sociedade, na medida em que, segundo Gramsci, todo grupo social cria para si camadas de intelectuais, que servem para lhe dar homogeneidade e consciência de suas próprias funções no campo econômico, social e político (GRAMSCI, 2006, p. 15). Neste sentido, os elementos centrais para a definição gramsciana de intelectuais não são as tarefas específicas ou as características de seu trabalho, mas sim as funções e relações sociais nas quais eles estão envolvidos, como esclarece a seguinte passagem:

> O erro metodológico mais difundido, ao que me parece, é ter buscado esse critério de distinção no que é intrínseco às atividades intelectuais, em vez de buscá-lo no conjunto do sistema de relações no qual estas atividades (e, portanto, os grupos que as personificam) se encontram no conjunto geral das relações sociais. Na verdade, o operário ou proletário, por exemplo, não se caracteriza especificamente pelo trabalho manual ou instrumental, mas por este trabalho em determinadas condições e em determinadas relações sociais (*Ibidem*, p. 18).

Compreender e explicar essas determinadas condições e relações sociais mostram-se de extrema importância para definir o trabalho dos intelectuais em sua relação direta com os grupos sociais aos quais estão conectados. A elaboração dessas camadas intelectuais na realidade não acontece de forma abstrata, mas sim segundo processos históricos muito concretos, e a relação dos intelectuais com o modo de produção e com as classes fundamentais que o compõem é mediada "por todo o tecido social, pelo conjunto das estruturas dos quais os intelectuais são precisamente os 'funcionários'" (*Ibidem*,p. 20). Neste sentido, há dois grandes planos superestruturais de acordo com Gramsci, a sociedade civil e o Estado, com funções organizativas e conectivas, com a organização da coerção e do consenso e, como se viu, os intelectuais são os agentes de ambas as funções. Percebe-se, portanto, que a conceituação de Gramsci amplia em muito a definição dos intelectuais, a partir das funções exercidas por eles: funcionários do Estado, administradores, gerentes de fábrica, profissionais liberais, professores, filósofos, líderes sindicais, todos exercem a função de intelectuais na sociedade. No mundo moderno, segundo o autor italiano, o sistema social democrático-burocrático fez o grupo de intelectuais crescer enormemente, criando grandes massas muitas vezes não justificadas pelas necessidades sociais da produção, mas sim pelas necessidades políticas do grupo fundamental dominante (*Ibidem*, p. 22).

De fato, é perfeitamente possível afirmar que todos os seres humanos são intelectuais, na medida em que todos exercem ações relacionadas ao intelecto, pensam, reproduzem a cultura do senso comum, etc., mas que nem todos têm na sociedade a função de intelectuais (*Ibidem*, p. 18). Quando se coloca a distinção entre intelectuais e não intelectuais, trata-se de uma ênfase na função social exercida, ou seja, a distinção se dá a partir da direção, na sociedade, sobre a qual incide a maior parte da atividade específica exercida, se na elaboração intelectual (funções diretivas e organizativas) ou no esforço muscular nervoso (*Ibidem*, p. 52). Se é possível falar, a partir dessa distinção, de uma categoria sociológica de intelectuais, é impossível falar de não intelectuais, já que todas as atividades humanas são também alguma forma de intervenção intelectual na realidade, ainda que seja como forma de reproduzir o senso comum. (*Ibidem*, p. 53).

Essa definição ampla de intelectuais ganha um maior nível de especificidade quando, dentre os que exercem função de intelectuais, Gramsci constrói uma série de diferenciações importantes. A primeira e mais conhecida delas é distinção a entre intelectuais orgânicos e tradicionais. Os primeiros são provenientes das classes sociais fundamentais no sistema capitalista, que cumprem a função de buscar organizar a sociedade em geral, desde seus serviços até o Estado, de forma a criar condições favoráveis para a expansão da própria classe, ou possuir a capacidade de recrutar os empregados especializados que cumprirão essa função. Os últimos são representantes de uma continuidade histórica que, apesar de todas as modificações trazidas pelo capitalismo, não foi interrompida, sendo os eclesiásticos o maior exemplo de seu tempo (*Ibidem* p. 16-17). Há diferentes graus internos também à atividade intelectual, diferentes qualitativamente, encontrando-se nos mais altos graus os criadores das várias ciências, filosofia, arte etc., e no mais baixo os mais modestos "administradores" e divulgadores da riqueza intelectual existente e já acumulada (*Ibidem*, p. 21). Há ainda uma diferenciação entre intelectuais urbanos e rurais, sendo esses últimos em grande parte tradicionais, ligados às massas do campo e à pequena burguesia, cumprindo o papel de mediar a relação destas massas com a administração local e estatal através do exercício profissional, o que confere também uma função política muito importante a esses intelectuais. Os técnicos de fábrica urbanos, por sua parte, não exercem uma função política importante sobre as massas, e muitas vezes são influenciados politicamente pelos intelectuais orgânicos das massas instrumentais (*Ibidem*, p. 23).

Para Gramsci, a questão dos intelectuais não é de interesse meramente sociológico, mas sim uma questão política, e a conformação de grupos intelectuais uma questão estratégica (BIANCHI, 2008, p. 74). No que diz respeito aos partidos políticos, para alguns grupos sociais eles são a forma de elaborar sua própria camada de intelectuais orgânicos, que se formam diretamente no campo filosófico e político, e não no campo da técnica produtiva (GRAMSCI, 2006, p. 24). Neste sentido, cabe localizar introdutória e superficialmente, por enquanto, o grupo Comuna dentro das diferenciações intrínsecas gramscianas acerca dos intelectuais. Primeiro, trata-se de um grupo de intelectuais que está "nos mais altos graus" produzindo filosofia e ciência, provenientes das camadas urbanas, mas estabelecendo vínculos importantes também com grupos rurais, especialmente alguns movimentos sociais indígenas. Não se pode caracterizar os intelectuais do grupo simplesmente como intelectuais orgânicos da classe trabalhadora, já que a sociedade boliviana é, como se discutirá adiante, muito complexa no que diz respeito a sua composição de classe. Os vínculos estabelecidos e a função social cumprida pelo grupo relacionam-se principalmente com o surgimento de um sujeito político camponês-indígena e seus vínculos com as camadas trabalhadoras urbanas. Entretanto, é possível caracterizá-los como intelectuais orgânicos do bloco histórico que articula os setores nacional-populares e indígenas em torno da construção de uma nova hegemonia no país, a partir do ano 2000. Neste sentido, se consideramos o partido real em luta contra o neoliberalismo nos primeiros anos do século XXI, os membros do grupo cumpriram o papel de intelectuais orgânicos deste "partido" neste processo, a partir de sua condição de classe trabalhadora urbana, vinculada às universidades.

Na América Latina, Gramsci afirmava à época da redação dos cadernos, a fins da década de 1920, que existiam principalmente intelectuais de tipo tradicional e rural, ligados aos latifundiários através do clero e de uma casta militar (*Ibidem*, p. 31). Cabem, a partir dessa consideração do marxista sardo, algumas reflexões importantes. Mesmo com todas as diferenças existentes nas sociedades latino-americanas atualmente, como a maior industrialização, modernização e urbanização das sociedades, são pertinentes algumas reflexões sobre a realidade boliviana a partir das breves reflexões de Gramsci sobre o continente. A Bolívia consiste, ainda, em um país de pouquíssima industrialização e predominantemente rural, mas com uma presença indígena muito forte entre os camponeses, e essa realidade exige um destaque acerca do papel dos indígenas e dos intelectuais provenientes de suas organizações. Trata-se de um grupo social "antigo", como afirma Gramsci e basicamente rural, o que levaria a pensar em uma associação com o conceito de intelectuais tradicionais. Entretanto, esse antigo grupo social cumpre um papel renovado na sociedade e na política boliviana, na medida em que se transforma no principal agente de combate ao bloco burguês neoliberal. Por outro lado, os setores indígenas criam seus próprios intelectuais a partir da atividade política, dos seus partidos e sindicatos camponeses-indígenas. Neste sentido, os intelectuais indígenas camponeses vinculados aos movimentos sociais e às organizações indígenas podem ser tratados como uma mescla dos tipos orgânico e tradicional de intelectuais.

Na luta entre hegemonias, um dos grandes objetivos dos grupos em disputa é a assimilação e a "conquista ideológica" dos intelectuais tradicionais, o que se torna cada vez mais concreto na medida em que o grupo consegue formar mais intelectuais orgânicos (*Ibidem*, p. 19). Do ponto de vista histórico, o central é entender a formação de camadas especializadas de intelectuais conectadas com os grupos sociais mais importantes, que disputam essa conquista ideológica dos intelectuais tradicionais (BIANCHI, 2008, p. 77). No caso de uma sociedade multifacetada e fragmentada como a boliviana, entender a formação de camadas especializadas de intelectuais vinculadas aos principais grupos sociais, como é o caso dos membros do Comuna, é muito importante. No entanto, tarefa central consiste igualmente em entender as relações entre essas camadas e os intelectuais orgânicos-tradicionais camponeses e indígenas. Isso acontece porque uma das chaves explicativas da crise hegemônica do neoliberalismo no país é geração de possibilidades de conexão entre os grupos sociais mais modernos e importantes – o proletariado contemporâneo com todas as suas peculiaridades – e os grupos antigos camponeses e indígenas na sociedade boliviana, fundamentais para a formação de um bloco com força suficiente para colocar em crise a hegemonia neoliberal vigente desde 1985 no país.

O contato e a soldagem entre os intelectuais orgânicos e os intelectuais tradicionais na sociedade civil, fundamental para a construção de consenso e para a disputa de hegemonia, são garantidos a partir do partido político (GRAMSCI, 2002, p. 24). Se é a política que garante a mediação entre os grupos sociais fundamentais e os intelectuais tradicionais, ela também assegura a relação entre a "filosofia superior", elaborada sistematicamente, e o senso comum, reproduzido acriticamente (BIANCHI, 2008, p. 73). É importante entender que quando Gramsci afirma todos os seres humanos como intelectuais seu objetivo não é diluir a filosofia e a produção teórica no senso comum, igualando tudo. Existe uma diferença clara, pois a filosofia, produzida por aqueles intelectuais "dos mais altos graus", tem um papel importante a cumprir com relação ao senso comum, em uma perspectiva de transformação da sociedade. Sobre a filosofia necessária para a transformação do mundo, Gramsci afirmava no caderno 11 que

> Uma filosofia da práxis só pode apresentar-se, inicialmente, em atitude polêmica e crítica, como superação da maneira de pensar precedente e do pensamento concreto existente (ou mundo cultural existente). E portanto, antes de tudo, como crítica ao "senso comum" (...); e posteriormente como crítica da filosofia dos intelectuais, que deu origem à história da filosofia e que, enquanto individual (...) pode ser considerada como culminâncias do progresso do senso comum, pelo menos do senso comum dos estratos mais cultos da sociedade e, através desses, também do senso comum popular. (GRAMSCI, 2001, p. 101)

Aí reside também a importância dos intelectuais produtores dessa filosofia. A disputa entre grandes sistemas filosóficos, principalmente no que diz respeito aos seus grandes expoentes, é parte concreta e fundamental da luta entre hegemonias, daí também o ímpeto de Gramsci em enfrentar dedicadamente Benedeto Croce, a principal figura do revisionismo na Itália (BIANCHI, 2008, p. 111). A "vitória" da filosofia da práxis sobre outros sistemas filosóficos, e seu contato direto com o senso comum, com os "simples", cumpre um papel importantíssimo na construção de um novo consenso e na imposição de uma hegemonia dos setores subalternos da sociedade.

Coloca-se a questão, assim, de qual o objetivo estratégico dessa disputa intelectual que é parte da disputa de hegemonias. O principal é a criação e o fortalecimento do consenso em torno da direção e da dominação de uma classe, no caso da filosofia da práxis dos setores subalternos da sociedade, e a partir daí a busca por uma reforma intelectual e moral. Esse fortalecimento passa pela necessidade da fusão entre teoria e prática. Como mostra Bianchi,

> A política e a luta entre os grupos sociais não se reduziriam a uma atividade prática. Elas envolvem, também, a conformação e afirmação de uma identidade filosófica que garantisse a unidade do grupo social e imprimisse um sentido a uma prática transformadora e à constituição de um grupo intelectual próprio. Era nesse nexo teoria-prática que Gramsci colocava o conceito de hegemonia. (BIANCHI, 2008, p. 80).

Justamente por isso, a filosofia da práxis estimula um contato entre os intelectuais e os "simples" com o intuito de forjar um bloco intelectual e moral que torne politicamente possível um progresso intelectual das massas, elevando a sua concepção de mundo (GRAMSCI, 2001, p. 103). Para destruir a estrutura complexa de fortificações e trincheiras da classe dominante é necessário um profundo espírito de cisão das classes subalternas, a "conquista progressiva da consciência da própria personalidade histórica", e esse processo requer um complexo trabalho ideológico (*Idem,* 2006, p. 79).

A geração de autoconsciência crítica das massas na busca por tornar-se independente, classe para si, requer necessariamente a organização política. Para Gramsci, não existe organização sem organizadores e dirigentes, ou seja, sem intelectuais, "sem que o aspecto teórico da relação teoria-prática se distinga concretamente em um estrato de pessoas 'especializadas' na elaboração conceitual e filosófica" (*Idem,* 2001, p. 104). Os partidos políticos, movimentos sociais e outras formas de organização política são fundamentais para a formação dessa camada de intelectuais, para a mediação destes com o senso comum e com os outros tipos de intelectuais na sociedade e, portanto, para o avanço na construção de uma reforma intelectual e moral que contribua na luta de hegemonias. Daí a importância de estudar, no caso boliviano, a relação do grupo Comuna com as organizações políticas em luta no período de crise, para compreender o papel cumprido pelo grupo e as origens práticas de suas elaborações teóricas.

Por último, é importante retomar, sob uma nova perspectiva, a noção de interdependência das esferas e a necessidade de não se iludir com uma suposta autonomia ou supervalorização do debate de ideias nas disputas políticas e social concretas. A reforma intelectual e moral buscada através da conformação de um bloco intelectual e moral e do progresso intelectual das massas e do senso comum, que é parte importantíssima na disputa de hegemonia na medida em que contribui decisivamente para a geração de consenso, só tem sentido se acompanhada de uma reforma econômica, ou seja, de uma mudança concreta nas bases materiais de produção da sociedade (BIANCHI, 2008, p. 169). Esta fornece a base material e as condições objetivas para que essa reforma intelectual e moral gerada pela elevação intelectual das massas possa se tornar hegemonia e desenvolver-se plenamente em uma nova forma estatal (*Ibidem*).

Justamente pela necessidade de não autonomizar as esferas do pensamento gramsciano, e menos ainda da realidade concreta das relações sociais e das disputas entre as classes, mesmo para uma pesquisa focada na produção teórica e no papel político dos intelectuais, é importante entender o contexto econômico concreto no qual os debates estão inseridos. Neste sentido, faz-se necessário contextualizar a crise econômica, política e social na Bolívia a partir dos anos 2000 e seu papel na produção de conhecimento e no debate intelectual da época.

A crise como condensação social e autoconhecimento

A caracterização da crise boliviana do início do século XXI é imprescindível quando se analisa o papel dos intelectuais naquela sociedade a partir de uma perspectiva gramsciana.[1] Por isso, um dos pilares teóricos de nossa discussão se relaciona com as potencialidades de um momento de crise social geral para a produção do conhecimento teórico e para o autoconhecimento das sociedades. Para essa reflexão, utilizaremos o pensamento do marxista boliviano René Zavaleta Mercado e algumas elaborações de seu maior estudioso, Luis Tapia.

Zavaleta parte de uma caracterização da sociedade boliviana, de sua complexidade e diversidade extrema, para avaliar suas dificuldades de autoconhecimento e as conjunturas sociais nas quais esse conhecimento se torna factível. O marxista boliviano falava de uma "sociedade *abigarrada*", matizada, multifacetada. O *"abigarramiento"*, para Zavaleta, é mais do que um elemento que caracteriza uma sociedade multicultural, ou mesmo heterogênea

---

1 A caracterização detalhada da crise propriamente dita terá lugar na parte 2 deste livro. Aqui, trata-se de estabelecerem-se os principais referenciais teóricos que guiarão a reflexão acerca do objeto de pesquisa.

no que diz respeito à diversidade de modos de produção existentes num mesmo período histórico. Na verdade, reflete contextos sociais nos quais convivem mutuamente mais de um tempo histórico, o que se refere não só a modos de produção distintos, mas também à coexistência de várias relações sociais e jurídicas num mesmo momento e território (TAPIA, 2002c, p. 309). É um conceito, portanto, forjado para analisar sociedades complexas, formadas parte na dominação colonial e parte no desenvolvimento capitalista.

> Se diz-se que a Bolívia é uma formação social *abigarrada* é porque nela não só se sobrepuseram as épocas econômicas (as de uso taxonômico comum) sem combinar-se tanto, como se o feudalismo pertencesse a uma cultura e o capitalismo a outra mas ocorressem no mesmo cenário, ou como se houvesse um país no feudalismo e outro no capitalismo, sobrepostos e não combinados, a não ser um pouco. Temos, por exemplo, um estrato, o neurálgico, que é o que provém da construção da agricultura andina, da formação do espaço; temos, de outra parte (ainda se deixarmos de lado a forma *mitimae),* o que resulta do epicentro potosino, que é o caso maior de descampesinização colonial; verdadeiras densidades temporais mescladas, não obstante, não só entre si das formas mais variadas, mas também com o particularismo de cada região (ZAVALETA MERCADO, 1983, p.16).[2]

O autor chega a essa caracterização, portanto, percebendo que na Bolívia existem diversas culturas, modos de produção, sistemas legais diferentes. Por outro lado, percebe que o Estado sempre foi organizado de maneira monolítica, representando apenas um desses sistemas totalizadores (o moderno-capitalista). O Estado oficial, por sua parte, não representa e nem engloba todos os setores da sociedade, nem sequer para organizar a exploração sobre eles, como acontece com relação ao proletariado. As comunidades indígenas andinas não se reconhecem naquele Estado, e este por sua vez tem poucos mecanismos de fazer-se reconhecer perante a elas. Neste sentido, surge a noção de "Estado aparente", que denota as debilidades do Estado

---

2   A citação original está em espanhol. Todas as citações dos autores bolivianos e de língua espanhola ao longo do texto estão no original em espanhol, e traduzidas livremente pelo autor por demandas editoriais.

moderno num contexto social como o boliviano. Trata-se de um "um poder político juridicamente soberano sobre o conjunto de um determinado território, mas que não tem relação orgânica com aquelas populações as quais pretende governar" (TAPIA, 2002c, p. 306).

A ideia de formação social *abigarrada* em Zavaleta provém do conceito de formação econômico-social, cunhado pelo marxista italiano Emilio Sereni. Este conceito descreve situações sociais nas quais coexistem vários modos de produção, mas articulados a partir de um modo de produção dominante – o capitalista – que não extingue os demais, mas os subjuga diante de seu projeto de autorreprodução. O conceito de Sereni refere-se à formação de um bloco histórico, em sentido gramsciano, no qual a burguesia dirige os setores subalternos sem eliminá-los. Entretanto, quando trata de uma sociedade *abigarrada*, Zavaleta refere-se justamente à desarticulação entre esses modos de produção e à consequente falta de dominação explícita de um sobre outros. "Com justa razão, o próprio termo 'articulação' foi discutido, porque sem dúvida não se trata de um acordo entre diversidades, mas de uma qualificação de umas por outras de tal forma que nenhuma delas mantém a forma de sua existência" (ZAVALETA MERCADO, 1986, p. 104). Como mostra Tapia (2002c, p. 311), a noção de *abigarrado* surge para mostrar não só a falta de articulação entre os modos de produção, mas sobretudo as outras dimensões da vida social, principalmente a política, nas sociedades que, como a boliviana, tiveram um desenvolvimento débil do capitalismo.[3]

Para Zavaleta, na Bolívia,

> (...) cada vale é uma pátria, em um composto no qual cada povoado veste, canta, come e produz de um modo particular, e falam línguas e sotaques diferentes, as quais nenhuma pode chamar-se, nem por um instante, de língua universal de todos (...) De tal forma que não há dúvidas de que não é só a escassez de estatísticas confiáveis o que dificulta a análise empírica na Bolívia, mas sim

---

3 A caracterização da sociedade boliviana feita pelos intelectuais do grupo Comuna é em grande parte baseada no pensamento zavaletiano. Neste sentido, essa caracterização e o conceito de *sociedad abigarrada* serão discutidos com mais profundidade na parte 3 do trabalho.

a própria falta de unidade convencional do objeto que se quer estudar (ZAVALETA MERCADO, 1983, p. 17).

Essa falta de unidade convencional que dificulta a compreensão e o estudo da realidade boliviana oferece obstáculos também ao autoconhecimento e à elevação moral das massas, bem como à elaboração de teorias críticas capazes não somente de albergar a diversidade do país, mas também de buscar a unidade das classes subalternas na tentativa da superação da ordem estabelecida.

Em países como a Bolívia, onde não há uma homogeneização da substância social, a possibilidade de visão e compreensão acerca da qualidade das relações sociais e das interações entre os grupos são muito pequenas. Nessas condições, os momentos de crise permitem revelar a diversidade social contida no país e os modos em que isso se articulou historicamente, em geral de maneira mais ou menos colonial (TAPIA, 2005b, p. 25).

Assim, nos momentos de crise geral dessas sociedades, de acentuação da luta de classes, essa diversidade dispersa cria um determinado nível de concentração e de encontro entre os diversos. A contrapelo, a história como economia, como política, como mito, se apresenta como algo concentrado e inteligível durante o período de crise, que é a "forma de unidade patética do diverso" (ZAVALETA MERCADO, 1983, p. 18-19). A crise proporciona o encontro entre os diversos modos de produção e tempos históricos, entre os diversos grupos sociais, antigos e novos, e justamente por isso Zavaleta busca estabelecer a análise das crises como método de compreensão da sociedade boliviana. Enquanto método, busca o entendimento de situações concretas – os momentos de crise – concebidas como sínteses da totalidade social não aparente no cotidiano. Tais situações proporcionam maior capacidade de penetração cognitiva, principalmente em sociedades não homogeneizadas pelo capitalismo, mas já penetradas e transformadas por ele (TAPIA, 2002c, p. 113). Para Zavaleta, as crises tornam a realidade extraordinariamente visível em suas mais agudas contradições (MORALES, 2006, p. 128).

As crises são conjunturas nas quais o conjunto de crenças e a ideologia por meio das quais a maioria das pessoas atua e dá sentido à vida social passam a ser questionadas. Sendo assim, as crises mais profundas, entendidas como aquelas capazes de gerar maiores possibilidades de conhecimento, não são as relacionadas simplesmente às estruturas de regime político, mas sim aquelas nas quais novas forças sociais emergem, desenvolvendo sua capacidade de auto-organização, autorrepresentação e rearticulação de setores sociais, produzindo assim mudanças no modo de autocompreensão do país (TAPIA, 2005b, p. 26). Essas crises implicam, assim, na perda da capacidade da ideologia e do discurso dos grupos dominantes de mediarem e integrarem de maneira subordinada os grupos subalternos, o que ao mesmo tempo gera uma perda de poder social e político (*Ibidem*).

Neste sentido, analisa-se a crise aqui como momento de possibilidade para a geração de autoconhecimento crítico e de autoconsciência dos grupos subalternos. As crises, em sociedades *abigarradas* como a boliviana, proporcionam um momento chave de potencialidade para a elevação moral das massas e para a formação de um bloco intelectual e moral que busque a transformação ideológica, política e econômica da sociedade. Ao proporcionar o contato de diferentes estratos sociais, que não se encontram cotidianamente, a crise favorece o encontro entre intelectuais orgânicos dos grupos fundamentais e intelectuais tradicionais com os intelectuais indígenas; os partidos e movimentos encontram-se com os "simples", e nesses momentos o potencial de elevação intelectual das massas cresce bastante. O contexto de crise social na Bolívia é fundamental para entender o papel intelectual, social e político do grupo Comuna, bem como as consequências teóricas e práticas oportunizadas por esses encontros.

"Nacionalização" do marxismo

O contexto de luta entre hegemonias e de crise política proporciona um cenário propício para a efervescência de conhecimento e de produção de teoria social. Neste sentido, do ponto de vista do marxismo, tradição que unificou em certa medida os intelectuais do grupo Comuna, ainda que com muitas diferenças entre eles, as potencialidades de desenvolvimento são muito grandes. Uma das necessidades impostas pela realidade à teoria marxista e também uma possibilidade aberta por essas conjunturas de crise é a do processo de "nacionalização do marxismo".

Para debater a ideia de nacionalização do marxismo serão utilizados principalmente os trabalhos de Luis Tapia e de Bernardo Ricupero. Tapia (2002c), em sua tese de doutorado acerca da obra de René Zavaleta Mercado, intitulada *La Producción del Conocimento Local – Historia y política en la obra de René Zavaleta*, argumenta que o trabalho desse autor é o mais importante exemplo de nacionalização do marxismo na Bolívia. Ricupero (2000), por outro lado, no livro *Caio Prado Jr. e a Nacionalização do Marxismo no Brasil* também trabalha com o conceito de nacionalização do marxismo, a partir das reflexões acerca da obra de Caio Prado Jr.

Para Tapia, dentre as maiores contribuições em toda a história do marxismo estão justamente aquelas que, a partir das leituras de Marx, trataram de desenvolver reflexões a partir de suas realidades concretas, através de grandes nacionalizações do marxismo, como por exemplo as obras de Lênin, Gramsci e Mariátegui (TAPIA, 2002c, p. 330).

Não por acaso Bernardo Ricupero utiliza o mesmo termo para falar da construção teórica de Caio Prado Junior, no Brasil. A nacionalização do marxismo consiste, para este autor, na tradução do modo de abordagem dessa teoria às condições de uma experiência histórico-social específica, que proporciona capacidade de reflexão original sobre elas (RICUPERO, 2000, p. 29). Neste sentido,

> a universalidade do marxismo consistiria precisamente na sua capacidade de se converter em uma força viva nas mais variadas sociedades, o que faria que, de verdade teórica abstrata, passasse a ser uma universalidade concreta (RICUPERO, 2000, p. 30).

A definição de Ricupero não só se complementa com a ideia de que a nacionalização torna possível a utilização do marxismo para entender a realidade específica analisada, mas também demonstra a capacidade do marxismo em abranger a análise das realidades mais diversas (*Ibidem*, p. 31).

Tapia, por sua vez, define a nacionalização do marxismo na mesma linha, mas desenvolve mais profundamente a reflexão acerca do modo a partir do qual ela é construída. Para ele, esse processo se refere a um movimento de interiorização da teoria, no qual o marxismo se transforma em uma concepção de mundo interiorizada e se converte na forma de pensar cotidianamente o conjunto de relações e experiências vividas pelo sujeito, o conjunto de relações da sociedade na qual ele está inserido e, mais ainda, os objetos de pesquisa estudados por ele (TAPIA, 2002c, p. 327).

Tapia utiliza analogamente as categorias de subsunção formal e subsunção real que Marx desenvolveu para as fases de desenvolvimento do modo de produção capitalista para explicar aspectos dos processos intelectuais e ideia de nacionalização do marxismo. Ele argumenta que há processos de subsunção formal na apropriação de uma teoria quando o intelectual se apropria de uma teoria mais ou menos geral e a utiliza como modelo geral em diversos níveis de análise para explicar os casos específicos, subsumindo o caso específico estudado aos modelos gerais, tentando adaptar o particular à teoria, ou seja, quando simplesmente se aplicam as teorias gerais aos casos específicos (*Ibidem*). Por outro lado, se pode pensar que se pratica a subsunção real da teoria por parte dos sujeitos quando ela foi incorporada de tal modo que existe uma transformação das próprias subjetividades que a interiorizam, fazendo com que a prática desse conjunto sistemático de ideias não se reduza à aplicação de modelos formais gerais, mas sim um movimento no qual a teoria ou as teorias apropriadas convertem-se em um meio ou um modo de produção de mais teoria, a partir do diálogo com a situação concreta estudada (*Ibidem*, p. 328).

O processo de nacionalização do marxismo ocorreria, então, quando o sujeito se apropria da teoria marxista, interiorizando-a, subsumindo-a realmente e passando a ter sua própria subjetividade e atividade investigativa baseada nela, convertendo-a num movimento intelectual capaz de estudar problemas específicos relacionados a uma realidade local, produzindo mais teoria e enriquecendo a própria matriz marxista com a qual se trabalha. Esse é o processo de nacionalização do marxismo que Tapia argumenta ser feito em René Zavaleta Mercado na Bolívia, e que, com outras palavras, Bernardo Ricupero associa à obra de Caio Prado Jr. no Brasil. Nas palavras de Tapia,

> É uma nacionalização do marxismo porque é um processo de apropriação e interiorização de uma teoria geral de caráter epocal (o tempo histórico do capitalismo, ou a modernidade dos homens livres) para pensar e explicar uma realidade local bastante complexa e composta, não pela via da subsunção do caso boliviano em modelos de validade geral, mas sim por um processo pelo qual ao mesmo tempo se experimenta e reflete sobre os limites de validade do que Zavaleta também chama de modelos de regularidade, na produção de um sistema categorial que dê conta dos problemas específicos de conhecimento e de explicação da forma em que a realidade social se configura na história local. A partir disso, ao mesmo tempo se reforma e se desenvolve a matriz teórica geral, que neste caso é o marxismo (TAPIA, 2002c, p. 328).

A terminologia utilizada para definir esse processo de apropriação e interiorização do marxismo a partir de realidades nacionais não é isenta de complicações. Falar de "nacionalização" do marxismo pode trazer problemas de compreensão, e confusões com os infindáveis debates sobre nacionalismo e socialismo. Para a reflexão presente nesta pesquisa, importa entender como se localiza a produção teórica dos intelectuais do grupo Comuna e se é possível caracterizá-la, ou alguns de seus aspectos em alguns dos autores, como um processo de "nacionalização do marxismo" na Bolívia do século XXI, entendido nos termos propostos por Tapia e Ricupero, como movimentação crítica ou complexificação do marxismo a partir de realidades concretas e específicas.

***

De forma a conectar todos os referenciais teóricos apresentados até aqui, o que se busca no trabalho é entender, a partir da abordagem gramsciana, como se localiza o grupo Comuna na sociedade boliviana, com que grupos ele se relaciona e de que grupos sociais seus membros são provenientes para, a partir dessas reflexões, explicar o papel cumprido por eles na luta de hegemonias na sociedade boliviana. Além disso, busca-se compreender com René Zavaleta Mercado como o momento de crise social, política e econômica na Bolívia influenciou e criou condições objetivas e subjetivas para a produção teórica do grupo no contexto específico de declínio do neoliberalismo no país. Por fim, pretende-se compreender, a partir dos debates acerca da nacionalização do marxismo, os potenciais e os limites dessa produção, tanto como forma de desenvolvimento do marxismo quanto como instrumento de autoconhecimento crítico da sociedade boliviana.

O arcabouço teórico apresentado até aqui pretende ajudar na compreensão de como uma conjuntura de crise numa sociedade complexa e diversificada, marcada pela colonização, permite a emergência de teoria crítica, aliada às lutas concretas por hegemonia na sociedade. E como toda essa conjunção de fatores contribui para que o potencial da teoria produzida para a disputa de hegemonias seja elevado.

Parte II

A BOLÍVIA DAS ÚLTIMAS DÉCADAS E O GRUPO COMUNA

A Bolívia é um dos países mais complexos e diversos do continente latino-americano. Diversas culturas, modos de produção e até "tempos históricos" diferentes convivem mutuamente num mesmo território nacional: como vimos, é o que o pensador boliviano René Zavaleta Mercado chama de sociedade *abigarrada* (ZAVALETA MERCADO, 1986, p. 104). Toda essa complexidade ajuda a explicar o porquê do país andino ter tido sempre como marcas, em sua história, a efervescência social e a instabilidade política. As mobilizações populares caracterizaram grande parte da trajetória da sociedade boliviana, deixando rastros em todo o desenvolvimento do país andino e de seus habitantes. Por outro lado, foram 189 golpes de estado desde a independência política do país, em 1885. Tudo isso em um país em que atualmente 62% da população se reconhece como membro de uma das 36 etnias indígenas reconhecidas pela constituição política do país, e que mesmo tendo melhorado relativamente seus índices sociais desde 2006, conta ainda com mais de cinco milhões de pessoas vivendo em situação de pobreza, e dentre estas pouco mais de dois milhões em situação de extrema pobreza.[1]

---

[1] Os dados relativos à população indígena são do último censo realizado no país, em 2001. No fim de 2012 será realizado um novo censo, que trará provavelmente algumas mudanças nesses dados. Os dados referen-

Existem momentos-chave na história das sociedades, em geral marcados por crises ou guerras, que se configuram como acontecimentos profundos e fundadores do modo de ser de uma sociedade por um longo período de tempo: são os chamados "momentos constitutivos" (ZAVALETA MERCADO, 1986, p. 45). Há diversos momentos constitutivos de caráter popular da sociedade boliviana, que merecem destaque: a rebelião indígena anticolonial liderada por Tupac Katari, em 1780; a guerra federal do final do século XIX, com participação decisiva do exército liderado por Zárate, o temível Willka, que passou a pautar os direitos e a autonomia indígena, restituição das terras a seus donos originais, governo indígena etc.; a profunda derrota na guerra do Chaco, que desmoralizou os governos oligárquicos bolivianos diante da classe operária e dos indígenas e propiciou o contato direto entre esses setores; e a revolução nacionalista de 1952, que unificou em suas fileiras a classe trabalhadora e os indígenas e serviu como elemento de encontro e de conformação do "nacional-popular" boliviano. A Assembleia Popular de 1971 e sua embrionária dualidade de poderes, e a crise de novembro de 1979, que recolocou os indígenas no mapa político boliviano marcado pela centralidade proletária também são momentos fundacionais da Bolívia contemporânea.

Depois das ditaduras e do período neoliberal, com a marcada derrota da classe trabalhadora boliviana, mudanças importantes aconteceram no país. A classe trabalhadora mineira, protagonista de todas as manifestações populares da sociedade civil no século XX, sofreu uma brutal derrota com o fechamento das minas estatais, depois da *"Marcha por la Vida"*, em 1986. O neoliberalismo, com toda sua força, demarcava o fim daquela condição operária e a reestruturação de todo o mundo do trabalho no país, e no continente (ANTUNES, 2011). Por outro lado, acentuava formas de dependência estatal com a privatização de recursos naturais, e com a crescente abertura para a ingerência econômica – e política – dos organismos de fomento, tais como o Banco Mundial, o Fundo Monetário Internacional, e o Banco Interamericano de Desenvolvimento.

---

tes à pobreza são do INE - *Instituto Nacional de Estadística de Bolívia* – atualizados em 2009.

Os primeiros anos do século XXI trouxeram um novo momento de ebulição social no país, e as diversas mobilizações populares que derrubaram cinco presidentes em menos de cinco anos, caracterizam também um novo momento constitutivo da sociedade boliviana contemporânea. Isso não se deve somente ao fato de terem sido essas mobilizações as impulsionadoras do clima político que permitiu a ascensão do primeiro presidente indígena ao Palacio Quemado, o líder do movimento sindical cocalero Evo Morales. Se deve, muito mais, à potencialidade criadora dos movimentos sociais que emergiram com mais força ao longo das crises políticas de 2000 a 2005, que colocaram explicitamente na ordem do dia da sociedade boliviana questões latentes que se acumulam desde os tempos coloniais e que, de uma forma ou de outra, são também elos de ligação entre todos esses momentos constitutivos citados anteriormente.

Para debater as origens do grupo Comuna, as trajetórias de seus membros e o contexto social de sua produção teórica e atividade política, faz-se necessário entender o processo de conformação da hegemonia neoliberal na Bolívia e sua posterior crise. Neste capítulo, se discutirá inicialmente esse processo de construção da hegemonia neoliberal; depois, a trajetória dos membros do grupo Comuna e suas origens; o processo de crise de hegemonia neoliberal e de emergência com força renovada de outros atores sociais; e, por fim, o papel político cumprido pelo grupo na conjuntura boliviana.

Consenso neoliberal

Para debater o neoliberalismo e sua implementação na Bolívia, os excelentes e praticamente definitivos trabalhos de Benjamim Kohl e Linda Farthing (2007) e Merilee Grindle (2003) servirão como base, além do diálogo mais esporádico com alguns outros autores.

Pode-se falar que o neoliberalismo é uma atualização e ressurreição, no século XX, do liberalismo clássico. Os principais fundamentadores dessa atualização foram Frederick Hayek, Milton Friedman e mais recentemente Francis Fukuyama. Os pressupostos abstratos principais dessa vertente teórico política são baseados na ideia de que a sociedade ideal conta com indivíduos utilitaristas que se engajam em intercâmbios livres em democracias de mercado igualmente livres; esses mercados capitalistas livres precisariam de governos democráticos para operar de forma mais eficiente; e, por fim, que a combinação da economia de livre mercado com governos democráticos não só seria mais eficiente como também socialmente desejável (KOHL & FARTHING, 2007, p. 16).

A primeira experiência concreta do neoliberalismo foi a chilena, ironicamente a partir do golpe militar de 1973, muito distante de qualquer relação com um regime minimamente democrático, a qual contou com o planejamento econômico de Milton Friedman em pessoa e de outros bastiões da Escola de Chicago. Essa experiência foi seguida pela Argentina em 1976, também num contexto ditatorial. Entretanto, foi alguns anos depois, com a adoção das políticas neoliberais na Inglaterra, com Margareth Thatcher e nos Estados Unidos com Ronald Reagan, que começou a configurar-se o que se chamaria de Consenso de Washington (*Ibidem*, p. 19). A administração de Reagan, depois de seu *Program for Economic Recovery*, cortando gastos estatais e desregulamentando a economia, passou a pressionar e dar a linha nas instituições financeiras internacionais – Fundo Monetário Internacional (FMI) e Banco Mundial (BM) – sob a ameaça de cortes no financiamento americano às instituições. Assim surgiram dois dos atores internacionais fundamentais para a consolidação da hegemonia neoliberal a partir da década de 1980 em grande parte do mundo e na Bolívia em particular.

O economista inglês John Williamson (1990), que cunhou a expressão "Consenso de Washington", sintetizava em dez princípios gerais ou regras as quais os Estados deveriam seguir, para supostamente superar as crises e receber financiamento das instituições. São elas: disciplina fiscal, através da qual o Estado deveria limitar seus gastos à arrecadação, eliminando o déficit público; redução dos gastos públicos com a focalização destes em educação, saúde e infraestrutura; reforma tributária, que ampliasse a base sobre a qual incidiria a carga tributária, com maior peso nos impostos indiretos e menor progressividade nos impostos diretos; liberalização financeira, com o fim de restrições que impediam as instituições financeiras internacionais de atuar em igualdade com as nacionais, e o afastamento do Estado do setor; taxa de câmbio competitiva; liberalização do comércio exterior, com redução de alíquotas de importação e estímulos á exportação, visando impulsionar a globalização da economia; eliminação de restrições ao capital externo, permitindo investimento direto estrangeiro; privatização, com a venda de empresas estatais; desregulamentação, com redução da legislação de controle do processo econômico e das relações trabalhistas; e, por fim, o direito à propriedade intelectual (WILLIAMSON, 1990, p. 19).

Resumido o programa concreto de implementação do neoliberalismo em termos gerais, vale a pena discorrer um pouco acerca de como ele foi aplicado na Bolívia, que foi considerada como um dos grandes exemplos de sucesso inicial do neoliberalismo (KOHL & FARTHING, 2007, p. 14). De fato, apesar de conhecida por sua instabilidade política, como mostra Cunha Filho, o sistema político – e econômico – instaurado no país após a redemocratização de 1985 chegou a ser aclamado pela ciência política por sua estabilidade nos anos posteriores (CUNHA FILHO, 2009, p. 13).

No que diz respeito à economia boliviana precedente ao período neoliberal, o economista boliviano George Gray Molina argumenta que a Bolívia mudou historicamente diversas vezes de modelo econômico, alternando entre fases de intervenção mais forte do Estado na economia, como a imediatamente posterior à revolução de 1952, e fases onde o Estado era diminuído, como nos anos neoliberais, mas nunca mudou de padrão de desenvolvimento (GRAY MOLINA, 2006, p. 66). Ainda que se possa contestar a ideia de que não se mudou em nada o padrão econômico no país a partir do surgimento de uma burguesia nacional na região de Santa Cruz ao longo do século XX, seu caráter monoprodutor de desenvolvimento extrativo com base nos recursos naturais primários, como a prata, o estanho ou mais recentemente o gás natural, de fato, foi pouco alterado. Como a maioria dos países extrativistas primário-exportadores, a economia baseou-se na exportação de matérias-primas produzidas por uma fração da classe trabalhadora, mas essas exportações nunca foram suficientes para sustentar a população do país: mais da metade dos bolivianos sempre viveu com uma combinação de agricultura de subsistência e de mercado (KOHL & FARTHING, 2007, p. 62).

Quando as eleições de 1985 foram chamadas, com um ano de antecipação devido ao absoluto fracasso econômico e político do governo Siles Zuazo, a Bolívia estava numa situação absolutamente caótica em termos macroeconômicos. Desde 1981, o PIB caía todos os anos e a hiperinflação chegou aos níveis mais altos do mundo, com taxas de até 20.000% ao ano (*Ibidem*, p. 60). As eleições foram vencidas por Victor Paz Estenssoro, do *Movimiento Nacionalista Revolucionario* (MNR), que havia sido o símbolo institucional da revolução nacionalista de 1952 e, portanto, da fase de mais intervenção do Estado na economia e de participação e influência dos trabalhadores no governo da história boliviana, através da pressão exercida pela *Central Obrera Boliviana* (COB). Três semanas depois de assumir, dando um giro de 180 graus no que diz respeito aos princípios ideológicos nacionalistas anteriores do MNR, Estenssoro passou a implementar um dos mais radicais programas de reestruturação neoliberais que o mundo já presenciou, a partir do Decreto Supremo 21060, com a *Nueva Política Económica* (NPE) (*Ibidem*).

Toda a política econômica e social do período neoliberal boliviano foi pensada por tecnocratas e jovens economistas formados em Cambridge e na Escola de Chicago. Pode parecer estranho que as políticas neoliberais tenham sido implementadas inicialmente pelos governos nacionalistas do MNR, e principalmente por Paz Estenssoro. O programa levado a cabo pelo MNR durante seu novo governo era justamente a política econômica propagandeada pelo partido adversário, o conservador *Acción Democrática Nacionalista* (ADN), de general Hugo Banzer, ditador entre 1971 e 1977 e que seria eleito novamente presidente em 1997, dessa vez pelo voto popular. Neste sentido, Grindle (2003) mostra como na verdade a política econômica neoliberal foi pensada e aplicada na Bolívia principalmente com base em interesses externos em conexão com interesses de uma fração da burguesia boliviana.

A respeito do programa aplicado pelo MNR após assumir o governo em 1985, a autora afirma que

> Grande parte dele foi, de fato, originada no seio do partido rival (ADN), que emergiu no fim dos anos 1970 como veículo eleitoral de Hugo Banzer Suárez. E o programa de Banzer em 1985 foi apenas muito distantemente relacionado com o aparato de seu próprio partido. Na verdade, foi produto de uma extensiva confiança em tecnocratas e assessores especiais. (...) Os assessores de Banzer para a política econômica, Ronald McLean e David Blanco, organizaram uma viagem a Cambridge, Massachusetts, para um grupo de jovens economistas e empresários, para discutir os problemas econômicos do país com os membros da Faculdade de Harvard Jeffrey Sachs, Lawrence Summers, Jorge Dominguez, Oliver Oldham e outros. Entre eles estava Juan Cariaga, então

principal diretor do Banco de Santa Cruz e um político independente (GRINDLE, 2003, p. 327).

Ao assumir o poder, portanto, o MNR se utilizou justamente desse programa, colocando Juan Cariaga na equipe que faria o projeto econômico, e recebendo a ajuda de Sachs, originalmente direcionada ao partido rival. Com tecnocratas e homens de negócios vinculados ao partido, além da figura de Gonzalo Sanchez de Lozada como símbolo da nova política econômica, as políticas de ajuste neoliberal na Bolívia foram implementadas por um partido com história ideológica bastante distante das tradições liberais. Essa constatação é importante para perceber a que interesses de fato atendiam essas reformas, e quem estava no controle econômico do país. Além dos interesses diretamente internacionais, a oligarquia financeira boliviana subordinada à banca internacional também saía ganhando: os grandes proprietários são comerciantes, industriais e donos de mineradoras vinculados aos bancos internacionais e às empresas transnacionais (AILLÓN, 2006, p. 16).

A primeira fase de implementação das reformas, com a NPE, teve um grande impacto em controlar a inflação e em estabilizar macroeconomicamente a Bolívia, devido ao apoio do setor financeiro e de negócios do país e das instituições de fomento internacionais, além das promessas do exército de manter o regime democrático e ao enfraquecimento do movimento operário (KOHL & FARTHING, 2007, p. 61). A NPE determinava o fechamento das minas estatais, a flutuação do câmbio nacional com relação ao dólar, o aumento do investimento estrangeiro direto, além do fim do protecionismo e da política de substituição de importações. Desvalorização da moeda local, liberalização dos mercados, congelamento dos salários e a diminuição do setor público formavam o coração dessa reforma, que em longo prazo pretendia abrir e adaptar a economia do país para o capital e o comércio internacionais (GRINDLE, 2003, p. 331).

Mesmo com a estabilização econômica e o controle da inflação, os impactos sociais da NPE seriam extremamente negativos, o que ficaria também marcado como uma consequência característica dos ajustes neoliberais no continente. Mais de 23 mil, de um total de 30 mil mineiros, perderam seus empregos com o fechamento das minas e as privatizações; ao final de 1986, os salários reais no país caíram para dois terços do que valiam em 1985, 10 mil servidores públicos e quase 25 mil professores do campo perderam seus empregos; os preços do gás subiram em sete vezes; a flexibilização laboral passou a atormentar os trabalhadores empregados formalmente, enquanto mais de 60% da população passava para o mercado informal, sem direitos nem garantias; sem os subsídios estatais o pequeno setor industrial baseado no processamento de alimentos e nos têxteis entrou em crise, com mais de 120 fábricas fechadas. (KOHL & FARTHING, 2007, p. 71).

A burguesia boliviana, principalmente a oligarquia comercial financeira, apoiou as políticas neoliberais, porque representavam seus interesses e suas visões na esfera econômica, e a maioria dos negócios nacionais tinham sido descapitalizados com a hiperinflação e a fuga de capitais do país. Contudo, a NPE falhou em conseguir aumentar muito os investimentos privados nacionais, e a *Confederación de Empresarios Privados de Bolivia* deixou muito claro que a responsabilidade da revitalização econômica era muito mais do governo do que da iniciativa privada (*Ibidem*, p. 70), o que mostrava uma das fragilidades do modelo neoliberal boliviano, a falta de confiança da burguesia nacional na retórica neoliberal – o que muitas vezes foi associado com "atraso" pelas instituições de fomento.

De qualquer forma, o sucesso macroeconômico da primeira fase de implementação do neoliberalismo – com os governos de Paz Estenssoro e Paz Zamora de 1985 a 1993 – levou ao aprofundamento das reformas, dessa vez mais voltadas ao Estado, com o chamado *Plan de Todos,* a partir de 1993, encabeçado por Gonzalo Sanchez de Lozada (Goni) como presidente. Essa segunda fase cumpriria historicamente a função de consolidar a hegemonia estabelecida na primeira, contando para isso principalmente com a reestruturação do Estado boliviano. As duas primeiras características desse novo período na hegemonia neoliberal na Bolívia podem ser explicitadas através de duas leis que impulsionaram a reforma estatal pela qual passou o país andino durante a década de 1990: a Lei de Capitalização e a Lei de Participação Popular (GRINDLE, 2003). A Lei de Capitalização, primeira grande realização do governo de Goni, era um plano de privatização das empresas públicas inovador, que terminou por transferir mais de 60% dos fundos arrecadados pelo Estado boliviano para empresas estrangeiras, ao vender metade das empresas nacionais. De fato, o plano atraiu maiores investimentos estrangeiros e tecnologia e criou empregos, principalmente nos setores de gás e petróleo, mas novamente teve pouco impacto para a ampla maioria da população boliviana. O mercado informal continuou sendo o canal de escape para as políticas neoliberais e, por não ter criado um sistema eficiente de regulação das ações das empresas multinacionais agora donas dos recursos naturais bolivianos, o Estado passou a não ter lucro quase nenhum com a exploração desses recursos. Os resultados da lei de capitalização foram, na prática, a transferência quase que direta de fontes de renda do Estado boliviano para empresas estrangeiras (KOHL & FARTHING, 2007, p. 122).

Ainda segundo Kohl e Farthing (*Idem*, p. 131) e Grindle (2003, p. 342), a Lei de Participação Popular tinha como objetivo reestruturar o governo boliviano da mesma forma que a Lei de Capitalização tinha reestruturado a economia. Tendo criado novos espaços institucionais de política, a lei de fato descentralizou as decisões e as responsabilidades do governo nacional, transferindo para âmbitos inferiores como regiões e municípios. A lei, criticada por muitos como uma simples transferência de responsabilidades do Estado, terminou sendo responsável por abrir espaços de disputa e discussão política para os indígenas, na medida em que transformou municipalidades rurais em espaços políticos autônomos, que elegeriam representantes. Em 2002, a maior oposição eleitoral à hegemonia neoliberal era a dos partidos indígenas, que haviam crescido e melhorado qualitativamente depois da lei e que alguns anos depois alçariam o líder cocaleiro Evo Morales à presidência da República na Bolívia.

Além dos aspectos econômico e administrativo, o neoliberalismo visava reformar o Estado boliviano por completo, e isso trazia a necessidade de projetos para a população rural do país e para a educação. Neste sentido, a reforma na educação teve como objetivo principalmente preparar os estudantes para um mercado de trabalho globalizado. Muito criticada pelo sindicato dos professores por ter seus objetivos vinculados ao enfraquecimento do sindicato, a reforma teve alguns aspectos positivos do ponto de vista das populações, como o de implementar a educação bilíngue em escolas rurais. No que diz respeito à questão da terra, fez-se o que se chamou de "segunda reforma agrária", que se contrapunha a alguns pontos efetivados com a primeira reforma agrária, feita depois da revolução de 52. Ao invés de se reconhecer a função social da terra, reconhecendo a propriedade para quem é produtor – e a propriedade coletiva e comunitária – o *Instituto Nacional de Reforma Agraria* boliviano preferiu reconhecer a função comercial da terra, sendo proprietário legal todo aquele que pagasse os impostos relativos à propriedade. Assim, o que se fez foi contribuir ainda mais para a concentração de terras na Bolívia e, consequentemente, trazer para aos camponeses e indígenas mais uma razão, desta vez bem mais direta, para colocar-se em contraposição ao regime neoliberal.

Com todo esse processo, estabeleceu-se uma hegemonia do neoliberalismo na Bolívia, fomentada principalmente pelas instituições internacionais de fomento, a embaixada dos Estados Unidos e a oligarquia comercial financeira boliviana e seus latifundiários. A forma como foi construída essa hegemonia, para além das determinações governamentais e da intervenção econômica estrangeira, contou com alguns pilares importantes de modificações na sociedade civil, e sempre enfrentou diversas formas de resistência. De fato, o termo *consenso* neoliberal se refere muito mais aos governos do que à sociedade civil, já que muitos movimentos sociais buscaram resistir às políticas e fizeram com que, paulatinamente, o uso da força passasse a ser cada vez mais necessário para manter as coisas sobre controle, com estados de sítio e violência governamental cada vez maior no caso da Bolívia (*Ibidem*, p. 25). A coerção sempre foi necessária para manter o pretenso consenso.

Para completar este panorama, é necessário destacar que um dos pilares fundamentais para a consolidação da hegemonia neoliberal foi a legalização tácita da lavagem do dinheiro proveniente do tráfico de cocaína com a permissão da abertura e manutenção de contas em dólar americano no Banco Central boliviano, que foi a principal razão para a estabilização rápida da economia com a NPE (*Ibidem*, p. 73). Entre 1985 e 1997, a folha de coca e a produção de pasta de cocaína semiprocessada representaram entre 5 e 8% do PIB da Bolívia, sendo o produto agrícola exportado mais importante economicamente no país (*Ibidem*). Por outro lado, a política antidrogas intervencionista dos Estados Unidos buscava destruir todas as plantações de coca, que não só movimentavam economicamente a região de Cochabamba como eram parte fundamental da cultura dos povos indígenas bolivianos. Essa política foi o grande disparador da ascensão do movimento *cocalero*, e por outro lado tendia a entrar em contradição direta com um dos pilares de sustentação da estabilização econômica boliviana. O mercado informal e os contrabandos de diversas mercadorias provenientes dos países vizinhos ou vice-versa também ocupavam a parte importante da economia boliviana e carregavam nas costas o processo de estabilização econômica.

A degradação das condições de vida das classes subalternas levou a resistências imediatas à NPE por parte dos trabalhadores e dos camponeses, através de greves, manifestações urbanas e bloqueios. O governo controlou as manifestações violentamente, decretando estado de sítio por diversas vezes (*Ibidem*, p. 75). O enfraquecimento da principal central sindical do país, a *Central Obrera Boliviana* (COB), que entre 1952 e 1985 havia exercido uma influência enorme na vida política nacional, mais do que qualquer outro movimento sindical independente na América Latina e talvez no mundo, era uma das grandes tarefas das elites bolivianas associadas às associações de fomento internacionais para a consolidação da hegemonia neoliberal no país (*Ibidem*).

O desmantelamento das minas acabou com a estruturas materiais objetivas sob as quais se fundava o movimento operário. Por outro lado, a flexibilização laboral permitiu aos empregadores demitir e contratar com maior facilidade, "livrando-se" dos sindicalistas e privando os trabalhadores de todo tipo de proteção e organização: a quantidade de sindicalizados caiu muito e o número de trabalhadores informais cresceu, o que dificultava ainda mais qualquer tipo de organização sindical (*Ibidem*). Por outro lado, a COB mantinha-se presa às mesmas táticas para enfrentar situações totalmente novas, e não se abria para mudanças na sua forma de funcionamento, pleiteadas pelos camponeses da *Confederación Sindical Única de Trabajadores Campesinos de Bolivia* (CSUTCB). A citada *Marcha por la Vida*, em 1986, e sua derrota, marcaram simbolicamente a mudança nas condições de existência da classe trabalhadora boliviana com a reestruturação produtiva e as privatizações neoliberais.

Outro pilar de sustento e reprodução da hegemonia neoliberal na sociedade civil boliviana foram as ONGs e a Igreja. O BM havia criado fundos de emergência sociais, para minimizar os impactos sociais das reformas neoliberais, com investimento em projetos de compensação social. Mais de 80% desses projetos – que atingiam mais de um milhão de pessoas, e de forma insuficiente – eram administrados por ONGs, que substituíam o que deveria ser papel do Estado (*Ibidem*, p. 78). Mesmo quando buscavam gerar organização e resistência em comunidades longínquas nas quais atuavam, as ONGs terminavam por legitimar ou concordar com a inevitabilidade do neoliberalismo. A Igreja, por sua parte, cumpria um papel de "mediadora" de conflitos entre o Estado e os movimentos, e durante a implementação da NPE, trabalhou para legitimar e facilitar a imposição do Decreto 21060 em nome da prevenção ou diminuição dos confrontos sociais (*Ibidem*, p. 79).

Três fraquezas principais podem ser apontadas na construção da hegemonia neoliberal na Bolívia, e que viriam a ser decisivas para a crise do modelo, a emergência de novos sujeitos sociais e o reestabelecimento de uma luta direta entre projetos de sociedade. A primeira se relaciona à não abolição do clientelismo na política e do governo através de pactos e grandes coalizões, que requeria a divisão clientelista de cargos entre os partidos dominantes, e que entrava em contradição com a necessidade neoliberal de diminuir o tamanho do Estado; a segunda se relaciona à dependência do sucesso econômico neoliberal da economia da cocaína; a terceira, e a mais importante, está relacionada com a perpetuação da longa história de exclusão indígena no país, já que a NPE não incorporou a população rural e indígena na divisão nos escassos frutos que o neoliberalismo deu para as classes trabalhadoras (*Ibidem*, p. 83).

Os diferentes setores sociais subalternos bolivianos – operários, camponeses, indígenas e população pobre do setor informal das cidades – receberam os impactos do neoliberalismo cada um à sua maneira, mas a finais da década de 1990 já se conformava um bloco de insatisfação, e se criavam as condições para um bloco de ação na resistência e posteriormente na ofensiva contra as políticas neoliberais. A pesquisadora Sue Iamamoto mostra que

> Para operários, [o neoliberalismo] significou a morte do pouco "capitalismo de Estado" que havia na Bolívia, o fim simbólico de sua grande expressão organizativa durante o século XX, a COB. Para camponeses, significou a deterioração dos preços dos seus produtos e o avanço de políticas que afetavam a economia agrária; mas, politicamente, também significou a subordinação ao imperialismo norte-americano com relação às políticas antidrogas. Para indígenas, deixou os seus territórios ainda mais vulneráveis a força externas agressivas (madeireiras, petroleiras, privatização da água, latifundiários); mas também representou um aparato estatal externo invasivo, incapaz de compreender e incorporar a territorialidade indígena. Foi a população urbana pobre, indígena e vinculada ao setor informal a que cresceu com a crise que afetou todas as temporalidades, e que passou a viver em cidades que não contavam com serviços públicos capazes de atender às suas demandas mínimas vitais (educação, saúde, moradia, emprego). (IAMAMOTO, 2011, p. 60).

De todas essas formas de perceber a realidade, o programa político que surgia tinha algumas vertentes já bastante claras: exigência ao Estado da interrupção das políticas neoliberais privatizantes, da nacionalização dos recursos naturais, e garantias como reforma agrária, educação, saúde, trabalho, crédito rural, moradia etc.; e, por outro lado, o estabelecimento de mais autonomia política para os cidadãos, de mais democracia (*Ibidem*, p. 61).

Origens e principais características do grupo Comuna

Em todo esse contexto histórico, como surge e o que é o grupo Comuna? Essa última pergunta sem dúvida deve preceder toda e qualquer análise a respeito das ideias e das formulações produzidas pelo grupo, do papel que ele pode ter cumprido na sociedade boliviana, ou de qualquer tema relacionado à sua produção e existência. E não é uma pergunta de fácil resposta. O que existe de material, de concreto, através do qual o grupo Comuna aparece e pode ser estudado desde qualquer parte do mundo por pessoas que não participaram em nenhuma medida de sua construção, são seus livros. Livros esses publicados principalmente por cinco autores: Álvaro García Linera, Luis Tapia Mealla, Raúl Prada Alcoreza – estes presentes em todas as publicações coletivas do grupo –, além de Raquel Gutierrez Aguilar, presente até certo momento, e Oscar Vega Camacho, que aparece posteriormente como autor dos livros. A partir disso, uma primeira resposta poderia ser que Comuna é um grupo editorial conformado por esses cinco autores, e que publicou livros entre os anos de 1999 e 2010. Não é uma resposta satisfatória.

Para entender de fato o que foi o grupo Comuna, é preciso recorrer à conjuntura boliviana de finais do século XX, à trajetória política e intelectual de seus principais articuladores e principalmente às estruturas organizativas mais ou menos consolidadas e identificadas que faziam parte de um círculo ideológico de lutas políticas do país andino, e que sempre funcionaram como condição de existência e de sobrevivência do grupo desde seu nascimento no contexto social boliviano. De qualquer forma, vale a pena começar o debate a partir do mais simples, e aos poucos ir tornando mais complexa a discussão.

O grupo Comuna existe desde finais dos anos 1990, e teve como indiscutíveis membros – não necessariamente em todos os momentos – os cinco intelectuais e militantes citados, que serão chamados aqui de membros orgânicos do grupo. O núcleo de organização do grupo, no seu começo, foi sem dúvida composto por Álvaro García, Raquel Gutierrez, Luis Tapia e Raúl Prada. Basicamente, era um grupo que proporcionava um espaço de discussão política constante e semanal, no qual se reuniam muitos militantes e intelectuais para discutir política e conjuntura boliviana, e por outro lado publicava livros assinados coletivamente. Os livros assinados coletivamente, como Comuna, foram os seguintes: *El fantasma insomne* (1999), *El retorno de la Bolivia plebeya* (2000), *Tiempos de rebelión* (2001), *Pluriverso – teoría política boliviana* (2001), *Democratizaciones plebeyas* (2002), *Memorias de octubre* (2004), *Horizontes y límites del estado y el poder* (2005), *La transformación pluralista del estado* (2007) e *El estado. Campo de lucha* (2010). Todos eles são organizados basicamente como compilações de artigos que versam sobre temas comuns, mas que são, com algumas exceções,[2] assinados de forma individual pelos membros do grupo. Os livros, portanto, contam com a assinatura do grupo, mas os artigos – que aparecem como capítulos dos livros – são individuais. Além disso, antes desse período que vai de 1999 a 2010, e durante esses anos, os autores publicaram também individualmente livros, que complementam em grande medida algumas das reflexões e formulações colocadas nas obras coletivas e que também serão abordados aqui quando servirem para complementar ou elucidar as re-

---

2 As duas exceções existentes são os artigos *"La forma multitud de las políticas de las necesidades vitales"*, assinado por García Linera, Luis Tapia e Raquel Gutierrez no *Retorno de la Bolivia Plebeya* (2000) e *"El ciclo neoliberal estatal y sus crisis"*, assinado por García Linera e Raquel Gutierrez, em *Democratizaciones Plebeyas* (2002). Além disso, em geral os prólogos dos livros, textos curtos de no máximo três páginas, não tinha assinatura individual, o que leva a crer que eram textos acordados coletivamente.

flexões e os debates gerados a partir do pensamento do grupo. Alguns livros de outros autores também foram publicados no período sob a égide do grupo Comuna, e são considerados aqui de forma complementar.

Para entender o surgimento, os objetivos e os primórdios da história do grupo não há quase nenhuma fonte escrita. Alguns comentários rápidos nos prólogos ou durante os livros publicados pelo grupo, uma edição de uma revista independente chamada *La voz de la cuneta*, de 2003, que dedica resenhas críticas e comentários sobre o grupo, e praticamente nada mais. Sendo assim, grande parte da reconstrução histórica acerca da origem do grupo foi feita a partir de entrevistas com todos os seus membros orgânicos, e alguns membros menos orgânicos ou esporádicos, além de observadores ou participantes dos espaços de debate.

O primeiro traço característico do surgimento do grupo Comuna, que aparece nos mais diversos relatos acerca do tema, é a estreita relação do surgimento do grupo com outros grupos teóricos, ativistas, militantes, mais ou menos organizados, que o antecederam. Se o momento exato de seu nascimento e a própria definição do que era o grupo não estão determinados nem mesmo para o seu núcleo fundador, há um consenso na percepção de que o processo anterior à existência do grupo é determinante para o seu surgimento. O grupo Comuna é, portanto, fruto de experiências e iniciativas anteriores a ele, às quais estavam vinculados, de uma forma ou de outra, seus fundadores. As trajetórias individuais e as vinculações coletivas anteriores de seus membros são parte importante da genealogia do grupo.

Uma dessas trajetórias anteriores, à qual está relacionado Raúl Prada, diz respeito a um grupo chamado *Episteme*, ligado ao debate acadêmico e universitário, que fazia um trabalho crítico principalmente sobre o pensamento da ciência e os programas de metodologia das universidades, que aos poucos foi aproximando-se do pensamento andino (PRADA, 2012). Esse grupo buscou construir um pensamento próprio, mais ou menos entre 1985 e 1995, e se abriu a várias correntes epistemológicas, sendo uma das principais a "corrente epistemológica francesa", pós-estruturalista (TAPIA, 2012; PRADA, 2012). Segundo Prada, havia no *Episteme* também pessoas fortemente vinculadas ao marxismo, inclusive ele, que foi militante trotskista durante muito tempo, como estudante universitário e, sobretudo, como apoiador dos centros mineiros organizados até o início da década de 1970, além do interesse relacionado ao pensamento andino (PRADA, 2012).

De fato, um dos projetos apresentados pelo *Episteme* e que mostra um pouco de sua concepção mais geral se chamava "Projeto de constituição do sujeito insurgente andino", que foi apresentado por Jorge Kafka, membro do grupo, a finais dos anos 1980. Segundo Oscar Vega Camacho, Prada tem uma longa trajetória de militância política, com distintas aproximações partidárias e mantendo sempre um forte viés acadêmico. Isso lhe permitia fazer da universidade mais um cenário para fortalecer sua militância, inclusive e principalmente fora dela (CAMACHO, 2012). Ainda segundo Camacho, sua leitura crítica do capitalismo e suas vinculações acadêmicas no âmbito da filosofia e da epistemologia fizeram com que Prada representasse uma grande continuidade da luta política universitária na sociedade boliviana. O *Episteme* teve bastante incidência na formação das disciplinas de metodologia da Universidad Mayor de San Andrés, em La Paz, e na fundação de um doutorado em epistemologia. Mas, para além disso, teve algumas vinculações diretas com movimentos sociais. Primeiro de forma menos intensa com a *Confederación Sindical Única de Trabajadores Campesinos de Bolivia* (CSUTCB), em uma pequena província da região, mas principalmente com a *Comisión Néstor Paz Zamora* (CNPZ), uma das organizações populares de resistência ao neoliberalismo, ligada ao *Ejército de Liberación Nacional*. O CNPZ começava naquela época a pensar conexões entre o marxismo e o indianismo, e se aproximou do *Episteme* para buscar formação política (PRADA, 2012). Havia, portanto, nessa trajetória encarnada por Raúl Prada, um viés fortemente militante, ligado também a uma perspectiva bastante acadêmica.

Por outro lado, outro dos caminhos originários que sustentam a fundação do Comuna está relacionado às trajetórias comuns de Álvaro García e de Raquel Gutiérrez. Ambos fizeram parte do *Ejército Guerrillero Tupac Katari* (EGTK) no começo dos anos 1990, que se originou de pessoas formadas no marxismo, principalmente no México, e a partir de leituras dos *Grundrisse*.

Linera teve os primeiros contatos com o debate étnico e multicultural ainda no México durante sua formação em matemática, entre 1981 e 1985, a partir dos relatos da experiência guatemalteca, e com essa bagagem retornou à Bolívia (RAMÍREZ et.al, 2009, p. 11), onde se juntou à formação do EGTK e à resistência ao processo de implementação do neoliberalismo. O grupo aproximou-se dos movimentos indígenas através da relação com Felipe Quispe, que participava de grupos de formação de trabalhadores mineiros (PRADA, 2012). Através desse encontro, o EGTK se formou na luta indígena e camponesa desde uma perspectiva fortemente indianista. As atividades no EGTK num contexto de forte repressão estatal na tentativa de consolidação da hegemonia neoliberal colocaram García Linera e Raquel Gutierrez atrás das grades, sob a acusação de terrorismo e, mesmo nunca levados a julgamento, ambos passaram cinco anos como presos políticos, entre 1992 e 1997.

No período anterior e inclusive durante a prisão, os dois nunca deixaram de militar, sempre relacionando isso a uma produção teórica bastante rica, que buscava principalmente unir às reflexões marxistas o indianismo, com uma perspectiva distante das formas partidárias de organização (GARCÍA, 2012; GUTIERREZ, 2012). Enquanto García Linera buscava a construção de um pensamento marxista ancorado nos *Grundrisse*, mas dialogando bastante com a sociologia aplicada de Bourdieu, Raquel Gutierrez estava preocupada fundamentalmente com o tema da ação coletiva, das etnias e de gênero, com uma perspectiva também marxista. Da cadeia, García Linera escreveu um livro, com o auxílio constante de Raquel Gutierrez, chamado *Forma Valor y Forma Comunidad*, publicado em 1995. O livro representa uma tentativa interessantíssima de debater as potencialidades das formas comunitárias indígenas, locais, na superação do capitalismo, como deixam claro na introdução que assinam juntos (GARCÍA, 2009, p. 29). O trabalho é rico em termos de conteúdo e reflete bastante as preocupações teóricas e políticas de ambos à época.

Uma terceira trajetória que vai culminar no surgimento do grupo Comuna é a vinculada a um grupo chamado *Autodeterminación*. Este era um grupo marxista, de viés principalmente gramsciano, e que tinha como principal quadro Luis Tapia. O grupo editava uma revista de mesmo nome, cujo principal objetivo era publicar textos e debates teóricos e políticos da época, de diversas correntes marxistas e também de outras vertentes de pensamento (TAPIA, 2012). Tinha como um de seus grandes interlocutores e também objetos de investigação o pensamento de René Zavaleta Mercado, do qual Tapia é possivelmente o maior especialista no mundo. Seu trabalho intitulado *La producción del conocimiento local* (2002), publicado em 1997, é uma análise bastante profunda acerca do pensamento de Zavaleta em todos os seus aspectos. *Autodeterminación* buscava um diálogo marxista com outras correntes de pensamento, mas principalmente num campo mais acadêmico, universitário. Tratava-se de uma iniciativa menos militante do que as anteriores mencionadas (PRADA, 2012). Tapia, além disso, fez por algum tempo parte de um partido político de viés mais nacionalista, chamado *Movimiento Sin Miedo*, que era seu espaço prioritário de militância naquela época.

Segundo Jorge Viaña, que participou de processos conjuntos com o grupo Comuna, foi justamente a existência destes e de outros pequenos grupos que possibilitou a construção e a viabilidade do Comuna na época. Grupos de apoio fabril em Cochabamba, La Paz e Santa Cruz, grupos em El Alto, relacionados com o EGTK em La Paz, diversos grupos guevaristas, trotskistas, autodeterminativos, comitês de vizinhos, de "regadores" etc. (VIAÑA, 2012). Para ele, distinguir analiticamente o que era o grupo Comuna é muito difícil, já que o processo que se desenvolvia na conjuntura de resistência ao neoliberalismo se tratava de um encontro constante desses diversos coletivos pequenos, mais ou menos consolidados, que faziam diversas coisas e que foram igualmente ou mais importantes que o Comuna. Reconstruir histórica e analiticamente esse cenário complexo e múltiplo à sua volta é fundamental para entender o surgimento e o desenvolvimento do grupo Comuna, o qual teria sido impossível sem a existência de todos esses coletivos.

Ainda como trajetória importante na consolidação do Comuna, está a de Oscar Vega Camacho, menos vinculada à história boliviana. Camacho, ou Oky, como é conhecido, foi exilado da Bolívia em 1980, e viveu durante 18 anos no México. Durante esse período, manteve fortes vínculos afetivos e de amizade com os membros do núcleo fundador do grupo Comuna, tanto nas suas visitas à Bolívia quanto nas visitas ou permanências mais longas daqueles no México. Segundo ele (CAMACHO, 2012), trata-se talvez do caminho mais errático dentre os membros orgânicos. Oky sempre militou em distintos âmbitos políticos e institucionais relacionados a temas culturais no México, e a partir dos anos 1990, principalmente com o levantamento zapatista, começou uma colaboração mais sistemática com organizações indígeno-camponesas. Essa aproximação o fez retornar para a Bolívia e o colocou também no caminho percorrido pelo grupo Comuna, no qual vai ser responsável principalmente pela publicação dos livros. Camacho considera que a amizade criada entre o núcleo fundador do grupo, com os encontros na Bolívia e também no México, além das relações mais próximas à época entre Álvaro García e Raquel Gutierrez – que foram casados por algum tempo – cumpriram papel importante na consolidação do grupo. Afirmava que amizades funcionavam como "eixo político ao redor do Comuna. As relações e afetos têm um sentido político e são também formas de gerar um espaço comum" (CAMACHO, 2012). De fato, para García Linera (2012) a gênese do grupo é o encontro entre companheiros – amigos – que debatiam temas de política, conjuntura, ao calor de um café, vinhos ou almoços na casa de Raúl Prada. Depois o grupo foi se abrindo a espaços maiores, a debates amplos, mas esse espaço mais íntimo de seu núcleo fundador se manteve até as rupturas políticas se sobreporem às amizades.

Além desses encontros prévios entre o núcleo fundador do grupo no México e das trajetórias que já se haviam encontrado esporadicamente na Bolívia, são Raquel Gutierrez e Álvaro García os que articulam inicialmente o grupo, principalmente a primeira. Segundo afirmado por Prada em uma das entrevistas,

> O que se precisa deixar claro é que na realidade a ideia do Comuna foi da Raquel. Ela criou o Comuna. Foi seu imaginário, sua paixão, seu ativismo o que criou o Comuna, e ademais seu compromisso, que nos manteve unidos. Porque era muito difícil nos manter unidos (...) Então quando Álvaro e Raquel saem do

cárcere, a preocupação, sobretudo da Raquel, era que havia que fazer algo. Sobretudo da Raquel! E o que se precisava fazer era precisamente vincular-se com a crítica. Nós éramos conhecidos como críticos teóricos, então a Raquel fez o trabalho de articulação (PRADA, 2012).

Neste sentido, precisar a data exata do surgimento do grupo não é fácil. Tapia afirma sem muita certeza que o grupo surge em 1997, Prada fala do ano de 1995, enquanto que Camacho fala de 1999. A definição mais precisa parece ser a de Gutierrez (2012), afirmando que o grupo surge em 1998, um pouco depois de sua saída da prisão com García Linera.

Essa dificuldade em precisar quando surge o grupo deriva do problema existente na própria definição do grupo, do que era e consequentemente de quem foram de fato seus membros. As percepções são muito diferentes acerca do que é o grupo, e vão desde perspectivas mais generalizantes, às mais limitantes e críticas. A perspectiva mais "generalista" de como se define o Comuna é a de Raúl Prada. O autor afirma que havia muita gente comprometida nas publicações, pesquisas e inclusive no ativismo político do grupo Comuna, e que cumpriram papéis fundamentais. Neste sentido o Comuna se trataria dos encontros dessas diversas frentes – militantes, científicas e editoriais – e sujeitos vinculados a elas naquele período. Não se tratava de algo institucionalizado ou nada parecido com um partido, mas sim um ente coletivo ao qual as pessoas, principalmente jovens, podiam se apegar (PRADA, 2012).[3]

Uma definição mais intermediária fica por conta de Camacho e García Linera. Camacho define o grupo como um espaço aberto e crítico, um lugar de encontro e discussão ao redor dos temas pautados pelos movimentos sociais da época. Entretanto, objetivamente o grupo se trataria fundamentalmente do seu núcleo fundador, que conta com expansões e concentrações ao longo do tempo, já que muita gente se aproxima de suas iniciativas

---

3   Prada conta que em uma das manifestações dos anos 2000, vinculada à Coordenadoria dos Movimentos sociais, alguns jovens saem com faixas estampadas com a logo que aparecia nos livros do Comuna. Não tinham articulações prévias orgânicas com o grupo, mas participavam dos espaços de debate. A anedota mostra um pouco de como era percebido o grupo por diversos sujeitos políticos da época.

(CAMACHO, 2012). García Linera entende o grupo como uma convergência muito flexível de caráter intelectual político, de pessoas de distintas trajetórias políticas, militâncias e formações acadêmicas e que funcionava baseada em uma necessidade estrutural de encontro do escasso pensamento crítico ao neoliberalismo no fim da década de 1990, e também em uma forte amizade que os unificava e os fazia suplantar as diferenças em prol do que havia de comum (GARCÍA, 2012).

Essa parece ser uma definição mais próxima da realidade, na medida em que só garante como membros do Comuna o núcleo fundador, e reconhece que as irradiações deste núcleo e a franja de influência e de participação nos espaços organizados pelo grupo era bem maior que ele em alguns momentos. Mas, ao mesmo tempo, reconhece que essas pessoas que participavam dos espaços do grupo não necessariamente se tratavam de membros que tivessem o mesmo nível de influência ou de organicidade dos fundadores.

Luis Tapia, por sua vez, define o Comuna como uma instância coletiva para a produção ideológica e política, que se baseava principalmente na produção dos livros (TAPIA, 2011). Para ele, não se tratava de um grupo de ação política ou militante no qual existiria uma mesma intervenção comum dos membros, já que estes vinham de iniciativas e espaços de militância diferentes. Gutierrez (2012) explica que o grupo surge quando ela e García Linera saem da prisão e a partir da amizade já existente com Prada e Tapia passam a encontrar-se uma vez por semana para comer e discutir a conjuntura política e social no país. Desses encontros, passaram a tentar organizar uma disputa pelo "senso comum da dissidência", e decidiram editar o primeiro livro, *O Fantasma Insomne,* aproveitando os 150 anos do Manifesto Comunista, afirmando que reivindicavam essa tradição e que não compartilhavam das premissas liberais.

Uma definição ainda mais limitante é a oferecida por Jorge Viaña, participante das sessões semanais do Comuna, mas não de seu núcleo fundador. Bastante crítico à maneira como se desenvolveu o grupo, Viaña (2012) argumenta tratar-se de uma iniciativa que buscou originalmente produzir conhecimento coletivo, com uma perspectiva militante, vinculada diretamente aos movimentos sociais e crítica ao papel das vanguardas. Entretanto, teria terminado como um grupo de indivíduos – não falando dos perfis militantes de cada um, mas sim da coletividade formada por eles – dedicado exclusivamente a compilar artigos individuais e publicá-los em livros. Assim, da perspectiva de Viaña, o grupo Comuna passou a diferenciar-se dos movimentos e dos diversos coletivos que foram fundamentais em todos os processos de discussão, mobilização e as articulações das quais o grupo surgiu. Essa diferenciação teria desembocado em uma relação que se forjava cada vez mais hierárquica, na qual o grupo aparecia por diversas vezes como vanguarda intelectual de outros coletivos e movimentos. Por mais méritos que a iniciativa de publicação e os próprios artigos tivessem, por mais inovadoras as ideias presentes nesses artigos de intelectuais,

> Tinham a enorme limitação de que não conseguiam se propor a uma espécie de imbricação prensada de um pensamento coletivo, nem sequer entre eles, e muito mais se falamos dos outros grupos que estavam ao redor. E, claro, isso não é obrigatório, mas é o mínimo em função dos objetivos que supostamente se tinha (VIAÑA, 2012).

Na verdade, o objetivo do grupo nunca foi construir um pensamento comum em bloco acerca do processo, mas sim gerar um espaço de convergência das perspectivas críticas existentes entre eles, e articulá-las ao máximo possível de outras perspectivas. Neste sentido, como já havia dito Tapia, García deixa muito claro que as diferenças entre os membros, tanto políticas quanto teóricas eram enormes, e que o subconjunto comum que os unificava era a crítica ferrenha ao neoliberalismo e o referencial teórico marxista, apropriado por cada um de maneira completamente diferente (GARCÍA, 2012). Os livros eram construídos da seguinte maneira: primeiro, discutia-se o tema a ser abordado, seja entre os membros do núcleo fundador, seja com outros participantes dos debates semanais; depois, cada um dos membros orgânicos abordava-o da maneira como bem entendia, de acordo com suas convicções teóricas; por fim, o artigo era exposto nas reuniões do grupo orgânico e debatido, e os autores poderiam ou não incorporar os comentários dos demais (*Ibidem*).

É verdade que o processo direto de produção dos artigos ficava, em geral, restrito aos membros orgânicos e que eles eram trabalhados individualmente por eles, mas os trabalhos eram debatidos entre eles e uma das ideias do grupo era a de respeitar e explicitar as diferentes perspectivas que os marcavam, justamente para enfatizar o subconjunto crítico que os unificava. Para Viaña, o grupo Comuna se resumiu basicamente a seu núcleo fundador, os "três ou quatro mosqueteiros", e somados a eles Oscar Vega Camacho, que sempre teve um papel importante, mas nunca apareceu tanto como os demais integrantes (VIAÑA, 2012).

Essa estrutura pouco democrática de funcionamento, mesmo que não conscientemente elaborada, tem efeitos políticos perversos, ainda de acordo com Viaña. Muitas das ideias que, essas sim, produzidas coletivamente nos grupos que circulavam ao redor do Comuna e participavam de seus espaços de debates, acabavam emergindo como construções teóricas individuais dos membros mais visíveis do grupo. "Essa é a lógica de funcionamento desses espaços acadêmicos e políticos, há sempre uma tendência à fetichização, que se concretiza quando não se luta o suficiente para construir o processo de outro modo" (VIAÑA, 2012). Desta maneira, as ideias formuladas em espaços e por sujeitos menos conhecidos acabam sendo transmitidas, em artigos individuais, como patrimônio intelectual da erudição dos mais conhecidos. É esse processo que, ainda segundo Viaña, tornava muito difícil que alguém fora do núcleo fundador se identificasse como membro do Comuna. Por outro lado, não impede que os participantes deste núcleo identifiquem mais pessoas como tendo feito parte do grupo ao longo do tempo, como no caso de Prada.

Deste debate, surge a inquietação sobre como funcionava de fato o grupo. Tratava-se basicamente de duas iniciativas paralelas, mas conectadas: uma de debates públicos e formação política, e outra de publicação. Esta se tratava principalmente da elaboração de livros coletivos ou individuais relacionados aos debates contemporâneos ao grupo na Bolívia. Apesar da

80 RODRIGO SANTAELLA GONÇALVES

grande maioria dos livros individuais terem autoria dos membros do núcleo fundador, são publicados também com o logotipo do Comuna alguns textos de autores diferentes, que estiveram mais próximos às atividades do grupo em outros momentos, o que também desmonta um pouco a ideia de uma busca por certa exclusividade ou da prioridade da preservação de certo capital acadêmico simbólico, que pode ser deduzida das reflexões de Viaña.

A outra iniciativa, de debates públicos e formação política, era a denominada "escola de livre pensamento". Essa escola funcionava como um espaço semanal de discussão, pesquisa e pensamento com diversos setores da intelectualidade e da militância política boliviana, principalmente jovens, e existiu por mais de dez anos, com reuniões todas as segundas-feiras (TAPIA, 2011). A ideia dessas sessões surgiu de um ciclo de palestras e debates anterior organizado por García Linera e Raquel Gutierrez em 1998, sobre o pensamento de Pierre Bourdieu e suas potencialidades para pensar a Bolívia, com intelectuais franceses e bolivianos, e totalmente aberto a estudantes e militantes das organizações políticas (GUTIERREZ, 2012). Esse tipo de iniciativa demonstrava uma vontade de colocar-se nos debates bolivianos tornando cada vez mais pública a construção de um ponto de vista alternativo ao hegemônico neoliberal, em consonância com os movimentos sociais e com a criação de um novo senso comum.[4]

Estas sessões semanais de debates e ciclos de formação, realizadas num espaço cedido pela *Alianza Francesa* em La Paz, contavam com a participação de sindicalistas, jovens pesquisadores, militantes dos movimentos sociais, autores ou militantes de outros países que estavam de passagem pela Bolívia etc. Mas, além disso, consistiam num eixo importantíssimo do processo de desenvolvimento do Comuna e de suas ideias, porque permitiam uma presença constante nos debates da época e uma continuidade bastante regular, além de proporcionar também a organização de espaços paralelos – ou mesmo nos próprios seminários – para reuniões de articulação política,

---

4 Em 1999, depois do lançamento do Fantasma Insomne, os quatro membros fizeram uma rodada de viagens para Santa Cruz, Oruro, Cochabamba, La Paz, Sucre e Siglo XX, para divulgar as ideias do livro e fomentar debates nos movimentos e intelectuais país afora (GUTIERREZ, 2012), o que caracterizava de forma clara sua intenção política de divulgação e contribuição para a criação de um novo consenso.

principalmente no período de ascensão da luta de massas na Bolívia, de 2000 a 2006 (CAMACHO, 2012).

Justamente a existência desse espaço constante de debates gera as dúvidas e inquietações acerca do que de fato era o grupo Comuna e de quem pertencia a ele. Como era um espaço regular, muitas pessoas e grupos participavam também de sua construção, o que permite inferir que eram, em alguma medida, parte do grupo Comuna, pois construíam um de seus eixos fundamentais de intervenção e existência. Por outro lado, nas publicações estavam quase que invariavelmente as mesmas pessoas, o núcleo fundador composto por Raul Prada, Álvaro Garcia, Luis Tapia e Raquel Gutierrez. Não havia uma correspondência direta, portanto, entre a forma de construção e participação destes espaços coletivos semanais do grupo com quem figurava de fato como autor das publicações dos livros, mas de fato havia uma correspondência direta entre os conteúdos discutidos nas duas esferas, tanto nos debates quanto nos livros.

Uma das características importantes do grupo – melhor identificada a partir da exposição do eixo de atuação que se definiu como de debates e formação política – consiste na relação estabelecida com os movimentos sociais e com a própria conjuntura boliviana da época. Um dos grandes pilares de sustentação desse encontro de trajetórias que gerou o grupo Comuna era o interesse, a partir de distintas perspectivas teóricas e políticas, na renovação do marxismo e no diálogo deste com outras teorias críticas – indianismo no caso de Raquel Gutierrez e Álvaro García, pós-estruturalismo no caso de Raúl Prada e nacionalismo e teorias contemporâneas mais ligadas à modernidade no caso de Luis Tapia (TAPIA, 2012). O interesse por essa renovação estava vinculado ao próprio contexto político boliviano de finais do século XX, o que adicionava também a característica de crítica às formas partidárias de atuação política, comum a todos eles (CAMACHO, 2012). Havia um debate forte, portanto, contra a "esquerda tradicional" partidária, seja ela trotskista ou estalinista, e contra o neoliberalismo (GUTIERREZ, 2012). De qualquer forma, o fundamental naquela conjuntura e em termos de impacto político, é que o grupo surge a partir da percepção da necessidade de articulação de alguma iniciativa nova dentro da situação de predomínio econômico, cultural, político e ideológico do neoliberalismo no país nos anos 1990.

A hegemonia neoliberal fazia com que na academia, nas organizações da sociedade civil que atuavam sem questionar a ordem vigente e no Estado houvesse um consenso discursivo em torno da época vivida e dos rumos da sociedade boliviana. Não havia nenhum espaço institucional ou acadêmico, nem ONGs, nem partidos políticos – inclusive os da esquerda – que trabalhassem os temas que estavam sendo pautados, paulatinamente, pelos movimentos sociais contestadores na Bolívia, predominantemente indígenas e camponeses, mas também de uma classe trabalhadora modificada, e desse espaço surge a iniciativa de formar o Comuna (CAMACHO, 2012). Além disso, havia uma necessidade de questionar e criticar a própria forma de constituição do trabalho intelectual na sociedade boliviana, tanto nas esquerdas – com o tema das vanguardas iluminadas –, quanto na intelectualidade que legitimava os modelos sociais, políticos e econômicos neoliberais vigentes, e que não dava espaço algum para a temática indígena e camponesa cada vez mais significativa na conjuntura de resistência ao neoliberalismo.

Neste sentido, passou a haver uma vinculação cada vez mais estreita dos membros do núcleo fundador do Comuna com os movimentos sociais, ainda que mais individualmente do que coletivamente, pelas próprias características acima citadas do grupo. Os membros do Comuna estavam inseridos nos movimentos, conheciam os dirigentes, participavam das assembleias, dos debates, expunham suas teses para os movimentos, e os movimentos participavam também dos espaços de debates promovidos pelo grupo (GUTIERREZ, 2012). Segundo Raul Prada, a maior virtude do Comuna é o aprendizado com os movimentos, o que os levava a construir teses muito inovadoras, e que serviam como ferramentas para interpretar o que estava ocorrendo (PRADA, 2012). Mas se tratava de uma relação muito mais de complementaridade bastante horizontal, que de hierarquização.

Há alguns exemplos claros de como se davam esses vínculos mais estreitos: primeiro o de Raquel Gutierrez, que participava e era uma importante articuladora da *Coordinadora del Agua*, em Cochabamba, que seria a organização protagonista da "Guerra da água", em abril de 2000. Aos poucos, todos os membros do Comuna foram criando laços mais efetivos com a *Coordinadora* (PRADA, 2012). Aí havia uma relação muito aberta e constante com o Comuna, a partir dessa ligação proporcionada pela militância da única mulher do Comuna. Álvaro García também tinha ligações com a *Coordinadora*, mas de forma menos intensa que sua companheira à época. Das origens militantes de Álvaro García vinham as relações, menos amistosas já depois do surgimento do Comuna, com a CSUTCB e Felipe Quispe – dirigentes da segunda mobilização de massas contra o neoliberalismo de 2000, em setembro – que via com muitas críticas a construção de um grupo intelectual de *q'aras* (homens brancos). Daí que as relações com a CSUTCB existissem, mas não fossem tão tranquilas e abertas como com a *Coordinadora*. Prada, por sua vez, tinha muita abertura e participação no *Consejo de Ayllus y Markas del Qollasuyo* (CONAMAQ), maior entidade representativa dos povos indígenas das terras altas bolivianas, desde 1997, funcionando praticamente como assessor deste movimento, o que acontece ainda atualmente.

Há percepções também diferenciadas acerca dessas relações com os movimentos. Tapia, por exemplo, que não vê um viés militante ativo no Comuna e sim um espaço de encontro de produção teórica de militantes de diversas organizações distintas, enxergava essas vinculações de forma individualizada, não relacionadas à atuação no Comuna (TAPIA, 2012). Prada e Camacho, por outro lado, veem com uma perspectiva de totalidade as relações de militância individual de seus membros com a atuação do grupo e, portanto, estabelecem uma característica também militante – em Prada mais forte do que em Camacho – ao grupo Comuna, independentemente das diferenças de caracterização sobre quem eram seus membros (PRADA, 2012; VEGA, 2012). Contudo, todos concordam com o fato de que o impacto da produção teórica do grupo Comuna está absolutamente relacionado a essas vinculações, sejam individuais ou coletivas, e à conjuntura de assenso e de luta social vivida na Bolívia desde o ano 2000.

Então, além das discussões teóricas que buscavam entender por um lado a emergência de novos sujeitos sociais na Bolívia para além do proletariado, e por outro as mudanças provenientes do neoliberalismo no seio da própria classe trabalhadora, existiam também objetivos políticos no surgimento do grupo Comuna. É esclarecedora a passagem da entrevista de Prada na qual ele se refere às intenções de Raquel Gutierrez no momento de articular inicialmente o grupo:

> Raquel, que está interessada em articular coisas, diz: "nos conjuncionaremos, nos respeitaremos, somos diferentes e manteremos um debate, mas também uma pesquisa sobre o que está ocorrendo e um ativismo". O objetivo da Raquel não é só pesquisar, nem academia, nem teoria, ela está intimamente interessada no ativismo político, porque suas publicações vão terminar afetando muitos grupos de jovens já ativistas, feministas, que passam a vir às reuniões do Comuna, onde obviamente se debatem esses temas. Os temas importantes são discutidos (PRADA, 2012).

Gutierrez (2012) relatou que o objetivo sempre foi o de potencializar uma disputa a partir do senso comum da dissidência, dos movimentos, publicizando-o cada vez mais, enquanto García Linera falava da necessidade de agrupar-se e de um espaço de autodefesa do pensamento crítico: não se tratava de um partido ou de um grupo político, já que as origens militantes e as ações políticas individuais de cada membro não eram debatidas nem questionadas no grupo, mas essa convergência, a partir dos subconjuntos críticos que os uniam – o marxismo, a crítica ao neoliberalismo – tinha claramente uma tarefa política a cumprir (GARCÍA, 2012). Mesmo para Tapia, o mais cético a este aspecto, se tratava de disputar a interpretação da Bolívia contra o neoliberalismo, de travar uma batalha no campo das ideias (TAPIA, 2012), o que se é menos intenso do que a perspectiva dos demais, não deixa de ser uma tarefa militante. Mostra-se claramente a intenção política de disputar a criação de um novo consenso na sociedade boliviana, contribuindo para a disputa contra a hegemonia neoliberal. Como mostra Oscar Vega, o próprio surgimento do grupo está intimamente vinculado a essa conjuntura e a perspectiva de luta contra o neoliberalismo, além da necessidade de buscar-se um reposicionamento do trabalho intelectual na sociedade, a partir das experiências e das aprendizagens políticas do próprio processo

(CAMACHO, 2012). Os autores afirmavam que "nestas conjunturas, se pode e se deve renovar a explicação e projeção das coisas, como parte da disputa política e cultural em curso" (GARCÍA *et al*, 2001, p. 6).

Há uma ambição de tratar os problemas a partir de um âmbito teórico-abstrato, mas em estreita e constante relação com a realidade concreta. Há, nas intenções e objetivos do grupo Comuna, um debate interessante colocado sobre a relação entre teoria e prática, entre intelectuais e sociedade, com uma perspectiva gramsciana (TAPIA, 2012; PRADA, 2012). Os membros do grupo buscavam, ainda que desde diferentes ângulos e com diferentes intensidades, utilizar esse trabalho intelectual para aprender, contribuir e debater não só *com os* movimentos, mas *nos* movimentos, funcionando como um espaço de articulação de experiências, trabalhos e lutas (CAMACHO, 2012). Cada um que participava dos espaços, sejam os mais íntimos do núcleo fundador ou os debates mais amplos, voltava a seus espaços de militância e utilizava a experiência e os espaços do Comuna como bem entendia, de forma a potencializá-los (GARCÍA, 2012). Nas palavras dos quatro fundadores, no prólogo do *Retorno de Bolivia Plebeya,*

> Estamos tentando trabalhar, como intelectual coletivo e orgânico a esse projeto e processo de democratização desde baixo e desde fora dos monopólios econômicos e políticos, uma explicação e interpretação que permita articular o horizonte crítico da autogestão e da autodeterminação, que as lutas destes tempos permitem vislumbrar como ética política e modelo de reorganização social (GARCÍA *et al*, 2007,p. 21).

A relação de seus membros com os movimentos e com os próprios grupos que formavam parte do círculo de influência do Comuna, além da conjuntura política boliviana da época, proporcionou muitas potencialidades ao grupo e sua produção teórica. Toda essa conjunção de fatores: relação com os movimentos sociais, trajetórias individuais, grupos paralelos e tangentes ao funcionamento do Comuna e o contexto social, histórico e político da Bolívia, está totalmente relacionada com o impacto de sua produção teórica no país.

Como existia um vácuo de produção teórica acerca da questão indígena e da ascensão paulatina dos movimentos sociais camponeses e indígenas sob uma perspectiva de esquerda, havia uma espécie de demanda dos movimentos por esse debate (CAMACHO, 2012). Não é casual, portanto, a visibilidade que ganha o grupo a partir de sua primeira publicação em 1999, *El fantasma insomne*, que debatia justamente a atualidade do manifesto comunista para interpretar aquela época, ainda de um consenso neoliberal bastante exitoso na região. Muito mais impacto político, entretanto, teve a segunda publicação do grupo, *El retorno de la Bolivia plebeya*, que traz uma análise importante sobre os acontecimentos de abril de 2000 em Cochabamba. "A publicação de *El retorno de la Bolivia Plebeya* foi antes de tudo situar a problemática política a partir de um debate teórico e da ação coletiva para repensar a realidade do país" (CAMACHO, 2007, p. 11). Foi o livro mais vendido do grupo, esgotando-se rapidamente das livrarias, tendo inclusive sido comprado por setores do exército, para "entender o que estava acontecendo" (PRADA, 2012) e foi o único livro do grupo a ser reeditado, no ano de 2007.

A partir desses elementos da trajetória e das origens do grupo, é importante ter em mente que não teria sido possível nem que sua produção teórica tivesse o conteúdo que teve, e menos ainda o impacto que teve, se tivesse ocorrido em um momento histórico diferente do que começou com o ano 2000 na Bolívia (GARCÍA, 2012). Todos os membros do grupo reconhecem que o momento histórico de ascensão dos movimentos sociais foi o que permitiu que a produção teórica e os espaços promovidos pelo Comuna pudessem ter impacto na sociedade boliviana. Neste sentido, fica claro o papel da crise política e social da hegemonia neoliberal, a partir de 2000, para a produção teórica de autoconhecimento da sociedade boliviana. Aprofundar os principais momentos e atores dessa crise é importante para compreender o papel do grupo Comuna neste processo.

A crise da hegemonia neoliberal e o grupo Comuna

Guerra da água

Para compreender o tamanho dos eventos de janeiro a abril de 2000 na cidade de Cochabamba na Bolívia, que ficaram conhecidos como Guerra da Água, é preciso ter em mente que o conjunto de mobilizações se deu em meio a uma crise profunda das organizações sindicais que historicamente encabeçaram as lutas sociais no país, aglutinadas na COB (KRUSE, 2005, p. 122). Como vimos, o neoliberalismo havia, com os ajustes estruturais a partir de 1985 e as privatizações a partir de 1993, produzido mudanças profundas no mundo do trabalho – precarização, informalidade e dessindicalização – que geraram dificuldades enormes para a organização sindical tradicional. Neste sentido, a retomada das mobilizações vitoriosas a partir de 2000 na Bolívia tem um significado grande para a história do país, e por outro lado acende os debates sobre as formas organizativas e as questões articuladoras da mobilização coletiva.

As políticas neoliberais de privatização e incentivo à mercantilização de todas as esferas da vida não demoraram a atingir a água, um dos bens mais elementares para a sobrevivência humana. A partir de articulações do Banco Mundial e do BID com o governo boliviano, a empresa norte-americana

Bretchel, articulada com algumas outras multinacionais fundou a companhia *Aguas de Tunari* para obter a concessão da distribuição da água na região de Cochabamba e o monopólio deste serviço em diversos espaços (KRUSE, 2005). Além disso, aprovou-se a lei 2029, que regulamentava todo o processo, e a partir da assinatura do contrato no dia 4 de setembro de 1999, ainda de forma modesta, começou uma onda de mobilizações na região. A privatização da água não atingia apenas financeiramente os usuários, mas também cultural e socialmente, na medida em que pela escassez de água na região, vários tipos de iniciativa coletiva – com destaque para a dos regantes – garantem o abastecimento e as formas de utilização da água pelas comunidades. São formas comunitárias, muitas vezes dos tempos pré-republicanos, de utilização e distribuição da água, que não só são eficientes dada a inoperância estatal como também fazem parte da cultura e da tradição de várias comunidades.

As condições de vida já precárias de operários fixos e temporários, camponeses da região de Cochabamba, comunidades indígenas, desempregados, donas de casa, estudantes, e de toda a população subalterna da região tendia a piorar com a privatização da água. Essa forma tão direta e objetiva de intervenção na vida da população, depois de quinze anos de aplicação das políticas neoliberais, demarcava o limite que as camadas subalternas na Bolívia poderiam aguentar. A guerra da água em Cochabamba era o ponto de virada na hegemonia neoliberal no país (KOHL & FARTHING, 2007, p. 167).

Quando se trata de tornar a água mercadoria, portanto, no caso dos habitantes da região cochabambina, mexe-se com diversas esferas de sua vida social. Justamente por isso se formou a *Coordinadora en Defensa del Agua y la Vida*, uma rede de organizações sociais de vários tipos, entre sindicatos, federações, coletivos estudantis, juntas vicinais, cooperativas de regantes e ambientalistas, que foi o aglutinador e o mobilizador de todo o processo. As relações estreitas de Raquel Gutierrez e García Linera tinham com a *Coordinadora* e seus impulsionadores colocariam o grupo Comuna diretamente dentro do processo de mobilizações da guerra da água.

Em fevereiro de 2000, depois de tentar reprimir mobilizações pacíficas e deixar dezenas de feridos e encarcerados, o governo foi obrigado a negociar a revisão da lei 2029, do contrato com a empresa e a soltura de todos os presos. As negociações não avançaram de acordo com os anseios dos movimentos, e foi organizado um plebiscito popular autônomo, que contou com mais de 50 mil votos, sendo 95% contra a empresa *Aguas de Tunari*. A partir daí foi organizada a "batalha final", um dia de paralisações a acontecer no 4 de abril. O governo deixou o movimento esvair-se pelo cansaço, e a *Coordinadora* teve que voltar à mesa de negociação. Entretanto, seus principais dirigentes foram presos durante a negociação e isso reacendeu os ânimos da população, que ficou 7 dias consecutivos em conflito com a polícia e o exército, inclusive na região do altiplano – onde paralelamente a *Confederación Sindical Única de Trabajadores Campesinos de Bolivia* (CSUTCB) organizava bloqueios massivos, assim como em algumas outras regiões. O governo declarou estado de sítio por três meses, e a COB, com os professores à frente, declarou greve geral e o conflito se expandiu em La Paz (KOHL & FARTHING, 2007, p. 167).

O saldo foi de muitos mortos no altiplano, um jovem morto em Cochabamba, centenas de feridos, e uma derrota política tremenda para o governo, que foi obrigado a aceitar todas as exigências da população: revogar a lei 2029, expulsar a empresa *Aguas de Tunari* e soltar todos os presos, além de pagar o tratamento dos feridos. A descrição feita pelo grupo Comuna é elucidativa:

> O ponto de inflexão da mobilização virá no momento em que os meios de comunicação transmitem a informação de que há jovens mortos. A população se comove. A partir deste momento a vida está em jogo e na memória se aglomeram as seculares experiências coletivas do perigo de morte.
>
> A partir deste momento as pessoas já não falarão mais de defender direitos. O discurso social que vai se tecendo nas barricadas, nas intervenções telefônicas transmitidas por rádio, nos gritos de dor dos que carregam os feridos e mortos, será de sanção ao Estado (...) A morte de um garoto que luta por um bem comum como é a água rompe o espaço de uma economia de demandas e concessões com a qual a população trabalhadora e popular representou sua tensa relação com o Estado durante muito tempo. Com a ameaça à vida que se fecha contra todos os que defen-

dem o bem comum, no imaginário popular o estado já não é um interlocutor de demandas: é um perigo; é uma ameaça à coletividade, ao sentido de comunidade que todos estão defendendo (GUTIERREZ *et al*, 2007, p. 174).

As jornadas de abril representaram, da perspectiva do grupo, uma condensação de vários processos: decomposição interna no âmbito do governo devido à corrupção, incompetência e ineficácia; a crescente dependência externa e colonial do país; a acumulação política de forças sociais e populares contra a privatização da água em Cochabamba; e uma conjuntura de ofensiva da luta indígena no altiplano (*Ibidem*, p. 188). Tratou-se, sem dúvida, da primeira derrota do neoliberalismo na Bolívia, depois de quinze anos de implantação desse modelo, que daria início ao processo de derrocada do projeto neoliberal tal como vigorava desde 1985.

Em abril de 2000, portanto, fica marcado um ponto de inflexão positivo nas demandas e na capacidade de mobilização dos movimentos sociais na Bolívia, especialmente os indígenas. As redes de mobilização coletiva surgidas no processo da guerra da água fizeram reaparecer com força movimentos antigos, como a CSUTCB, a *Confederación de Colonizadores*, os cocaleiros, a *Confederación de Pueblos Étnicos de Santa Cruz* (CPESC), as Juntas de Vizinhos, entre outros, e fomentaram ou colocaram no cenário nacional novos movimentos como a *Coordinadora*, os *Sin Tierra* e o *Consejo Nacional de Ayllus y Markas del Qullasusyo* (CONAMAQ) (GARCÍA, 2005, p. 23).

Rebelião indígena de setembro de 2000

Logo viria o segundo golpe forte contra o governo neoliberal de Hugo Banzer. Cinco meses depois das jornadas de abril, vários sujeitos sociais insatisfeitos com as políticas neoliberais bloquearam por mais de um mês todos os acessos a La Paz. Pelo menos seis setores se organizaram e articularam para bloquear todos os caminhos. Primeiro, a população aimará do Altiplano, majoritariamente camponesa e organizada em sindicatos, e articulada também em torno das assembleias comunais; os produtores de coca do Chapare, também camponeses e sindicalizados e com representação parlamentar; os "colonizadores", trabalhadores urbanos que haviam sido forçados a ir ao campo por conta do desemprego, na região de Santa Cruz; a *Coordinadora* em Cochabamba; os professores sindicalizados na COB e de tradição trotskista, principalmente em La Paz (PRADA, 2001, p. 96-98). A CSUTCB, especialmente na figura de seu dirigente maior Felipe Quispe, foi fundamental para a articulação de todos esses setores, especialmente dos camponeses. Durante os 18 dias de mobilização, toda a estrutura de poder do estado foi substituída pelo sistema de autoridades comunais, que se organizava em pelo menos quatro plenárias de mais de 25 mil pessoas cada uma, por região, e através de comitês de bloqueios (GARCÍA, 2001, p. 69).

As três semanas de bloqueio das estradas do principal eixo econômico do país produziram desabastecimento e grandes perdas para o Estado e deixaram mais de 20 mortos e centenas de feridos em confrontos dos manifestantes com o governo. A força das mobilizações e sua articulação entre campo e cidade e entre diversas regiões do país obrigou o governo a negociar com os camponeses do altiplano da CSUTCB, que conseguiu praticamente toda sua pauta de reivindicações, principalmente a anulação da lei de águas e da lei de terras (a *Ley INRA)*, além de indenização para as vítimas, liberdade aos presos e algumas reivindicações do movimento cocaleiro que seriam revertidas posteriormente, o que levaria o movimento cocaleiro ao centro das mobilizações até o mês de dezembro, dirigidos por Evo Morales.

As jornadas de setembro configuram, da perspectiva de Álvaro García (2001, p. 67), uma junção de penúrias contemporâneas provenientes do neoliberalismo com heranças históricas da colonização. Tapia também vê as mobilizações de setembro como uma continuação do questionamento da sociedade organizada às políticas neoliberais, mas com a incorporação profunda do eixo anticolonial nos protestos e na mobilização social (TAPIA, 2001, p. 230). Pautas como a revisão da lei de terras na busca pela garantia da propriedade comunal e a garantia do cultivo da folha de coca são partes dessa incorporação, mas ela fica clara quando se nota o sujeito coletivo indígena organizado de diversas formas, em sindicatos ou *ayllus,* utilizando de seus métodos tradicionais de luta, organização e mobilização para conseguir seus objetivos.

Álvaro García resume analiticamente os acontecimentos de setembro de 2000 afirmando que

> O levantamento aymará de setembro-outubro não só foi uma explosão de descontentamento, nem se quer um lembrete de que a Bolívia é um país onde estão dominadas outras nações. Antes de tudo, ali se colocaram em prática de uma maneira intensa uma série de mecanismos de mobilização social que, igual ao que aconteceu na cidade de Cochabamba, marcam pautas e tendências para uma regeneração da política e o bom governo no país, neste caso através do *ayllu* em ação ou mobilização atuante de uma estrutura civilizatória comunal-andina (GARCÍA, 2001, p. 68).

Sucesso eleitoral em 2002 e a guerra do gás

Em 2002, os processos de mobilização também começaram a refletir-se nas urnas. Em janeiro, os protestos contra o decreto 26415, que fechava o mercado de folhas de coca que permanecia legal no Chapare levou a dezenas de conflitos, e à morte de dois policiais. Evo Morales, dirigente dos cocaleiros e deputado na época, foi considerado culpado pelos conflitos, e expulso do Congresso (KOHL & FARTHING, 2007, p. 171). Sua popularidade cresceu neste processo, como símbolo de luta contra o imperialismo norte-americano, e com a efervescência social tomando conta das ruas bolivianas, os resultados eleitorais de 2002, com Evo Morales candidato a presidente pelo *Movimiento al Socialismo* (MAS), assim como Felipe Quispe, pelo *Movimiento Indígena Pachakuti* (MIP), foram surprendentes. Morales teve apenas 1,5% a menos de votos que Goni, ficando em segundo lugar, e Quispe ficou com 5% dos votos. O MAS conseguiu 8 de 27 cadeiras no Senado, e 27 de 130 no Congresso, enquanto o MIP conseguiu 6 cadeiras no Congresso. Se tivessem saído em unidade, seguramente teriam vencido no voto popular para presidente, ainda que provavelmente não tivessem maioria no Congresso para consolidar a vitória.

O fundamental, entretanto, que traria novos dilemas para os movimentos, era que as possibilidades de uma vitória eleitoral, centrada na via institucional, passavam a ser cada vez mais reais. Os resultados em 2002 mostraram essa tendência de forma clara: se optassem por essa via de forma organizada, os partidos do bloco subalterno teriam condições de chegar a governar o país. A questão era se essa era ou não a melhor via para derrotar o neoliberalismo e transformar radicalmente o Estado, mas principalmente a sociedade boliviana, o que fazia parte do objetivo principal da maioria dos atores em luta.

Alguns dos fatores que contribuíram para o início da crise neoliberal foram a falta de habilidade de dois governos consecutivos em criar empregos e garantir um crescimento econômico significativo; a política agressiva de erradicação das drogas que destruiu a economia da região de Cochabamba; e a crise argentina de 1999 que eliminou um dos grandes mercados de trabalho para os imigrantes bolivianos. Por outro lado, os grupos indígenas mais fortes como os aimarás do altiplano com a CSUTCB, os indígenas das terras baixas de Santa Cruz e os cocaleiros do Chapare, se haviam reorganizado; o sindicato dos professores em La Paz fazia a COB sobreviver, ainda que diminuída, e os movimentos sociais urbanos se articulavam e eram formados Comitês e coordenadoras entre movimentos, para lutar contra as privatizações (KOHL & FARTHING, 2007, p. 149), especialmente a da água em Cochabamba, como se viu anteriormente, e a do gás em todo o país.

A chamada Guerra do Gás, marcada pelas mobilizações e bloqueios em El Alto e La Paz em setembro e principalmente outubro de 2003, se deu como continuação do processo de crise política e social que tivera início em 2000 e colocou novamente todos esses setores em luta. De certa forma, as vitórias da guerra da água foram apenas parciais e acabaram mantendo-se incompletas com o passar dos anos, já que a *Coordinadora* não se tornou uma empresa autogestionária que cuidasse da água da cidade de Cochabamba e alguns outros objetivos também ficaram inconclusos. Por outro lado, entre 2000 e 2003 as mobilizações continuaram em todo o país, de forma fragmentada e com pouca continuidade entre elas: marchas indígenas pela instauração de uma Assembleia Constituinte – que expressavam já uma forma organizativa diferente da sindical, mais comunitarista –, bloqueios em diversas regiões do país, principalmente no Altiplano, conflitos no Chapare, paralisações de professores, bancários, marchas de aposentados, ocupações de terras, bloqueios dos cooperativistas mineiros etc.

Entretanto, aos poucos, a palavra de ordem da nacionalização do gás, que combatia todas as iniciativas de privatização deste recurso, passava a ter o potencial de unificar todos esse setores e movimentos em torno de uma questão nacional. Em 2003, ainda estavam à frente do governo boliviano representantes diretos do neoliberalismo: em linhas gerais, a posição oficial era não reformar nada, e radicalizar o modelo que combinava privatização e exportação, com a venda de gás para os Estados Unidos através do Chile (TAPIA, 2005b, p. 153). A luta contra a privatização do gás natural – recurso que abunda na Bolívia e que historicamente sempre foi exportado a preços muito pequenos – sintetizou vários planos da luta social latente na Bolívia daqueles anos: a resistência às políticas neoliberais e à globalização privatizante; a recuperação da soberania nacional diante da nova ordem mundial; a recuperação dos recursos naturais do país e a disputa por seus excedentes; a luta de classes propriamente dita, já que o movimento popular reivindica o uso do gás para os trabalhadores, desempregados, para os pobres, numa perspectiva de distribuição social do recurso energético; por fim, como um dos principais articuladores, está o plano das reivindicações indígenas, nacionais, culturais e étnicas (PRADA, 2004, p. 97). Da articulação entre todos esses planos de reivindicação e de luta política, surge fortalecida a demanda já existente por uma Assembleia Constituinte no país.

O principal antecedente em 2003 da crise de outubro foi o enfrentamento entre instituições coercitivas do Estado, a polícia – protestando por melhores condições de trabalho – e o exército – mobilizado para reprimir. Esse enfrentamento armado mostrava uma queda acentuada da coesão e unicidade estatal e apontava debilidades enormes na capacidade do Estado de seguir funcionando da mesma forma. García Linera fala de três grandes "atos" da guerra do gás. O primeiro seria a rebelião da nação aimará, cujos motivos iniciais foram a luta pelo respeito aos "usos e costumes" no exercício da justiça pelas comunidades indígenas, mas depois de uma greve de fome dos dirigentes comunitários de todo o Altiplano, veio forte a oposição à venda de gás aos mercados norte-americanos (GARCÍA, 2004, p. 47). Desde 2000, com a luta pela água, havia ficado claro que os recursos naturais são parte fundamental do sistema de reprodução cultural e material das comunidades agrárias e qualquer tentativa de expropriação ou privatização destes recursos afeta diretamente a estrutura material e simbólica das comunidades camponesas indígenas (*Ibidem*, p. 48). Neste sentido, bloqueios de milhares de indígenas aimarás rebelados em torno de várias pautas, mas principalmente contra a venda do gás, à cidade de La Paz, marcaram todo o início daquele período. O levantamento indígena de outubro de 2003 pode ser considerado como um referendo massivo contra a venda do gás na Bolívia, mas que demonstrava a impossibilidade de permanecer pacificamente um Estado monocultural, colonialista e excludente com relação às identidades indígenas (*Ibidem*, p. 50).

O segundo grande ato se dá em El Alto, cidade-satélite localizada ao lado de La Paz, subindo a montanha, e passou de pouco mais de onze mil habitantes em 1950 para mais 700 mil em 2001 (e mais de 1,1 milhão em 2010), e onde segundo Raúl Prada se condensa a sociedade boliviana como em nenhum outro lugar (PRADA, 2004, p. 103). É a cidade com mais trabalhadores do país, ainda que grande parte seja no âmbito informal, contém muitas favelas e a grande maioria da população pobre e trabalhadora é também indígena. Em outubro, da mesma forma que os indígenas camponeses, os de El Alto e os trabalhadores sindicalizados da cidade se rebelaram com as mesmas palavras de ordem, e sofrendo muita repressão das tropas governamentais. Dia 8 de outubro, a um mês já do bloqueio aimará em dezenas de estradas, se decretou paralisação total da cidade de El Alto, em defesa da recuperação da propriedade do gás pelos bolivianos (GARCÍA, 2004, p. 56). A paralisação gerou uma marcha de mineiros de Huanuni à La Paz, que representou também um reencontro, nas estradas e na luta, de mineiros com indígenas, mas também de ex-mineiros que trabalhavam agora informalmente em El Alto com seus ex-companheiros de trabalho. No dia 13, um pronunciamento da *Coordinadora* sintetizava as consignas de todo o movimento: renúncia do presidente Sánchez de Lozada; revogação da lei de hidrocarbonetos; revogação da lei privatizadora e de capitalização; devolução dos recursos naturais ao Estado, principalmente os hidrocarbonetos que estavam nas mãos das transnacionais; desmilitarização de El Alto; e interrupção imediata da repressão ao povo mobilizado (PRADA, 2004, p. 124). Os 12 dias entre 8 e 17 de outubro marcaram o país com a incorporação das cidades ao conflito, e toda essa mobilização, a partir dessas consignas, gerou uma repressão brutal do Estado, com diversos massacres e mais de 70 mortos em pouco mais de uma semana (BOLPRESS, 2003).

> Moradores de todas as partes, motoristas, trabalhadores, comerciantes, estudantes de norte e sul, das ladeiras e dos bairros de classe média, das comunidades camponesas e das favelas afastadas se autoconvocaram diante de e contra um Estado que havia quebrado a economia de arbitrariedades e exigências que mantinha soldada a obediência social ao governo. Cada bairro e comunidade marchante e bloqueante sairá em defesa dos moradores baleados, o que por sua vez dará lugar a novos mortos que convocarão novos bairros, e ao final, a sociedade inteira está sublevada contra um Estado cuja única linguagem se reduziu à morte e que, portanto, já não tem razão de ser, a não ser que se pense que a morte é a razão de ser da sociedade. Ao final, a morte havia unido o local, o disperso, mas acima de tudo, havia levado a sociedade a desconhecer o governo (...) (GARCÍA, 2004, p. 63)

A morte de muitos rompia toda a aceitação da dominação do Estado, toda a margem de legitimidade que este tinha para deter o monopólio da violência. Neste sentido, depois dos massacres as mobilizações atingiam um patamar claramente antiestatal. A força crescente das mobilizações, sejam os bloqueios ou as manifestações em El Alto e La Paz, e a marcha multitudinária no dia 16 de outubro nesta cidade e em diversas outras do país fizeram com que o presidente Gonzalo Sanchez de Lozada fugisse de helicóptero da Bolívia no dia 17, renunciando à presidência do país. Estava colocada definitivamente a crise do modelo neoliberal e o governo de Carlos Mesa, ainda neoliberal, mas de caráter mais reformista, representaria o novo patamar em que se colocaria o conflito nos próximos anos.

A crise de 2005

O núcleo do "reformismo neoliberal" de Mesa era aceitar a demanda generalizada de realização de um referendo sobre a questão da nacionalização do gás, mas ao mesmo tempo sem a substituição do modelo transnacional de privatização do setor. O governo de Mesa se organizava sobre dois eixos políticos claros: a relação com o Chile, desgastada popularmente pela questão do gás, e principalmente a questão do gás em si. A primeira manobra do governo foi transformar a demanda popular de um referendo sobre a nacionalização do gás em uma consulta sobre o controle de 50% dos rendimentos, posição esta que foi compartilhada pelo MAS, partido que mobilizava setores amplos do campesinato e da classe média urbana, e no campo institucional representava alguns setores do campo nacional popular mobilizado nos últimos anos (TAPIA, 2005b, p. 155). Os movimentos não conseguiram pautar as questões do referendo e nem tampouco organizar um boicote sistemático a ele, e no dia 18 de julho de 2004 foi realizado, com resultados favoráveis à nacionalização, dentro dos limites impostos pela metodologia estabelecida.[5] O passo seguinte do governo foi o de transformar esse apoio massivo demonstrado no referendo à opção de 50% dos rendimentos em um projeto de lei que não contemplava sequer isso (*Ibidem*).

Os diversos movimentos organizados, como a COB, CSUTCB, os regantes, a *Coordinadora del Gas* e a *Federación de Juntas Vecinales* (FEJUVE) impulsionaram o processo de mobilização em busca da nacionalização real dos hidrocarbonetos. A FEJUVE, principalmente, se articulou de forma a pleitear de maneira direta e exclusiva uma demanda de caráter nacional, propositiva e de conteúdo estrutural ao governo, o que marcou um salto qualitativo no movimento, de passagem da resistência defensiva ao avanço a um nível ofensivo e nacional (GARCÍA, 2005, p. 57). Principalmente em maio e junho de 2005, as diversas organizações do campo nacional popular lutaram juntas, utilizando principalmente os bloqueios de estradas (até 90% das estradas do

---

5   Para uma exposição dos dados do referendo e uma interessante interpretação deste processo, ver Arrarás, A,; Deheza G. *Referéndum del gás em Bolivia 2004: mucho más que um referendum*. Revista de Ciencia Política, v.25, n.2. Santiago: 2005.

país chegaram a ser bloqueadas simultaneamente em 2005). A FEJUVE e os indígenas camponeses aimarás lideravam politicamente a mobilização, enquanto os cooperativistas mineiros articulados em torno da COB eram uma espécie de força de choque contra a repressão, e o MAS, por sua presença nacional se encarregava de nacionalizar a disputa (*Ibidem*, p. 58).

Marchas em todas as estradas e a concentração de mais de 300 mil pessoas em San Francisco (maior concentração registrada na história do país), no dia 7 de junho de 2005, deixavam claro o potencial das massas mobilizadas, demandando a nacionalização dos hidrocarbonetos e a convocação de uma assembleia constituinte – já aceita pelo governo, que buscaria barrá-la por outros caminhos ao longo do tempo, principalmente com as iniciativas autonomistas da oligarquia de Santa Cruz de la Sierra (TAPIA, 2005, p. 102). A única saída do governo era utilizar as forças armadas, o que geraria um massacre de proporções inimagináveis, e provavelmente o racha do próprio exército, o que fez com que Mesa fosse obrigado a renunciar, deixando também um vazio de poder no país andino (GARCÍA, 2005, p. 60). Além das mobilizações, vários partidos conservadores, especialmente o MNR, o MIR, descontentes com a política "reformista" de Mesa e substitutos imediatos em caso de queda do presidente, também articulavam nos bastidores sua saída. Quando ela aconteceu e começou a disputa pela sucessão constitucional, uma nova onda enorme de mobilizações contra a possibilidade de que algum dos partidos que representassem continuidade com o regime neoliberal assumisse impediu-os de assumir: eram mobilizações mais do que contra um ou outro partido ou nome, contra todos os partidos da ordem e o programa de autonomia oligárquica, que começava a ser ventilado como contraponto à convocação da assembleia constituinte (TAPIA, 2005b, p. 157).

O vazio de poder – e a possibilidade de retorno dos partidos da ordem – que ficava a partir do impedimento da sucessão constitucional se dava porque os movimentos, apesar de sua força de mobilização, não tinham claramente definida uma estratégia de poder e nem contavam com um instrumento político que os representasse de forma conjunta, além do fato do parlamento estar ainda dominado pelas forças conservadoras (GARCÍA,

2005, p. 61). Neste processo, o MAS, em posição diferente da maioria das organizações populares envolvidas no conflito, era contra o fechamento do parlamento e defendia mecanismos de estabilização do regime (PRADA, 2005, p. 176) e de garantia de antecipação das eleições presidenciais para o fim de 2005. Neste sentido, o partido que ganharia as eleições em dezembro, e que viria a ser o principal símbolo da derrota do projeto neoliberal, foi justamente o único partido que defendeu de dentro do campo nacional popular a continuidade do regime de democracia representativa, tão criticado e até combatido pelas organizações populares, especialmente as indígenas, mas também as urbanas operárias (TAPIA, 2005b, p. 155).

Aqui, abre-se espaço para uma reflexão interessante, que mostra tanto as diferenças internas do grupo Comuna quanto o papel que pode ter sido cumprido pelo MAS no final do processo de mobilizações que vai de 2000 a 2005, e que de certa forma garantiu sua vitória eleitoral no final daquele ano. Na introdução de *El Retorno de Bolivia Plebeya*, livro escrito logo depois da guerra da água no ano 2000, assinada por todos os membros do grupo à época, García, Tapia, Gutierrez e Prada afirmavam que

> (...) a Bolívia plebeia reemerge politicamente e desordena de novo o falacioso consenso neoliberal. Quebra uma estratégia e uma imagem de país, que era imposta de cima e de fora.
> A vitalidade da conjuntura consiste em que não só trata de formas de protesto e rebeldia, mas sim de uma reemergência popular que se levanta sobre a reconstituição e politização de um novo tecido social que resiste a estratégias de expansão dos âmbitos de mercantilização e privatização monopólica dos meios de vida, e no processo gera e regera suas formas de deliberação e democracia local. Parece que se estão moldando novas estruturas de rebelião; se isso é verdade, e se expande e amadurece, então há futuro para o país (GARCÍA et.al, 2007, p. 19).

De fato, essas novas estruturas de rebelião se expandiram e amadureceram, e tiveram o potencial de articular diversos setores diferentes em um bloco subalterno nacional popular que colocou em crise a dominação neoliberal e as formas de democracia representativa típicas do capitalismo.

Num contexto onde existia um vazio de projeto de poder consistente por parte da maioria das organizações, uma delas – o MAS – a partir do campo popular, cumpriu o papel de defender justamente o regime de democracia representativa e passar a disputar o Estado prioritariamente a partir de suas regras, vislumbrando a possibilidade de governar o país. Em um contexto onde não há um projeto claro de poder por parte do campo subalterno, pode-se argumentar que essa era a única opção possível, mas as regras da democracia representativa burguesa mantêm em grande medida a exclusão de diversos setores importantes da sociedade boliviana, como os indígenas em suas próprias formas organizativas, no que diz respeito às formas de participação, além de limitar o potencial dessas novas formas organizativas de pautarem o desenvolvimento e as novas formas de gestão da sociedade a partir do Estado ou por fora dele. Dentro do grupo Comuna, Álvaro García Linera encarnava o principal defensor dessa posição mais próxima ao MAS, enquanto Gutierrez – que afastou-se do grupo ainda durante o processo de mobilizações –, Prada e Tapia mantinham uma posição mais crítica.

Grupo Comuna no processo

De acordo com os relatos de todos os seus membros, os principais objetivos do grupo eram políticos, no que diz respeito a travar uma batalha no campo das ideias contra a hegemonia e o consenso neoliberais. Era necessário encontrar formas de potencializar essa plataforma intelectual política em um momento em que o discurso dominante era praticamente absoluto, a partir dos objetivos comuns, respeitando as diferenças e atuando como um grupo de convergência de intelectuais provenientes de distintos espaços de militância (GARCÍA, 2012). Tapia falava de "travar a batalha de ideias contra o neoliberalismo"; García Linera, de "ajudar a compreender o momento histórico"; Gutierrez, da busca "de disputar pelo senso comum da dissidência"; Oscar Vega, da necessidade de "criar um espaço aberto e crítico de reflexão"; Prada, da "necessidade de aglutinar a crítica". Todos falam de um objetivo que é, ao mesmo tempo teórico e político, de pensamento e de ação, no que diz respeito à fundação do grupo, já antes do processo de mobilizações começar no ano 2000.

A partir do ponto de inflexão do ano 2000 com a guerra da água, entretanto, o objetivo político do grupo se intensificou. Com o bloqueio aimará e as mobilizações em Cochabamba, principalmente Raquel Gutierrez e Álvaro García Linera, que tinham muitos vínculos estabelecidos na militância com diversos dos setores em luta, passaram a pensar como os espaços amplos gerados pelo Comuna poderiam contribuir para dinamizar o processo de lutas, as discussões, e as posições políticas que estavam emergindo (GUTIERREZ, 2012). Neste sentido, o grupo Comuna passava a discutir as questões dos movimentos e os processos que estavam ocorrendo com um público bastante heterogêneo nas cidades, amplificando o alcance dos debates e contribuindo para que se continuasse aprofundando um senso comum crítico da dissidência e da luta que começava a brotar em distintos lugares do país (*Ibidem*). Essa amplificação era buscada através dos espaços de debates promovidos, mas também da utilização dos meios de comunicação aos quais o grupo tinha acesso, como o Canal Universitário, dos livros propriamente ditos e seus eventos de divulgação, além de disciplinas, mestrados, cursos e outras iniciativas pensadas coletivamente para serem efetivadas nas universidades, com o intuito – uma das prioridades do grupo – de trabalhar com os jovens.

A formulação das ideias e a produção dos livros, a partir dos acontecimentos e dos debates, acompanhavam e eram acompanhadas pelos movimentos. A *Coordinadora* inclusive, já tinha apoiado o processo de elaboração do *Fantasma Insonme*, e é uma referência fundamental na elaboração do *El Retorno de la Bolivia Plebeya* (PRADA, 2012). Neste período, especialmente até 2001, as ideias e os livros eram elaborados de forma muito rápida, porque tinham necessariamente que acompanhar a dinâmica das mobilizações (GUTIERREZ, 2012). Quando as mobilizações passaram a se repetir e a ter cada vez mais intensidade no país, fazendo com que dois presidentes fossem obrigados a renunciar e mais dois impedidos de assumir, entre 2000 e 2005,[6]

---

6   O presidente Gonzalo Sanchez de Lozada renunciou em 2003 depois da guerra do gás, com massivas mobilizações populares que se seguiram ao anúncio da venda de gás natural boliviano aos EUA através de portos chilenos. Assumiu, então, o vice Carlos Mesa, que também renunciaria frente às mobilizações em 2005. A sucessão legal seria o presidente da Câmara de Deputados e depois ao presidente do Senado, mas

toda a sociedade buscou entender o que estava acontecendo, principalmente num primeiro momento, e o Comuna, por suas vinculações, começou a fazer as análises dos movimentos sociais e de todo o processo (PRADA, 2012), acompanhando teórica e ideologicamente as mobilizações.

Isso fica claro quando se analisa o conteúdo dos livros posteriores ao *Fantasma Insomne*. *El Retorno de la Bolivia Plebeya* fala ainda em 2000 sobre a guerra da água de abril, discutindo a classe operária, o nacionalismo e a violência, ao mesmo tempo em que aconteciam os acontecimentos de setembro. *Tiempos de Rebelión* agrega no início de 2001 a análise e a descrição dos acontecimentos de setembro de 2000, debatendo sobre as novas formas de luta, seus limites, perspectivas, e trazendo uma entrevista com Felipe Quispe sobre o programa político da rebelião indígena aimará-quechua. E ainda em 2001, lançam *Pluriverso*, debatendo teoria política da democracia, peculiaridades da sociedade *abigarrada* boliviana no que diz respeito à vida política, as formas comunitárias etc., tudo à luz dos acontecimentos de menos de um ano antes. Em 2002, *Democratizaciones Plebeyas* debate as eleições do mesmo ano e o papel dos movimentos sociais, enquanto em 2004 *Memorias de Octubre* já traz reflexões sobre os alcances e consequências das mobilizações da guerra do gás em 2003 e a crise do Estado.

Mesmo não sendo o único, por ter sido contemporâneo e articulado de forma mais ou menos direta com os movimentos envolvidos, o discurso do grupo cumpriu um papel importante para a substituição do discurso liberal e ganhou bastante visibilidade na sociedade (TAPIA, 2012). À diferença do pensamento político que se produzia à época, o grupo Comuna produzia teoria a partir de uma valoração positiva da ação dos movimentos, o que gerava reações importantes em vários setores da sociedade.

Uma dessas reações, proveniente da direita e bastante elucidativa, era a criação de um estigma do grupo como sendo os "intelectuais do caos e da desordem", ou apologistas da violência. O exemplo mais interessante

---

os mesmos protestos fizeram com que estes renunciassem antes mesmo de assumir, cabendo a Eduardo Rodríguez, presidente da Suprema Corte, assumir a presidência e convocar eleições antecipadas para 2005, que levaram Evo Morales à presidência da Bolívia.

desse tipo de discurso pode ser encontrado num artigo intitulado *La ciencia política em Bolivia: entre la reforma política y la crisis de la democracia*, do autor que viria a ser presidente da *Asociación Boliviana de Ciencia Política*, Marcelo Garay, publicado em 2005 na revista da associação. Vale a pena a citação literal, ainda que longa:

> Organizados sob a denominação de grupo comuna, um conjunto de profissionais formados na sociologia e na ciência política se dedicou à análise, desde a "guerra da água", dos movimentos sociais (García Linera *et al.*, 2000), magnificando o papel dos mesmos em um processo de acerto de contas com o modelo de economia neoliberal e os partidos tradicionais. Chegaram à conclusão de que esses movimentos teriam a capacidade de transformar a política e redefiniriam, em função do interesse coletivo, os termos da distribuição do excedente social (Gutiérrez *et al.*, 2002). A conjuntura e uma generosa cobertura dos meios de comunicação puseram estas ideias em primeiro plano, contribuindo para gerar uma opinião desfavorável de tudo o que se havia conseguido, em democracia, até esse momento.
>
> Desta maneira, a imagem negativa que a população tinha dos políticos e da política foi transferida à democracia representativa, ainda que as opções sugeridas para substituí-la e melhorá-la não sejam realistas, caindo nos mesmos erros das teorias marxistas que atribuem a uma espécie de messias social (proletariado, movimentos sociais neste caso), a função da mudança revolucionária. O criticável deste enfoque é que apologiza a violência do conflito social como necessária à mudança. E de uma forma ou de outra, encorajou que grupos marginais de radicais tomassem o mando de organizações sociais, levando a extremos insustentáveis a manutenção da democracia e do Estado de Direito (GARAY, 2005, p. 95).

Nessa passagem ficam claras as principais linhas de argumentação dos setores mais conservadores do pensamento político boliviano acerca da produção teórica do grupo Comuna. O grupo era visto por esses setores como apologista da violência, utópico e antidemocrático, assim como os movimentos sociais que estavam em luta.

Com o avançar das mobilizações e a exposição cada vez maior do pensamento do grupo na sociedade, outros estigmas e caracterizações superficiais começaram a aparecer. Uma das que parece incomodar mais os membros do grupo é a de "intelectuais dos movimentos sociais". Tapia, Prada e Camacho afirmam que este não era o objetivo do Comuna, que tinha como um de seus pontos centrais de debate justamente a crítica ao vanguardismo e à ideia das mentes iluminadas que de fora dirigem ou são os ideólogos dos movimentos sociais. Raúl Prada afirma que

> A partir deste livro [*El retorno de la Bolivia plebeya*] se vai dizer: "Comuna, são os intelectuais desses movimentos sociais". Isso não foi uma decisão do Comuna e tampouco foi uma pretensão. Não podia ser uma pretensão desde nosso ponto de vista, porque nós éramos muito respeitosos com as organizações, as decisões das organizações, e éramos contra – incluindo o Álvaro (…) -, estávamos muito conscientes de que não havia vanguarda, que não há partido, e que estávamos contra além disso dos partidos e das vanguardas intelectuais e do intelectual, da figura do intelectual [como vanguarda]. Éramos completamente contra (PRADA, 2012).

Esses efeitos aparentemente inesperados, de identificação do Comuna como sendo os ideólogos ou dirigentes intelectuais dos movimentos sociais, estão associados a dois processos. Primeiro aos fenômenos da conjuntura aqui já apresentados: a vinculação do grupo com os movimentos, a valoração positiva destes nas análises da crise política boliviana e a sua contemporaneidade e acompanhamento teórico e ideológico do processo de mobilizações sociais que levou à derrota do neoliberalismo na Bolívia. Sem toda essa conjuntura na qual o processo histórico praticamente exigia uma produção intelectual diferente, como afirmam Tapia e García (2012; 2012), o grupo Comuna teria ficado restrito aos debates acerca das causas e das maneiras de acabar com o predomínio do discurso liberal em quase todas as esferas da sociedade boliviana. Sem o momento de crise, a produção de conhecimento teria sido limitada e não teria tido o mesmo impacto e a mesma importância. Essa "exigência" ou demanda por parte dos movimentos de uma produção teórica diferente estava diretamente relacionada também

Intelectuais em movimento 105

com o distanciamento da esquerda partidária tradicional boliviana de todo o processo, já que esta participava e analisava distantemente as mobilizações e fundamentalmente, segundo Prada (2012), não conseguia entender o tema indígena, cada vez mais significativo politicamente, enquanto o Comuna, de uma forma ou de outra, fazia parte deste processo.

Tudo isso gerou uma exposição e um destaque individual grande para os membros do Comuna. Para além das vendas dos livros e da existência cada vez mais concorrida dos espaços semanais do grupo, a exposição midiática passou a ser também grande. O exemplo mais esclarecedor é o de Álvaro García Linera, que depois viria tornar-se vice-presidente do país, e sua participação semanal em diversos programas televisivos e jornais bolivianos, inclusive em um dos programas mais populares de debate político da televisão aberta boliviana, *El pentágono*, a partir de 2002, por exemplo. Mas o próprio grupo teve durante um período curto um programa de debates no canal universitário, no qual debatia temas relacionados à conjuntura boliviana, como nos espaços de debates das segundas-feiras (GUTIERREZ, 2012).

O outro processo associado aos efeitos comentados relaciona-se à opinião de Jorge Viaña acerca do funcionamento interno do grupo Comuna e da forma de produção e de exposição do conhecimento gerado nas instâncias do grupo e naquele contexto social. Na medida em que não se tratava de uma produção de conhecimento efetivamente coletiva, e que havia uma fetichização dos livros e dos autores individuais dos artigos, geravam-se condições, por mais que não houvesse intenções declaradas neste sentido, para a emergência da visão do núcleo fundador do grupo Comuna como a vanguarda intelectual dos movimentos, ou como os ideólogos de todo o processo (VIAÑA, 2012).

Os membros do grupo Comuna não eram intelectuais orgânicos dos movimentos sociais. Eram professores universitários, com vínculos históricos com esses movimentos e inclusive participação em movimentos – como o EGTK, por exemplo – ao lado de militantes e intelectuais orgânicos dos movimentos em luta contemporâneos, mas não se tratavam neste momento histórico de disputa ideológica com o neoliberalismo de militantes orgânicos destes movimentos. Entretanto, no que diz respeito ao bloco subalterno que vinha sendo conformado na situação, Kohl e Farthing afirmam o seguinte:

> O enfraquecimento da luta baseada nas classes combinado com a crise da esquerda política gerava um vazio que foi constantemente preenchido por outros atores sociais – muitos dos quais não tinham formas organizativas institucionais bem estabelecidas – incluindo as organizações indígenas e campesinas, movimentos sociais urbanos e universidades (KOHL & FARTHING, 2007, p.154).

Neste sentido, se pode pensar o grupo Comuna como parte dos intelectuais orgânicos do bloco que se estava conformando aos poucos, e que tinha como protagonistas absolutos os movimentos sociais camponeses e indígenas, e os movimentos urbano-populares, mas que contava também com a participação das camadas médias subalternizadas pelas políticas neoliberais como os professores universitários. No processo de lutas, tudo nascia da ação dos movimentos sociais, que encontravam posteriormente ferramentas teóricas que consolidavam e divulgavam as ações, fornecendo uma interpretação articulada do que estava acontecendo, e isso por sua vez fortalecia a ação dos movimentos, criando-se uma espécie de dialética entre ação e pensamento da qual o Comuna era parte importante (GARCÍA, 2012).

Depois de tornar-se mais conhecido na sociedade e no debate intelectual boliviano, o grupo seguiu com suas sessões de debates e publicações de forma bastante regular até 2006, quando a participação de Álvaro García Linera nas eleições na chapa presidencial do *Movimiento al Socialismo* (MAS), a convite de Evo Morales, o levou à vice-presidência do Estado boliviano. Muito mais do que isso, era a eleição um governo de cunho popular, o primeiro presidente indígena num país de amplas maiorias indígenas, fruto das mobilizações dos movimentos sociais acompanhadas e teorizadas pelo grupo Comuna, que por sua vez era considerado por grande parte da sociedade boliviana como ideólogo deste processo. Tudo isso não podia passar em branco para o posterior desenvolvimento do grupo.

Algum tempo depois do MAS assumir o governo, os debates promovidos pelo Comuna, que haviam se tornado um espaço bastante democrático para discutir diretamente com um dos protagonistas de todo o processo as políticas governamentais, diminuem paulatinamente e depois são realmente interrompidos por volta de 2009. Neste meio tempo, a vice-presidência da Bolívia promove também debates que se assemelham àqueles do grupo Comuna, com a presença deles, de movimentos sociais, intelectuais estrangeiros etc. Em certa medida, os debates promovidos pela vice-presidência substituíam os anteriores.

Depois de 2005, com o lançamento de *Horizontes y límites del estado y el poder*, onde o grupo já debatia as possibilidades de vitória eleitoral da esquerda e algumas diferenças políticas começavam a surgir ou a ficar mais claras, lançaram apenas mais dois livros coletivos, com o núcleo fundador – à exceção de Raquel Gutierrez e com Oscar Vega Camacho. Os livros são *La transformación pluralista del Estado*, de 2007, no qual algumas diferenças ficam ainda mais explícitas em propostas concretas para a reestruturação do Estado boliviano, e depois em *El estado. Campo de lucha*, de 2010, que segue a mesma lógica.[7] No prólogo de 2005, Vega Camacho afirma que

> Os ensaios aqui reunidos continuam um espaço de diálogo e paixão crítica iniciado há vários anos por afinidades teóricas, debates políticos e uma amizade comprometida, as diferenças e dissonâncias entre os interesses e as posições enriqueceram mais a produção de um espaço crítico e plural junto às sessões das segundas-feiras do Comuna (CAMACHO, 2005, p. 6-7).

Entretanto, essa convivência democrática e afetiva entre as diferenças políticas não resistiria muito tempo às pressões e à grandeza dos debates, a partir do momento em que o MAS ganha as eleições. Objetivamente, García Linera assume a vice-presidência e ganha uma projeção nacional muito grande, o que consequentemente passa a gerar uma associação imediata do grupo Comuna ao governo de Evo Morales. Raúl Prada foi membro da assembleia constituinte, com uma perspectiva de apoio ao governo até meados de 2009, enquanto Luis Tapia nunca participou do governo, tendo sido

---

7   Todos os debates acerca das discussões teóricas e políticas do grupo Comuna e das diferenças entre os membros serão apresentados na parte seguinte.

sempre bastante reticente com relação ao MAS, desde antes das eleições de 2005. Raquel Gutierrez, é uma ferrenha crítica à esquerda do governo de Evo Morales desde o início, como fica claro em todas as suas manifestações públicas sobre o tema. Oscar Vega tem, também desde o início até pelo menos princípios de 2012, uma posição de apoio cada vez mais crítico ao governo.

Dado esse cenário, o grupo fica relativamente suspenso em 2010, quando as diferenças políticas começam a se acirrar e a serem tornadas públicas. Tapia se afasta do grupo, principalmente por sua vinculação, ainda que não deliberada, ao oficialismo – ou seja, pela participação de García Linera – e as atividades são interrompidas. Segundo Prada (2012), a crise do Comuna foi muito forte depois do ingresso de García Linera na vice-presidência, justamente pela associação, por parte dos movimentos, do Comuna com o oficialismo, apesar de inexistência de tal postura coletiva no grupo, pois o próprio Raúl Prada havia entrado no Estado, segundo ele, com a perspectiva de demoli-lo, enquanto apenas García Linera teria passado a atuar sobretudo como um funcionário (PRADA, 2012).

Entretanto, com o acirramento público das diferenças, o próprio García Linera se declarou, no lançamento de um livro em 2011, um ex-membro do grupo Comuna (ROJAS, 2012), o que resolveu em grande medida o impasse, pois o grupo não tinha uma organicidade ou uma maneira de funcionamento definida – e aparentemente isso não era também vontade de seus protagonistas – que permitisse a expulsão de um de seus membros. Além disso, a amizade que era um dos eixos de manutenção e de garantia de respeito às diferenças políticas dentro do grupo, também parece não ter resistido às pressões das discussões políticas a partir da chegada do MAS ao poder, e ter ficado comprometida entre alguns deles, especialmente Tapia e García Linera e Prada e García Linera. Com o afastamento de Linera, Luis Tapia voltou a construir o grupo, e as perspectivas, segundo ele, são de retomar o trabalho do Comuna principalmente no viés das publicações, num formato "mais modesto" (TAPIA, 2012).

Em todo esse processo de construção e de debate teórico e ideológico vinculado aos movimentos sociais bolivianos no início do século, o grupo Comuna sem dúvida cumpriu um papel importante nessa conjuntura. Alguns elementos deixam isso claro: a grande repercussão política e acadêmica de seus livros; o fato de ter sido objeto de críticas contundentes de correntes conservadoras; a participação ativa de seus membros nas mobilizações e, a partir de 2006, nos debates acerca dos rumos do governo e da assembleia constituinte; a atuação como protagonistas do próprio governo; além de elementos acadêmicos como a adição de um módulo de "Pensamento do grupo Comuna" na disciplina de pensamento político boliviano da Universidad Católica da Bolívia, em La Paz (ROJAS, 2012).

Em linhas gerais, pode-se definir o Comuna como um grupo de militantes e intelectuais, configurado principalmente pelo seu núcleo fundador, formado por Raquel Gutierrez (até 2001), Álvaro García Linera (até 2011), Luis Tapia e Raúl Prada, e posteriormente por Oscar Vega Camacho, do qual indiretamente – mas de forma bastante importante – participaram muitos outros sujeitos e grupos sociais organizados. O grupo buscava aliar a produção teórica com a militância política, respeitando as diferentes formações de cada um e os diferentes espaços políticos onde militavam, mas baseando-se em determinadas convergências, como a formação marxista e a luta contra o neoliberalismo. Apostava principalmente na vinculação com os movimentos sociais bolivianos de inícios do século XXI, tanto para interpretar os processos de crise estatal e de mobilização social na Bolívia quanto para disputar ideológica e politicamente a interpretação do país com o discurso à época dominante do neoliberalismo.

Funcionava em três níveis distintos: um mais íntimo, de amizade e reuniões do núcleo fundador, um mais amplo de debates e articulação política e o das publicações. O espaço semanal de debates, do qual participavam intelectuais, estudantes e militantes de diversas organizações de esquerda, era em parte materializado em livros publicados pelo núcleo fundador, com artigos elaborados de forma individual por cada um deles e discutidos coletivamente no nível mais íntimo. O grande eixo de encontro dos membros do grupo e deste com todo o processo de mobilização social boliviana consistiu em uma tentativa de renovação ou elaboração de um marxismo crítico, utilizando principalmente elementos do indianismo e de correntes pós-estruturalistas, além do pensamento marxista boliviano de René Zavaleta Mercado. Outro ponto de encontro das trajetórias é uma forte crítica aos partidos tradicionais bolivianos, inclusive os da esquerda marxista, o que trazia um viés bastante antipartidário em grande parte das formulações do grupo.

Professores universitários, não podem ser considerados intelectuais orgânicos de nenhum dos principais movimentos em ascensão a partir do ano 2000 na Bolívia. Entretanto, funcionavam como articuladores entre diferentes setores e divulgadores de diversas propostas e debates desses movimentos, e ao mesmo tempo podem ser considerados parte dos intelectuais orgânicos do bloco subalterno que se conformava para a disputa de hegemonias no país andino.

***

O ajuste neoliberal que teve início em 1985 na Bolívia deteriorou as condições de vida da maior parte da população do país, além de ter desestruturado completamente as bases materiais e subjetivas do movimento social mais forte na história do país no século XX, o proletariado mineiro. Ao longo dos anos do neoliberalismo, a combinação de fatores relacionados ao desmantelamento das organizações sindicais mineiras, o crescimento do trabalho informal, a deterioração das condições de vida da população do campo, a intervenção norte-americana e o avanço do processo de exploração neocolonial dos indígenas fez com que se conformasse um bloco contra-hegemônico subalterno.

Neste contexto, o grupo Comuna surge com o intuito de travar o debate de ideias contra o neoliberalismo, disputando a interpretação da Bolívia e buscando contribuir para a criação de um novo senso comum, sempre em contato estreito com os principais movimentos sociais protagonistas dos setores subalternos em luta no processo. Esse processo está em consonância com o que Gramsci descrevia como necessário para a conformação de um bloco intelectual e moral que tornasse politicamente possível o progresso intelectual das massas e a formação de um novo consenso, como discutiu-se na parte I, O grupo Comuna não encarna totalmente esse processo no cenário boliviano, já que existem intelectuais orgânico/tradicionais dos movimentos indígenas, intelectuais orgânicos da classe trabalhadora desestruturada etc. Entretanto, o grupo cumpriu um papel importante de articular ideológica e intelectualmente as camadas do campo com as da cidade na luta social boliviana, através de suas iniciativas de divulgação e articulação.

O papel cumprido pelo grupo e o impacto de sua produção teórica só foram possíveis por conta do momento de crise social geral vivido pela Bolívia, que permitiu uma condensação social nas lutas antineoliberais e um encontro de diferentes partes da sociedade, ou de diferentes "tempos históricos", como debateu-se na parte II. Esse encontro pôde ser potencializado em certa medida pela atividade do grupo Comuna. A crise da hegemonia neoliberal na Bolívia gerou as condições materiais e subjetivas para que o grupo Comuna pudesse contribuir e potencializar o processo. Não há ilusões de que o grupo foi o protagonista das lutas sociais na Bolívia nem que o debate de ideias prevaleceu diante da luta concreta nas ruas bolivianas. O que se busca aqui é demonstrar que houve uma articulação dialética entre luta ideológica e luta política concreta material, e que o grupo cumpriu um papel importante nessa articulação.

O grupo Comuna, através de suas reflexões teóricas e de suas iniciativas de divulgação/articulação contribuiu para que as iniciativas dos movimentos sociais adquirissem um sentido totalizador na sociedade boliviana. Não se tratava de uma forma meramente acadêmica de intervenção: utilizavam os argumentos acadêmicos, certa rigorosidade argumental, para estabelecer como legítimo o que aflorava das lutas sociais, e que em geral era motivo de estigma e desprezo por parte das classes dominantes e de alguns setores médios. Neste sentido, o grupo conseguiu fundir-se à ação e ao pensamento insurgente social e, então, pôde ser visto e analisado como um momento da própria ação, um desdobramento da ação coletiva. Esse processo contribuiu com a legitimação do ponto de vista dos setores subalternos da sociedade boliviana e para a geração de um novo consenso na sociedade boliviana. Contribuiu, portanto, para o estabelecimento de uma nova hegemonia contrária à do período neoliberal.

Para além do contexto histórico no qual estão inseridos, das suas intenções e articulações concretas que estabeleceram, é preciso estudar detalhadamente a produção teórica propriamente dita proveniente desses processos, para aprofundar a compreensão sobre como o grupo cumpriu esse papel na conjuntura boliviana, por um lado, e que potencialidades tem sua teoria para pensar a transformação da sociedade, por outro. Gramsci mostrou a importância da disputa entre os "sistemas filosóficos" na luta entre hegemonias, deixando claro que a vitória da filosofia da práxis, em contato com o senso comum, cumpre um papel central na construção de um novo consenso e na imposição da hegemonia dos subalternos na sociedade. Como afirma Atílio Borón,

> antes de construir esa nueva sociedad - más humana, justa, libre y democrática que la precedente - será necesario emplear todas nuestras energías para superar la que hoy nos oprime, explota y des-humaniza, y que condena a casi la mitad de la población mundial a subsistir miserablemente con menos de dos dólares diarios. Y esta verdadera epopeya emancipatoria tiene como una de sus condiciones de posibilidad, no la única pero ciertamente una de las más importantes, la existencia de un conocimiento realista y preciso del mundo que deseamos trascender. Si en lugar de ello somos prisioneros de las ilusiones y mistificaciones que con tanta eficacia genera y disemina la sociedad burguesa, nuestras esperanzas de construir un mundo mejor naufragarán irremisiblemente. (BORÓN, 2004, p.23).

O objetivo da parte que segue, portanto, é justamente entender em que medida o pensamento do grupo Comuna conforma um conhecimento realista e preciso do mundo que se deseja transcender, e o quanto pôde e pode contribuir para a imposição da hegemonia dos grupos subalternos para a sociedade boliviana, mas também para outras sociedades, especialmente aquelas mais complexas e *abigarradas*, que passaram por processos de colonização.

Parte III
PENSAMENTO E PRODUÇÃO TEÓRICA DO GRUPO COMUNA

A produção teórica do grupo Comuna é muito diversa, tanto no que diz respeito às formas de analisar as questões, devido às diferentes trajetórias e referenciais analíticos de cada um de seus membros, quanto aos temas abordados. O grande desafio na hora de abordar esse pensamento e de organizar a exposição dele e as análises contidas nesta exposição era o de dar conta de apreender toda a sua complexidade sem tornar-se uma exposição confusa. Catalogar livro por livro, cronologicamente, e expor o que cada autor afirma em cada artigo seria perder a noção de totalidade e de complementaridade que pode ser encontrada no pensamento do grupo, não alcançando dar conta de sua complexidade. Da mesma forma, a exposição de cada autor separadamente criaria uma ideia de atomização inexistente. Por outro lado, expor de forma absolutamente temática tentando encontrar conexões entre os autores e construindo uma "ordem" enciclopédica poderia fazer com que se perdesse o caráter concreto que origina as reflexões e, além disso, diminuir a importância das diferenças entre os autores.

Assim, optamos por adotar uma forma mista de exposição, entre a temática e a cronológica. No capítulo VII, se discutirão os pressupostos teóricos do grupo, suas principais referências e seus horizontes utópicos, baseando-se principalmente nas primeiras obras do grupo, com o intuito de entender as bases do pensamento de cada um dos autores e de localizá-los teoricamente. Depois, no VIII se debaterá a caracterização que o grupo faz da sociedade boliviana, a conformação do bloco subalterno da perspectiva do grupo e as novas formas de mobilização e de emergência de sujeitos políticos conectadas à conjuntura de crise de hegemonia que vai de 2000 a 2005 na Bolívia, principalmente pautando-se nas mobilizações de 2000 e 2003. No IX, a concepção de democracia e suas condições de existência na Bolívia, reflexão que surge dos resultados eleitorais obtidos em 2002 pelos partidos provenientes dos movimentos e da configuração de um horizonte democrático como projeto estratégico concreto do bloco subalterno. Por fim, no capitulo X, a partir dos três últimos livros do grupo, se debaterá principalmente a questão do Estado, buscando compreender como o processo concreto da luta política boliviana gerou diferenças entre os autores em suas análises, e como estas influenciariam nos rumos do país e do grupo.

Quando os autores se complementam em suas análises, ou quando não há uma diferença demarcada ou implícita numa determinada questão, expõe-se seu pensamento de forma concatenada. Por outro lado, quando as diferenças são mais marcadas ou perceptíveis, trata-se de deixá-las claras ao longo do texto.

Leituras de uma época: pressupostos, referenciais teóricos e horizonte político.

Visões panorâmicas na contemporaneidade: capitalismo, modernidade, colonialismo e luta de classes.

Para iniciar a exposição sistemática da produção teórica do grupo Comuna e as reflexões geradas a partir dela neste trabalho, é importante mostrar a visão de mundo da qual partem as indagações dos autores grupo e seus anseios na sociedade contemporânea. Isso significa entender como o grupo analisa esta sociedade, a Bolívia do século XXI e o mundo que está ao seu redor, referenciadas em quais teorias, a partir de que autores, e em que debates se inserem as teorizações do grupo. Tudo isso para compreender as perspectivas e horizontes políticos que estão por trás de suas análises e proposições, além das muitas diferenças de referenciais teóricos e de formas de análise existentes entre eles.

O prólogo do *Fantasma Insomne*, primeiro livro do grupo, quando os autores buscam explicar qual a pertinência de um livro que trate da atualidade do *Manifesto Comunista* de Marx e Engels, já coloca um elemento interessante para a caracterização geral da época por parte de todo o grupo. Primeiro, é preciso recordar que se tratava do ano de 1999, quando o consenso neoliberal, sob o comando do presidente Gonzalo Sanchez de Lozada, ainda estava em plena vigência na sociedade boliviana e a produção de teoria crítica, especialmente vinculada com as novas características da sociedade no período neoliberal, era bastante escassa no país. Era necessário para o grupo, como foi exposto no capítulos anteriores, travar a batalha no campo das ideias contra o neoliberalismo. Além disso, havia nos debates acadêmicos cada vez menos interesse pelo marxismo, dado como uma teoria morta ou, quando muito, totalmente obsoleta.

Primeiro, os autores afirmam que o *Manifesto* traz importantes sinais para pensar e prestar contas do século encerrado, e seguir lutando pela emancipação social, para em seguida argumentarem que numa época por si mesma repleta de mudanças vertiginosas e rápidas, que desorientam os olhares críticos e deslocam o "observador", necessitavam de "algo que nos amarre a uma intenção, um mapa que contribua a nos orientar no labirinto de sentido" (GARCÍA *et al*, 1999, p. 7). Esse mapa era o marxismo. Todos no grupo estão de acordo em afirmar que este era o subconjunto teórico que os interseccionava, mesmo com muitas diferenças na forma de apropriação do marxismo e suas diferentes tradições e no diálogo deste com outras teorias.

Na medida em que consideram o *Manifesto Comunista* como sendo um bom mecanismo de orientação para a época vigente, nota-se a existência dessa relação estreita com o marxismo nas reflexões do grupo, e por outro lado uma leitura da época que entende não haver mudanças ou rupturas suficientes para o abandono das grandes teorias, o que em certa medida os afasta de leituras estritamente pós-modernas da realidade. Como mostra Raquel Gutierrez,

> Estamos ainda na era aberta pelo Manifesto, pois, ainda que de nenhuma maneira idêntico, o mundo segue organizado sob o domínio e o predomínio do capital enquanto relação social. Assim, a contradição capital/trabalho e a tomada de partido pela emancipação do último, que é o que o funda, continua organizando o mundo de uma determinada maneira. O Manifesto continua delineando a matriz de possibilidades (GUTIERREZ, 1999, p. 13).

Neste sentido, o *Manifesto Comunista* seria uma síntese ordenadora de uma época histórica ainda não superada, vigente e que orienta em grande medida o desenvolvimento da humanidade atualmente. Mais do que isso, como afirma García Linera, há uma impossibilidade da época atual transcender, em termos gerais, à época história descrita e tratada pelo Manifesto (GARCÍA, 1999, p.80). Luis Tapia ratifica o argumento, quando afirma que o capitalismo persistiu, se renovou e ressurgiu de suas crises diversas vezes reestruturando o mundo, e a fins do século XX chegava a parecer que não existiam alternativas de substituição, e, portanto, que o sistema "goza de un predomínio y extensión que no tuvo nunca antes" (TAPIA, 1999, p. 181).

O debate que se coloca no *Fantasma Insomne* sobre a época vivida está num contexto no qual é inegável o acontecimento de muitas mudanças no capitalismo, principalmente a partir da segunda metade do século XX, desde à chamada terceira revolução industrial até as conquistas de direitos sociais baseadas na capacidade de pressão das classes trabalhadoras europeias num contexto de Guerra Fria, passando pela expansão do capitalismo para diversas esferas da vida. Depois, o advento do neoliberalismo nas sociedades periféricas e o fim do regime soviético também modificaram bastante o cenário do capitalismo mundial. Para compreender teoricamente este momento histórico, e a partir daí, localizar nele a produção do grupo Comuna, utiliza-se as contribuições de Fredric Jameson (2007), que explica, entre outras coisas, tratar-se de um momento no qual a informação – tanto em sua produção quanto na circulação – passou a ser uma das mercadorias fundamentais do chamado de "capitalismo tardio", o que faz com que as contradições e os conflitos do sistema, antes mais concentrados na esfera da produção material, se espalhem de forma intensa também pela esfera cultural. De qualquer forma, não se trata de nenhum tipo de ruptura com o capitalismo, com a exploração de classe, mas sim do desenvolvimento cada vez mais complexo deste sistema (JAMESON, 2007, p. 14). Há inovações, há diferenças, mas a dinâmica de funcionamento do sistema segue a mesma, e as contradições fundamentais do sistema não se alteram: os trabalhadores continuam lutando por melhores condições de vida, enquanto as burguesias dirigentes continuam buscando maneiras de tornar mais eficiente a exploração e acumular mais capital. Entretanto, tudo isso se dá agora num cenário muito mais complexo.

De qualquer maneira, essas modificações profundas no sistema levaram diversas correntes teóricas a considerar que se tratava de uma ruptura com um modelo de sistema, ou mesmo de capitalismo, e o que se vivenciava no último quarto do século seria o fim de uma era, gerando debates inclusive sobre o fim da classe trabalhadora e do próprio trabalho. Andréia Galvão (2008) acrescenta que, desse processo, e principalmente de seu viés europeu, surgem diversas correntes teóricas – pós-materialismo, teoria dos "novos movimentos sociais", pós-industrialismo, pós-estruturalimo, entre outras –, que apesar de suas diferenças, têm em comum a consideração de um declínio das lutas relacionadas ao trabalho, uma cisão entre estas e as 'novas' formas de luta, além de compartilharem o pressuposto de que há uma ruptura entre uma forma de sociedade que seria moderna, industrial, ou de valores materialistas, para outro modelo de sociedade, que seria pós--industrial, pós-materialista ou mesmo pós-moderna (GALVÃO, 2008, p. 6). Busca-se superar a noção de que a classe é central tanto para a análise das novas formas de luta social, desde uma perspectiva teórica, quanto para a própria mudança social, de uma perspectiva militante. Isso os levava a abandonar e desconsiderar totalmente o marxismo como instrumento para análise da sociedade e, portanto, a luta de classes como importante para o desenvolvimento das sociedades. É preciso entender se os autores do grupo Comuna compartilham ou não, em alguma medida, com esses pressupostos.

Luis Tapia demonstrava perplexidade ao perceber que no momento de maior mundialização do capital se falava em desproletarização ou simplesmente se abandonava a dimensão classista da análise deste tipo de civilização (TAPIA, 1999, p. 181). García Linera, por outro lado, demonstrava que as mudanças, dadas principalmente na forma de utilização da força de trabalho operária no processo produtivo, longe de fazerem desaparecer as condições de exploração capitalista, as ampliam para um espaço muito maior (GARCÍA, 1999, p. 107). Raquel Gutierrez, como já mostrado, compartilhava também dessa perspectiva. A luta de classes segue sendo um norte de orientação claro para esses três autores, o que está diretamente relacionado com a visão deles sobre a época na qual estão inseridos.

Raúl Prada, entretanto, é dentre os membros o que demonstra ter mais abertura a uma visão de sociedade que apresenta rupturas com a modernidade. Mas mesmo ele, quando está discutindo a importância da luta cultural em sociedades como a boliviana, afirma que

> A pergunta com a qual deveríamos começar poderia ser a seguinte: Como assumir a luta cultural no sistema mundo capitalista, de tal forma que fortaleça a luta de classes contra a burguesia internacional, além de permitir-nos superar os limites epistemológicos da luta de liberação nacional, incluindo reivindicações ineludíveis das nações oprimidas e das identidades culturais, no sentido pleno da descolonização? (PRADA, 2007b, p. 241).

A preocupação de Prada é coerente com uma visão de mundo que, mesmo bastante influenciada por algumas correntes que acreditam na existência de rupturas concretas com a modernidade e diante de novas realidades, segue caracterizando a época desde uma perspectiva em que a luta de classes é fundamental, existe um 'inimigo' claro para as lutas emancipatórias, e, nunca é demais dizer, há um sistema capitalista. Prada afirma ainda a luta de classes como não somente uma guerra aberta e declarada, mas na maioria das vezes como violência encoberta e escondida (PRADA, 1999, p. 39).

Na visão da perspectiva majoritária no grupo, trata-se de entender a luta de classes como sendo processual e não como algo estático ou simplesmente reflexo das estruturas econômicas do processo de produção capitalista. García Linera busca compreender as classes e também sua luta como condensação de forças, intenções, comportamentos, vontades, práticas, representações e de acontecimentos destinados a deslocar a capacidade do trabalho vivo – começando desde o processo de produção, mas abarcando outras esferas da vida como o prazer, política, saúde, imaginação, educação, consumo, procriação etc. – e a subordiná-lo ao processo de valorização do capital (GARCÍA, 1999, p. 139). Nesta chave analítica o autor lê o *Manifesto* e interpreta a luta de classes. Luis Tapia trabalha com a ideia de composição técnica, relacionada ao posicionamento das coletividades no processo produtivo, e composição política de classe, relacionada às formas e histórias de luta que conformam as classes. Neste sentido, afirma que

> As classes sociais são posições estruturais que resultam da reprodução dessa organização e distribuição desigual de poder econômico e social. A posição estrutural não é só um lugar nestas relações sociais, mas um processo de constituição como sujeito a partir deste sistema de relações sociais e das relações entre as classes. As classes sociais são o modo de dividir o mundo social a partir das estruturas econômicas como resultado da organização e reprodução de um tipo de relações econômicas (TAPIA, 2004, p. 11).

Neste ponto da exposição o fundamental é entender, em linhas gerais, a consideração do grupo Comuna da existência da luta de classes e de sua força para seguir determinando em grande medida o desenvolvimento das sociedades na contemporaneidade. No capítulo VIII, onde se discorrerá acerca da caracterização que o grupo faz da sociedade boliviana e de seus sujeitos políticos ativos, serão aprofundadas algumas questões sobre como se conformam as classes em pugna propriamente ditas no capitalismo e na sociedade boliviana contemporânea desde as diferentes perspectivas dos membros do grupo Comuna. O importante até aqui é deixar clara a síntese possível de ser construída a partir dos diferentes olhares do grupo para a questão da luta de classes, que indica a tendência apontada pelo *Manifesto* de que a sociedade se divida cada vez mais em dois campos inimigos, em duas classes opostas, como sendo uma evidência que se desenvolve com força planetária nas últimas décadas (GARCÍA, 1999, p. 150).

Entretanto, essa tendência não é um fato realizado mundialmente, e menos ainda na sociedade boliviana. A persistência de estruturas econômicas, políticas e sociais historicamente precedentes ao capitalismo e seus vínculos com ele torna o debate acerca da época histórica vivida no país andino mais complexo. Daí deriva uma preocupação grande do grupo Comuna em debater questões vinculadas à modernidade e ao liberalismo, e ligada a este debate, a questão do colonialismo e suas consequências e marcas nas sociedades periféricas.

Da mesma forma que não existe pensamento liberal sem exploração do trabalho, não existiria modernidade sem o colonialismo. As experiências coloniais não são exceções ou desvios da regra geral da modernidade, mas sim uma característica intrínseca a ela (CAMACHO, 2012). As sociedades modernas surgem da destruição ou desorganização das formas comunitárias – formas de totalização da vida social – o que marginaliza e torna invisíveis diversas formas de vida existentes previamente e ainda vigentes de forma subterrânea e muitas vezes desarticulada (TAPIA, 2001b, p. 111).

> A modernidade é a aventura da autotransformação social macro histórica a partir da desintegração das grandes unidades orgânicas. É uma agregação dos resultados das novas liberdades, das separações das dimensões da vida social, ao mesmo tempo dos encontros que resultam da destruição das barreiras das sociedades estamentais. O mundo moderno não só surge da destruição das barreiras estamentais (que resulta da expansão da igualdade), mas também da destruição das formas comunitárias de vida, que produz ou induz os processos de individualização e atomização social. O indivíduo nasce ao redor do sangue de sua comunidade (TAPIA, 2002b, p. 27).

Essas formas de organização social anteriores ao capitalismo apresentavam como característica a produção de vínculos de equilíbrio entre os tempos político e social e os ciclos da natureza. Provenientes de modos de produção nos quais a atividade social não está fundada socialmente pelo tempo de trabalho contido no produto final do trabalho, o próprio significado do tempo é diferente nessas sociedades. O tempo da atividade laboral não capitalista resulta basicamente de uma combinação regulada pelo curso das estações climáticas e pelo caráter cerimonioso, festivo e contemplativo que possuem as atividades, além é claro do valor de uso dos bens produzidos (GARCÍA, 2009, p. 134). O capitalismo é a principal forma de romper com todo esse tipo de equilíbrio, porque acelera os processos produtivos e os distancia dos ciclos naturais (TAPIA, 2002b, p.40), estabelecendo pouquíssima relação direta com os valores de uso produzidos pelo trabalho.

No que diz respeito à racionalidade moderna e à suposta busca pela igualdade, Tapia (*Idem*, p. 89), demonstra que os primeiros racionalistas pensaram a igualdade política para justificar e estabilizar as novas formas de desigualdade socioeconômica estabelecidas pelo desenvolvimento do capitalismo e da cultura burguesa. A igualdade política, para Tapia, é parte do imaginário moderno no sentido de que representa justamente o ausente, e inclusive não desejado: a igualdade socioeconômica. Também neste sentido, Prada (2010, p. 83) demonstra que a filosofia política moderna, da qual deriva a ciência política moderna, busca constantemente a desconsideração ou a desaparição da luta de classes, justamente o elemento mais característico e importante da política concreta e real. Além disso, a própria forma de expansão da modernidade faz aparentar que as formas de organização social existentes anteriormente de alguma forma culminaram nela, numa relação quase teleológica. Essa expansão cria uma interpretação histórica evolutiva, como se o destino das formações e sociedades não ou pré-capitalistas tivessem existido como uma premonição da modernidade (PRADA, 2007b, p. 204).

Numa geografia metafórica da imaginação moderna, se poderia pensar, de acordo com Tapia (2002b), em um Norte identificado com a ideia de progresso e perfeição instrumental da humanidade, enquanto um Sul identificado com a tradição e o atraso. Além disso, são as sociedades do Ocidente que encarnariam esse Norte ou meta, enquanto o Leste ficaria identificado com o Sul e a pobreza que devêm da tradição e do atraso. Aqui, fica claro que uma das preocupações do grupo acerca do debate sobre a modernidade e seus efeitos é precisamente com as condições de possibilidade da produção do conhecimento a partir dessas sociedades nas quais modernidade e colonização são duas faces presentes de uma mesma moeda chamada capitalismo. Segundo Oscar Vega Camacho, esse debate leva a pensar como se dá a produção de pensamento e de conhecimento em condições de desigualdade, num contexto de luta de classes. Para ele, não se pode trabalhar esse contexto partindo de um âmbito eurocêntrico, e daí a relação difícil que muitos movimentos anticoloniais têm com as mais diversas correntes do marxismo na Bolívia, que desenvolveram suas reflexões com pouca capacidade de pensar a partir das realidades locais (CAMACHO, 2012).

Outra das características da modernidade na contemporaneidade apontadas por membros do grupo é a da fragmentação e a incerteza. Sobre esse aspecto, há um diálogo epistemológico mais estreito em Raúl Prada com teorias pós-modernas, principalmente o pós-estruturalismo francês, no qual ele por vezes se distancia totalmente do marxismo e navega em mares absolutamente pós-modernos. Segundo Prada, o imaginário coletivo moderno se rompeu, e não é mais possível a autorrepresentação e a autorreferência das sociedades, já que desde meados do século XX as incertezas se apoderaram da gama de sujeitos coletivos, o que torna impossível qualquer tipo de visão teleológica (PRADA, 1999, p. 51). Tapia fala também da impossibilidade das totalizações intelectuais num mundo no qual existe uma diversidade de ritmos de mudanças nos diferentes âmbitos ou processos da vida social, produzido pela modernidade capitalista (TAPIA, 2002b, p. 133), ainda que afirme veementemente a possibilidade de teorias gerais, distanciando-se de qualquer perspectiva pós-moderna (TAPIA, 2012).

O que salta mais aos olhos na caracterização da modernidade, por parte dos membros do grupo Comuna, e no que todos coincidem é a associação desta com o colonialismo. A modernidade, com todas as características apontadas, teria como eixo central de funcionamento o colonialismo, e isso é sentido principalmente nas sociedades periféricas. O fundamental é entender como o advento da modernidade e do colonialismo desequilibra, desarticula, esconde, mas não destrói totalmente as formas comunitárias e pré-capitalistas de existência social, nem suas formas de funcionamento nem suas histórias e memórias (PRADA, 2007b, p. 231). Essa é uma das características centrais da época. Além de estar permeada pelas contradições de classes mais estritamente "modernas" impostas pelo capitalismo, colocam-se também contradições entre formas modernas e não modernas de produção e convívio social, que caracterizam em grande medida todas as sociedades

RODRIGO SANTAELLA GONÇALVES

periféricas da humanidade e, para os interesses do grupo Comuna, principalmente a boliviana.

> Contudo, esses territórios, esses corpos, com suas formas comunitárias de relacionar-se, com suas formas intersubjetivas próprias de comunicar-se, com suas maneiras de politizar suas demandas, se convertem com o tempo em resistências à modernidade e ao capitalismo, oferecendo-se como oferenda e sacrifício, desenhando alternativas. Poderíamos denominar a modernidade como uma forma aparente e a colonialidade como sua forma efetiva, forma aparente cultural, política e jurídica, por um lado, e forma efetiva de subordinações culturais, de dominações polimorfas que obstruem as democratizações, de exercícios jurídicos discriminadores. Essa contradição entre a forma aparente e a forma efetiva dá lugar a culturas proliferantes, atualizadas e emergentes, a politizações de campos não institucionalizados, a reivindicações de direitos coletivos que atravessam os formalismos jurídicos, à circulação de saberes que se opõem à ciência universal e à filosofia absoluta (PRADA, 2010, p. 50).

Daí surge a necessidade de entender as conjunções, subjetividades, formas de produção e de organização social resultantes destes encontros entre épocas históricas distintas, nessas terras atravessadas por estratégias de ocupação e simultaneamente ocupadas por resistências comunitárias (*Ibidem*, p. 58).

Para isso, é fundamental debater as heranças coloniais da sociedade boliviana, também parte importante da caracterização da época analisada e na qual o grupo Comuna está inserido. O capitalismo nas sociedades periféricas e coloniais não é o modo de produção abstrato e europeu, mas sim esse sistema filtrado pela forma colonial, daí um capitalismo se alimentando da discriminação e de uma valorização do capital que se reproduz com a exclusão e com o racismo (PRADA, 2007, p. 130).

Ainda seguindo a argumentação de Prada, percebemos que para ele os encontros e situações paradoxais de incongruências temporais coexistentes não são anormalidades, como foi argumentado em grande parte do século XX, mas justamente a forma de existência de um mundo heterogêneo e móvel na sua complexa diversidade e multiplicidade de diferenças, sobretudo na coabitação de temporalidades diferentes (*Idem* 2001, p. 41). O capitalismo que surge graças ao sangue, suor e às lágrimas dos povos não europeus conquistados e colonizados, não pode ser compreendido *apenas* através da luta de classes europeia, entre trabalhadores e burgueses, mas deve ser incorporada também para a sua compreensão a luta dos povos colonizados contra essa condição (*Idem* 2010, p. 74). Para entender a época histórica que é caracterizada principalmente pelo capitalismo, não basta, portanto, entender a luta de classes simplesmente como algo que se dê no âmbito do tipo ideal da modernidade capitalista. Para Prada, existem setores no mundo que não são abarcados pela totalidade capitalista de maneira direta, apesar de serem influenciados por ela (*Ibidem*, p. 54) e que, portanto, não podem ser compreendidos desde uma racionalidade estritamente moderna.

Dentro da sociedade boliviana há exemplos claros de permanência de aspectos coloniais, que devem fazer parte de qualquer tentativa de compreender a época histórica de finais do século XX e princípios do século XXI. A formação social boliviana supõe as heranças tradicionais ancestrais (pré-colombianas), que funcionam até o presente como esquemas de comportamento culturais os quais a colonização não fez desaparecer, mas tornou mais complexos. No âmbito político, domina o sistema moderno de relações jurídicas e de poder estatal de forma mais explícita, enquanto que no social dominam as tradições culturais sincréticas, em parte por conta da preponderância demográfica das populações indígenas, mas de forma mais implícita (PRADA, 2008, p. 70). Há horizontes compartilhados e misturas. Tudo isso torna muito complexa a formação social e as relações sociais na Bolívia contemporânea.

Objetivamente, esse contexto de persistência e de heranças do colonialismo – que associado ao aprofundamento da dependência estrangeira a partir do neoliberalismo pode ser chamado também de neocolonial – e de mistura de temporalidades históricas reverbera em mecanismos de exploração econômica dentro do capitalismo. Esses fatores são mais debatidos por Tapia e García Linera no grupo. Segundo Tapia (2001) há na sociedade contemporânea um eixo de exploração-exclusão-dominação colonial que desde uma perspectiva política se caracteriza pelo desconhecimento e negação da igualdade entre os princípios e formas de governo de diferentes sociedades. Essa desigualdade em princípio é política e cultural e se torna econômica quando a sociedade dominante passa a se apropriar do excedente produzido pelas outras sociedades, e posteriormente se apropria dos recursos que garantiriam a própria reprodução das sociedades dominadas (TAPIA, 2001, p. 218). O colonialismo funciona então como uma política de redução de sociedades pela via do aumento do tempo de trabalho para se gerar um excedente de cujo gasto essas sociedades não participam, o que consequentemente reduz o tempo e os recursos excedentes para seu autodesenvolvimento (*Ibidem*, p. 219)

Por sua parte, García Linera demonstra que há toda uma engrenagem social de exclusão dos indígenas cujos efeitos materiais e econômicos são bastante intensos na sociedade boliviana.

> A etnificação dos indígenas, ao dissociar a comunidade cultural da soberania territorial, cria a base estrutural dos processos de exclusão, discriminação e exploração social que caracterizam os regimes de ocupação. Neste sentido, as designações étnicas podem ser também lidas como artefatos culturais e políticos dos complexos sistemas de "enclassamento" social, que mediante o trabalho de poder simbólico de determinadas frações de classe, permite em uns casos naturalizar as diferenças de classe e, em outros, consagrar diferenças culturais como pautas de diferenciação social fundamentais (GARCÍA, 2007b, p. 30).

Em situações como a colonial e a neocolonial boliviana, então, as diferenciações étnicas podem ser vistas como um tipo de capital específico, que somado a outros, ajuda a conformar os princípios de diferenciação de classe (*Ibidem*). As estratégias econômicas e políticas vinculadas à estigmatização e ao racismo se reproduzem de forma constante na modernidade boliviana, mesmo depois da conquista de direitos fundamentais com a revolução de 1952 (TAPIA, 2002b, p. 102). A diferenciação étnica e o racismo proveniente da colonização teriam, portanto, gerado estratégias nas quais o estigma tem efeitos materiais e objetivos na exploração da classe trabalhadora e dos camponeses no país, e essa é uma das características objetivas mais importantes da época histórica contemporânea às formulações do Comuna e percebidas pelo grupo.

Outro elemento que influencia muito as reflexões do grupo é o neoliberalismo, que é o objeto mais específico e concreto de crítica de toda sua produção teórica e militância, principalmente entre 2000 e 2005, justamente o período da disputa entre a hegemonia neoliberal e o bloco subalterno que estava se formando. O neoliberalismo é atacado pelo grupo em seus mais diversos aspectos, desde as teorias de ciência política forjadas em seu âmbito ou para legitimá-lo até os programas econômicos e sociais mais específicos aplicados no contexto boliviano. Era um debate fundamental sobre a interpretação da época e da sociedade boliviana, porque quando este ponto específico era tocado, entrava-se em conflito direto e aberto contra a fração da burguesia dominantes no país – a oligarquia comercial financeira ligada aos bancos internacionais – e toda a institucionalidade do Estado boliviano da época, configurada a partir do *Plan de Todos* em 1993 para aprofundar o neoliberalismo.

O debate acerca do modelo neoliberal, na busca da caracterização da época feita pelo grupo, é importante porque um dos mecanismos utilizado pelo neoliberalismo na estratégia de saída da crise econômica e política dos anos 1970 e na consolidação das reformas foi justamente a articulação de um novo horizonte ideológico. Neste sentido, o modelo neoliberal boliviano foi extremamente dogmático (TAPIA, 2004, p. 18). Por parte dos setores dominantes, se tratava de buscar uma nova síntese e horizonte interno para a Bolívia, que se projetava e articulava com base em um núcleo oligárquico composto por elites econômicas e políticas locais, somadas a um grupo de burocratas e consultores internacionais que propunham boa parte dos planos e projetos da reforma implementada (TAPIA, 2007, p. 78).

Assim, se buscava uma distorção sistemática da história da Bolívia, com o objetivo de criar uma síntese consensual a qual afirmava que o país estava em um processo de modernização que implicava desfazer-se de todo seu passado recente para buscar uma Bolívia coerente com este processo. A interpretação do passado, portanto, foi distorcida pelo consenso neoliberal em nome de um modelo econômico privatizador (TAPIA, 2007, p. 68).

Por outro lado, é claro que a consolidação dessa ordem neoliberal não se deu meramente através de decretos e propaganda, mas sim a partir de uma transformação das estruturas sociais e simbólicas por meio das quais a maioria das pessoas se localizavam no mundo (GUTIERREZ *et al*, 2007, p. 185). Objetivamente, isso aconteceu por meio da reestruturação produtiva; da perda total de soberania nacional; e de uma desmontagem dos sistemas democráticos de participação popular e de cidadania que foram predominantes no país desde a revolução nacional de 1952, pontos estes que estão absolutamente inter-relacionados.

O primeiro aspecto fica claro quando se nota como, principalmente, através do fechamento das minas estatais, mas não só disso, os processos produtivos em geral foram fragmentados em pequenos núcleos de investimento intensivo de capital e reduzida força de trabalho assalariado, o que gerou uma atomização do trabalho (GARCÍA, 2001, p. 34). Como tudo isso se deu paralelamente à desmontagem das políticas e instituições que enfrentavam a reprodução da força de trabalho na sociedade e a aceleração dos processos produtivos em detrimento das condições de vida dos indivíduos e das sociedades dominadas, como os sindicatos mineiros no país, o neoliberalismo implicou na volta de processos e exploração de mais-valia absoluta em várias regiões do mundo e na Bolívia em particular, e também de mais-valia relativa, o que implica a intensificação da exploração da força de trabalho (TAPIA, 2009, p. 57).

No que diz respeito ao segundo aspecto, durante o período neoliberal se entregam os recursos econômicos e o excedente produzido no país às economias centrais, principalmente por meio de suas instituições de fomento, tais como Banco Mundial e Fundo Monetário Internacional, e das empresas privadas multinacionais. O colonialismo clássico é um cancelamento externo das soberanias locais, enquanto que o neoliberalismo funciona como um cancelamento interno dessas soberanias por parte das classes dominantes locais subordinadas às internacionais, no que obviamente exercem influência direta esses poderes externos (TAPIA, 2001, p. 222). Neste sentido, se pode falar de neocolonialismo com essas características particulares de articulação interna da exploração externa, agregadas pelo neoliberalismo neste novo momento histórico. Quando transfere suas fontes de autofinanciamento para o exterior através da privatização dos recursos naturais, ao Estado resta apelar apenas para a dívida externa e o aumento de impostos para se autofinanciar, o que pressiona economicamente ainda mais a população (*Idem*,2005, p. 88). Esse modelo, portanto, com sua descomunal externalização do excedente, ou seja, do que a sociedade ganha com a produção de gás, petróleo, serviço, matérias-primas etc., é uma forma renovada de colonialismo globalizado, a qual destrói a soberania dos países e os condena à pobreza e ao estancamento econômico (GARCÍA, 2005, p. 50).

Sem dúvida, se trata de uma fraude afirmar uma diminuição da importância estatal no período como era apregoado pelos ideólogos neoliberais, já que toda essa transferência de recursos para o exterior tem como protagonista justamente o Estado (*Idem*, 2002, p. 152). O que acontece de fato é uma reorganização das instituições políticas e uma desmontagem das estruturas de democracia existentes anteriormente, o que coloca em debate o terceiro eixo de modificação trazido pelo neoliberalismo. Sobre o eixo de exclusão neocolonial, que representa um ponto importante da leitura da sociedade contemporânea feita pelo grupo Comuna, se soma o eixo do desconhecimento e desmontagem, por meios de políticas de Estado, dos graus de igualdade e instâncias democráticas existentes na sociedade boliviana. Em cima dessa desmontagem das estruturas democráticas, tais como os sindicatos mineiros, é que se constrói o neoliberalismo (TAPIA, 2001, p. 220). Em países neocolonizados, o modelo neoliberal funciona como uma aceleração das rotações do sistema capitalista, mas também como imobilização das sociedades que tiveram suas estruturas comunitárias desmanteladas, e assim são impedidas de participar do excedente produzido em seu seio (*Ibidem*, p. 221). Com a necessidade da entrega do excedente, as sociedades dominadas passam a ter que usar os recursos de sua própria reprodução imediata para fins festivos, cerimoniais, de sacrifício e de socialização, o que leva à redução paulatina das condições de reprodução e de existência dessas sociedades (*Ibidem*, p. 225).

Da perspectiva do grupo, especialmente de Tapia, García Linera e Raquel Gutierrez, o neoliberalismo aparece na Bolívia, portanto, como organização da condição neocolonial do país. Tapia aprofunda a questão afirmando que isso acontece sob um Estado de direito fundamentado num sistema de formação de governos através da disputa monopólica entre partidos. O sistema de partidos monopolizava a política em uma sociedade na qual eles nunca tinham tido peso decisivo, principalmente para as classes subalternas. O processo concreto se deu com o desmonte da articulação sindical em torno da COB, enquanto a oligarquia comercial financeira boliviana organizava diversos partidos de empresários para disputar o poder de Estado. Esses partidos e oligarquias tinham relações bastante estreitas com as burguesias e com os bancos internacionais, o que explica em grande medida a adoção tão dogmática do modelo neoliberal (TAPIA, 2005, p. 86-88).

Nesse contexto, o grupo busca desconstruir a imagem de que o neoliberalismo representava a consolidação democrática afirmada por seus ideólogos. Buscava-se mostrar esse processo como justamente marcado pelo esquecimento dos momentos democráticos e populares de Bolívia em nome de uma restauração oligárquica que estava se desenvolvendo no país (TAPIA, 2007, p. 73). Um exemplo de um dos aspectos desse debate é o prólogo de *El retorno de Bolívia plebeya* – livro que interpretava e teorizava a partir das mobilizações de abril de 2000 em Cochabamba e que foi escrito também como uma forma de resposta a um livro publicado no mesmo ano chamado *Bolivia en el siglo XX: la formación de la Bolivia contemporánea* (CAMPERO, 1999), publicado pela editora Harvard Club de Bolivia, com todo o manual conhecido do debate neoliberal – no qual se encontra uma contestação a respeito do conceito de governabilidade. O grupo afirma a ingovernabilidade como não significando necessariamente desordem e caos negativo, que era a explicação predominantemente oligárquica, mas podendo significar "como hoje na Bolívia, a presença de alternativas de organização e direção encarnadas em sujeitos e forças que estão desordenando ou bloqueando o projeto e a direção dominante das coisas". (GARCÍA *et al*, 2007, p. 20).

A reestruturação material e produtiva da sociedade, somada aos discursos ideológicos do neoliberalismo, produziu efeitos importantes. Ideologicamente, a certeza de que com a organização coletiva podem-se solucionar as questões sociais e econômicas, característica marcante da sociedade civil boliviana depois da revolução nacionalista, principalmente por conta da força do movimento sindical e da COB, vai se destruindo pouco a pouco, com um novo preceito de época que busca mostrar as vantagens de se acomodar individualmente às exigências patronais e governamentais para obter algum benefício. Esse discurso hegemônico aos poucos interioriza na subjetividade assalariada a desconfiança com relação a qualquer tipo de iniciativa coletiva (GARCÍA, 2001, p. 38). Por outro lado, no âmbito internacional, cria-se um discurso que alcança alto grau de consenso de que os países pobres são culpados pela situação de desigualdade social interna e entre os países, devido à sua história de subdesenvolvimento anterior, com a qual não teriam relação alguma os poderes imperialistas e transnacionais, sim apenas a incapacidade e limitações dos povos e dirigentes destes países (TAPIA, 2002b, p. 112). Trata-se da face ideológica da conformação da hegemonia neoliberal discutida anteriormente.

Entender a caracterização feita pelo grupo e sua contestação de algumas das teses neoliberais mais importantes na sociedade boliviana se coloca como fundamental para complementar a leitura de época histórica que tinha o grupo Comuna. Isso se dá, principalmente, porque o grupo tratava o neoliberalismo como uma forma de organização do neocolonialismo e da exploração capitalista no país, e por conta dos efeitos econômicos, políticos, culturais e ideológicos de todo esse processo na sociedade boliviana e nas suas próprias formas de autoconhecimento.

Assim, outra argumentação contestatória com relação ao neoliberalismo, na época, era sobre a caracterização da "globalização" ou da mundialização do capital, a respeito da qual o consenso neoliberal tinha uma valoração absolutamente positiva. Tapia buscava mostrar neste aspecto que a globalização não se tratava de um ente abstrato, mas sim de um processo do desenvolvimento do capitalismo, que intensificava a separação da política e a desarticulação das sociedades colonizadas característica dos momentos constitutivos dos estados capitalistas modernos (TAPIA, 1999, p. 202). Álvaro García, por sua parte, busca deixar claro que os fenômenos da globalização não contradizem em absoluto o pensamento crítico de Marx, mas tratam-se justamente do pressuposto histórico sobre o qual ele enxerga as possibilidades de superação do sistema capitalista (GARCÍA, 1999, p. 85).

O debate acerca da globalização se relaciona com outro aspecto importante da caracterização da época por parte dos membros do grupo Comuna. Ainda que Raúl Prada dialogasse com algumas teses de Antonio Negri sobre a diminuição do poder dos estados nacionais, o tema da nação – que para o grupo não é sinônimo de Estado nacional – é muito importante não só para compreender a época histórica vivida, mas também para buscar superar o sistema capitalista. Além disso, o próprio Prada contesta indiretamente a tese de Negri em *Império* (2001), quando afirma que os estados-nação centrais, sobretudo os que estão na franja das Nações Unidas, seguem impondo suas condições ao resto do mundo, sem que lhes importe o direito internacional ou o direito à autodeterminação das nações (PRADA, 2010, p. 79).

García Linera busca diferenciar os conceitos de nação e Estado para debater as potencialidades dos nacionalismos anticoloniais na resistência ao capitalismo na Bolívia. À diferença do Estado, a nação não é uma ação institucionalizada verticalmente que busca produzir, para os de baixo, a ilusão de uma comunidade política. A nação existe desde o momento em que se imagina uma comunidade política da perspectiva dos "de baixo", ou seja, dos setores subalternos da sociedade, e se trabalha para produzir uma institucionalidade que condense, para cima, essa vontade política (GARCÍA, 2005, p. 38). Nas sociedades modernas, quando só a "comunidade ilusória" funciona, se está diante de processos autoritários de nacionalização, como é o caso da Bolívia do século XX, e quando a comunidade ilusória funciona de acordo com a "comunidade imaginada" há perspectivas de legitimação política e nacionalização exitosa (*Ibidem*), o que em certa medida se faz necessário na situação boliviana.

Luis Tapia argumenta que o esquecimento de uma ideologia como o nacionalismo tem suas vantagens, mas o esquecimento da dimensão nacional propriamente dita tende a levar da construção/criação à imitação/adaptação, implica um abandono da tarefa de fazer um projeto político (TAPIA, 2007, p. 74). A linha de raciocínio de Tapia busca deixar explícito que o projeto neoliberal aplicado na Bolívia não considera em nenhuma medida a questão nacional, e abre mão de ter projeto político consistente para o desenvolvimento da nação. Entretanto, não se trata só disso, já que o autor acredita na possibilidade de articulação de um modo anticapitalista de pensar a reconstrução do 'nacional', no qual a nação poderia funcionar como espaço e pauta de encontro entre os subalternos. Para ele,

> Por um tempo, se pode pensar a nação como o horizonte político e humano de reunificação dos proletários com outros explorados e dominados ou excluídos pelo capitalismo, como o território de experimentação da democratização possível em tempos de transnacionalização capitalista (TAPIA, 1999, p. 203).

A nação poderia funcionar, para Tapia, como uma condição temporária de articulação dos subalternos contra o capital e o estado (*Ibidem*, p. 204), desde que fosse plural e multicultural, no caso de sociedades colonizadas como a boliviana.

Em certa medida Raúl Prada conecta ambas as perspectivas de García Linera e Tapia, quando compartilha a ideia de se pensar a nação como imaginário social, mas também como um âmbito de reconhecimento, uma forma de difusa instituição cultural que pode adquirir características de contrapoder, de contracultura hegemônica e também como espaço dinâmico intersubjetivo "descolonizador" (PRADA, 2010, p. 52), ou seja, que lute contra todas as formas de neocolonização e suas consequências. O autor demonstra que o fato de que os estados-nação tenham se instaurado nas periferias do sistema-mundo como ato de liberação e ação anticolonial mostra que a modernidade chegou a todas as partes e comprometeu a todos, ao centro e à periferia do sistema, aos países capitalistas e aos colonizados (*Ibidem*, p. 71), nos últimos com as contradições peculiares entre formas modernas e formas pré-modernas de existência.

Entretanto, o significado político do estado-nação não é o mesmo em ambos os lugares, já que sob a influência dos dominadores o conceito suscita êxtase e restauração, enquanto que na perspectiva dos dominados é um instrumento empregado para provocar mudança e revolução (*Ibidem*). O nacionalismo subalterno ingressa na modernidade buscando nela a igualdade entre os estados-nação. Entretanto, a suposta igualdade conseguida com as independências esconde alguns aspectos importantes da modernidade. Nas palavras de Prada,

> Ainda que neste contexto se consegue a liberação nacional, o concerto das nações, o mundo conformado por Estado-nação, não consegue resolver o problema da reiteração das desigualdades em outras condições. Não somente falamos das desiguais condições de intercâmbio no mercado internacional, mas também da reprodução de novas formas de dominação, que se vem chamando neocolonialismo. Não falamos do colonialismo interno que suscitam as novas repúblicas, sim das condições de subalternidade nas que se encontram os Estados-nação da periferia com relação ao centro do sistema-mundo. De todas as maneiras, ambas formas, o neocolonialismo em escala mundial e o colonialismo interno parecem complementar-se. Por isso, se pode dizer que, em cada um desses casos, a nação é progressista estritamente como uma linha fortificada de defesa contra forças exteriores mais poderosas. Entretanto, assim como se apresentam progressistas em seu posto protetor contra a dominação estrangeira, essas mesmas muralhas podem passar comodamente a exercer um papel inverso em correção com o interior que protegem (PRADA, 2010, p. 73).

O interessante dessa perspectiva é que apesar de considerar a força da questão nacional, deixa claro que existem limitações preocupantes neste tema. Neste sentido, parece haver em Prada uma perspectiva mais reservada do que a de Tapia quanto às potencialidades da luta nacional. De qualquer forma, há uma convergência na leitura de que a nação é um elemento fundamental para o debate com o neoliberalismo na época e para as perspectivas de superação do capitalismo.

Essa é uma das discussões nas quais as diversas influências e trajetórias dos membros do Comuna ficam bastante claras. No fundo, há um diálogo entre três posições políticas a respeito do nacionalismo no pensamento do grupo. Na trajetória de Luis Tapia está o encontro entre um nacionalismo que foi sendo cada vez mais abandonado e um marxismo que relativiza o potencial emancipatório da nação. Por outro lado, no marxismo de García Linera se coloca um diálogo com a perspectiva mais indianista de Felipe Quispe, o qual participando com uma entrevista em um dos livros do Comuna afirma que "para nós, a luta de classes não é o único motor da história, mas também o é a luta de nações" (QUISPE, 2001, p. 189). Raúl Prada, por sua parte, se coloca desde um arcabouço teórico não marxista, mas que tem origens nele, para debater a questão num diálogo estreito com teorias contemporâneas sobre o sistema-mundo capitalista, que vão desde Immanuel Wallerstein a Theotonio dos Santos.

Diante da exposição feita até aqui, fica claro que para o grupo Comuna a contradição capital-trabalho segue sendo um dos elementos fundamentais para caracterizar e incidir nessa época histórica. Entretanto, como se mostrou ao longo da exposição, outras contradições e questões se colocam de forma também importante, principalmente as vinculadas à questão colonial. Para caracterizar o momento histórico e a configuração do capitalismo contemporâneo, o grupo não está pensando apenas na contradição entre burgueses e proletários, mas também em uma série de outras contradições históricas como as relativas às resistências de identidades coletivas e os processos de individuação, ou a autopoieses ecológica e a contaminação, degradação e desequilíbrio ambiental (PRADA, 1999, p. 53).

Tapia, utilizando o conceito zavaletiano de "forma primordial", que busca explicar a forma de articulação entre estado e sociedade civil nas sociedades modernas,[1] afirma a necessidade de ampliar o conceito no sentido

---

1   Zavaleta elaborou a noção de "forma primordial" como mote para uma estratégia explicativa que não deixasse de lado a especificidade histórica, política, social e econômica de cada sociedade, num contexto

138 Rodrigo Santaella Gonçalves

de incorporar a natureza nessa relação, já que o financiamento da forma primordial em grande parte do mundo se dá predominantemente sobre uma destruição sistemática e incontrolável da natureza (TAPIA, 2009, p. 45).

Entretanto, há uma forte preocupação com outros tipos de contradição, que vão para além das questões coloniais. De acordo com Tapia,

> O peculiar das modernas sociedades é que o trabalho, cada vez mais socializado no processo de trabalho ou de transformação em sentido estrito, é apropriado pelos monopolizadores da propriedade dos meios de produção. Assinalo isso para situar o seguinte problema do pluralismo no seio destas modernas e desiguais sociedades capitalistas: por um extremo, uma alternativa é exigir a coexistência e competição política sem tentar nem permitir a modificação das estruturas de desigualdade existente. Nisso consiste basicamente o neoliberalismo e o pensamento neoconservador. Por outro lado, se coloca o problema de como conciliar o pluralismo e a luta contra essas estruturas de desigualdade e o bloco político e econômico dominante, e contra outras formas de desigualdade que não eram problematizadas em outras culturas ou eram produto do domínio cultural, como o racismo, o etnocentrismo, o sexismo (TAPIA, 2002b, p. 32-33).

Essas "formas de desigualdade que não eram problematizadas em outras culturas", e que também funcionam como pilares de sustentação e reprodução do sistema capitalista contemporâneo também são, portanto, alvo de preocupação no grupo.

---

dependente e no qual a teoria da dependência enfatizava mais as determinações externas do que as articulações internas que as davam materialidade. O conceito de forma primordial, apesar de ter sido utilizado e desenvolvido ao longo de várias de suas obras, foi sistematizado apenas em 1982, num artigo intitulado "Problemas da determinação dependente e a Forma Primordial". O autor analisava neste artigo como o projeto imperialista dos Estados Unidos para a região latino-americana era homogêneo e único, enquanto que as formas de implementação e as consequências em cada uma das sociedades do subcontinente foram sentidas de maneira bastante diferente. De forma resumida, a forma primordial pode ser definida como a maneira particular de articulação entre a sociedade civil e o estado em cada sociedade, que define um grau variável, mas sempre existente, de autodeterminação, que é justamente o que nega a dependência absoluta (ZAVALETA MERCADO, 1982, p. 70). Tapia tenta incorporar a natureza no conceito, já que grande parte da articulação entre Estado e sociedade civil é financiada a partir dos recursos naturais, principalmente em sociedades primário-exportadoras.

É precisamente à contradição entre homem e mulher, e consequentemente à opressão das mulheres na sociedade capitalista que se dedica a discussão do livro *Desandar el Laberinto*, publicado por Raquel Gutierrez em 1999, sob a égide do grupo Comuna. Gutierrez mostra como as desigualdades de gênero são construídas histórica e socialmente, através de instituições específicas que, dentro da modernidade capitalista, são primordiais para o seu funcionamento: a família concebida como empresa e lugar da procriação legítima, e o matrimônio contratual como sua modalidade de conformação (GUTIERREZ, 1999b, p. 67). A essa dimensão material e concreta que reproduz e sustenta a opressão de gênero, se soma toda uma gama de estruturas simbólicas também bastante discutidas pela autora, única mulher do grupo. Essa é uma contradição que não está presa aos limites da modernidade capitalista, mas que é reconfigurada e apropriada por esse sistema para garantir e intensificar sua própria reprodução. Neste sentido,

> a autêntica desmontagem dos dispositivos exteriores de hierarquização exige colocar em questão o próprio cimento da sociedade como é atualmente. (...) enquanto os seres humanos, seu trabalho e suas capacidades sejam o decisivo fator da produção de riqueza alienada, cairá sobre nossas costas ao mesmo tempo a responsabilidade de produzir indivíduos úteis. Este esquizofrênico sistema coloca para as mulheres a exigência de sua subversão, de sua reviravolta. Daí o componente nitidamente anticapitalista dos mais vigorosos esforços emancipatórios das mulheres (GUTIERREZ, 1999b, p. 155).

A partir da discussão sobre as outras contradições do sistema e de todo o exposto anteriormente, se pode buscar uma síntese explicativa da leitura da época oferecida pelo grupo Comuna. Trata-se de um momento no qual o capitalismo passou por muitas mudanças na sua forma de funcionamento, mas as coletividades fundamentais que o fazem funcionar e que, em pugna, desenvolvem a sua história, permanecem existindo e sendo centrais: a burguesia e o proletariado. Esse sistema não funciona de forma abstrata e moderna no sentido "puro" do termo, já que a própria modernidade é analisada da perspectiva do grupo como contendo o colonialismo, o estigma e a exclusão social como sendo parte de todo o processo. Neste sentido, o sistema capitalista se apresenta como muito mais complexo do que a contradição capital-trabalho, e por isso sua análise e interpretação devem dar conta de diversos outros tipos de relações sociais e de fenômenos. A destruição da natureza e as opressões dos mais diversos tipos, mas fundamentalmente de raça e de gênero, se colocam como mecanismos de reprodução intrínsecos a esse sistema, que devem ser analisados desde diversas perspectivas, e que devem ser combatidos se o que se busca é a superação do capitalismo.

É interessante notar que, por suas origens militantes e influências teóricas distintas, alguns se dedicam mais a determinadas questões do que outros. Prada e Oscar Vega se concentram bastante nas heranças coloniais e na necessidade de adequar as formas de construir conhecimento e luta política – e da reflexão sobre suas possibilidades e potencialidades –, além de dedicarem-se a compreender os encontros entre espaços modernos e pré-modernos, e toda a bricolagem social que é gerada a partir desses encontros. Gutierrez e Linera se preocupam mais com o funcionamento concreto do capitalismo contemporâneo e suas formas de atualização, reprodução e complexidade em condições coloniais, além do potencial revolucionário que podem ter as sociedades comunitárias e do estudo sobre a questão nacional. Gutierrez, além disso, também se debruça na reflexão acerca das contradições de gênero e da condição feminina na contemporaneidade. Por fim, Tapia está mais preocupado em uma construção teórica a partir das formas modernas de pensamento, mas que englobe toda a complexidade anteriormente debatida, vinculando-a ao tema nacional e democrático.

O encontro desses distintos interesses e olhares teóricos e políticos proporcionados pelo grupo Comuna tem o potencial de gerar um espaço de reflexão bastante peculiar, no qual diversas perspectivas diferentes se aglomeram, num momento de ascensão da luta de massas, para elaborar teorias, conceitos e ferramentas de interpretação e de fortalecimento das lutas sociais. Compreender que origens teóricas embasam as reflexões apresentadas até aqui e todo o pensamento do grupo é fundamental para o debate das potencialidades e limites apresentados nesse pensamento para entender a conjuntura boliviana, desenvolver a matriz teórica marxista reivindicada por eles e para a construção de teorias críticas emancipatórias em geral.

Nas fronteiras do marxismo: diálogos, limites e encontros intermitentes.

Na medida em que consideram que um dos elementos mais importantes para entender a época histórica contemporânea segue sendo a contradição capital-trabalho e a luta de classes, e a partir de suas próprias trajetórias militantes, o marxismo é um referencial muito importante para todo o grupo, ainda que com distintas sensibilidades. Álvaro García, Raquel Gutierrez e Luis Tapia se caracterizam diretamente como marxistas, e buscam interpretar a realidade principalmente a partir do arcabouço teórico-metodológico propiciado por essa corrente teórica-política, ainda que em constante diálogo com outras correntes teóricas emancipatórias contemporâneas, já que percebem que a realidade concreta do capitalismo, especialmente nas sociedades coloniais, é mais complexa do que a analisada por Marx. Oscar Vega Camacho e Raúl Prada, por sua parte, não se consideram estritamente marxistas, mas entendem essa corrente de pensamento como instrumento imprescindível, ainda que não suficiente, para entender a modernidade capitalista. No grupo há, portanto, uma convergência no interesse pela superação da sociedade capitalista e no entendimento de que o marxismo tem de ser movimentado para seguir dando conta de instrumentalizar essa tarefa.

Da perspectiva de Raquel Gutierrez, com a contundente sentença acerca da história como luta de classes, Marx brinda uma premissa metodológica importante para analisar a realidade no capitalismo, inclusive atualmente. Justamente por isso, a compreensão da história por parte dos comunistas não pode ser a adequação dos fatos concretos e da luta social real aos esquemas teóricos pré-estabelecidos, ou às leis da história ditadas anteriormente por alguma doutrina: "não estamos então falando da história como indeterminação na qual tudo seria suscetível de acontecer, mas também não estamos diante de uma determinação absoluta das circunstâncias que não deixa lugar para a criatividade e o protagonismo humano". (GUTIERREZ,

1999, p. 17). É com esta chave crítica aos determinismos que é apropriado o marxismo por Raquel Gutierrez.

Álvaro García Linera tem uma formação política bastante vinculada às obras de Marx, mas também influenciada inicialmente por Gramsci e Althusser. Depois, dada a influência mais direta da conjuntura boliviana, começa a relacionar-se de forma mais direta com o tema indígena e nacional, e a rastrear tudo o que dizia Marx em suas obras sobre o assunto (RAMÍREZ *et al*, 2009, p. 13). Faz estudos acerca dos escritos sobre a Índia, China, além das cartas a Vera Zasulich, e chega a estudar diversos cadernos inéditos não publicados de Marx, localizados em Amsterdam, vários sobre a América Latina e outros dedicados especialmente ao tema da propriedade comunal. Neste sentido, García Linera passava a conceber a necessidade de polemizar e teorizar contra uma "esquerda que não via índios, mas somente proletariado, classe média e camponeses" (*Ibidem*). A formação teórica de García expressava, por um lado, a necessidade de incorporar esse amplo setor da população boliviana – os camponeses de origem indígena – no âmbito da análise marxista, e por outro lado via dentro da teoria marxista possibilidades de elaboração de um fio condutor na leitura da questão indígena, analisando a realidade boliviana de forma diferente do que a esquerda tradicionalmente havia feito no país e na América Latina. Dentre os teóricos contemporâneos que mais exercem influência em seu pensamento está, sem dúvida, Pierre Bourdieu, bastante citado em seus textos.

Luis Tapia, por sua vez, afirma serem três suas grandes influências teóricas: Marx, Gramsci e Zavaleta, além de um diálogo constante com teorias contemporâneas, mas sempre desde essa perspectiva marxista, gramsciana e zavaletiana, e tendo como uma de suas preocupações centrais a questão da democracia.

Dentre muitas categorias e conceitos marxistas utilizados ao longo das análises do grupo, as de subsunção formal e subsunção real ao capital, são, pelas próprias características do desenvolvimento do capitalismo na Bolívia, centrais, principalmente em García Linera, Gutierrez e Luis Tapia, por sua formação no México, onde a partir das publicações de O Capital pela editora Siglo XXI, passava-se a debater muito o tema. Tapia explica que a subsunção formal, da perspectiva de Marx, é a primeira fase da produção da ordem capitalista, e se caracteriza por modificar as instituições econômicas e políticas, mas não os processos de transformação da natureza propriamente ditos, nem o horizonte de sentidos de maneira global: nesta primeira fase o capitalismo vive como parasita de outras culturas produtivas, dominando--as (TAPIA, 2001, p. 158). O segundo momento se daria com a subsunção real, que implica a substituição do horizonte de sentido a partir da modificação do processo de produção e transformação da natureza, o que demanda a mercantilização e a proletarização da força de trabalho no tempo de produção, mas também sua extensão ao tempo da reprodução social (*Ibidem*). García Linera e Raquel Gutierrez trabalham bastante com essas categorias em suas análises também, e a partir delas em grande medida o grupo conecta análises marxistas com as situações comunitárias na Bolívia, principalmente porque argumentam que grande parte da atividade econômica boliviana é, ainda no século XXI, subsumida apenas formalmente ao capital, o que geraria potencialidades diferentes no que diz respeito à superação do sistema.[2]

Essa forma de interpretação não passou ilesa no debate político--teórico boliviano. De acordo com alguns autores, como por exemplo Javo Ferreira, a utilização do conceito pelo grupo é equivocada, e leva a distorções da realidade. De sua perspectiva, a subsunção formal se produziria quando o capital é obrigado a iniciar sua reprodução sobre a base tecnológica herdada das formas de produção não capitalista, o que não acontece no caso de grande parte das comunidades indígenas bolivianas, que seriam formas de transição de organização do trabalho (FERREIRA, 2010, p. 57). O debate sobre as formas comunitárias e sua generalização ou idealização pelo grupo Comuna será feito com mais propriedade no capítulo VIII deste trabalho. Por enquanto, cabe mostrar que a utilização de muitas categorias marxistas, entre elas a de subsunção formal, pelos autores do grupo é contestada de forma veemente por algumas correntes marxistas bolivianas.

---

2   Esse debate será aprofundado na capítulo VIII.

Da perspectiva de Prada (1999, p. 65), se enxerga um Marx que não se propõe apenas à elaboração da teoria do valor com base no tempo de trabalho e de uma teoria da história com base na luta de classes, mas busca responder a questão de como se produz o tempo no trabalho e como se cria o tempo histórico. Neste sentido, Marx se ocupa das condições de possibilidade histórica da criação do tempo na produção e na história, o que o coloca para além da episteme de seu próprio tempo (*Ibidem*). O marxismo não é a algo ao qual se possa renunciar, já que está absolutamente presente no seu referente, o capitalismo, mas na mesma medida em que é uma formação discursiva que torna inteligível a contemporaneidade, carrega consigo uma memória das origens do capitalismo e um testemunho teórico de todo o século XX (*Ibidem*, p. 71). Por conta disso, Prada afirma que não se pode cair no reducionismo de interpretar e utilizar o arcabouço teórico marxista sem abrir-se à cultura crítica da modernidade, não só marxista (*Ibidem*,p.75).

Neste sentido, Prada sustenta que o marxismo tem limites importantes, mas não se deve abandoná-lo. Um dos principais limites, para ele, é a falta de uma reflexão elaborada sobre o tema do poder, já que segundo ele o marxismo não elabora uma teoria do Estado suficientemente complexa, e menos ainda uma teoria do poder (PRADA, 2012). Por isso, afirma trabalhar desde uma perspectiva mais deleuziana, foucaultiana, que segundo ele não deixa de ser marxista, porque o marxismo permite uma leitura e uma crítica estruturais do capitalismo, com a chave da luta de classes, enquanto essas correntes teóricas elucidam de forma mais completa e complexa o tema do poder. O central para Prada é que o marxismo deve ser compreendido a partir de sua própria transformação, desde sua própria crítica. Walter Benjamin e Ernest Bloch são influências importantes neste sentido, já que refletem a própria crise e utilizam o marxismo como ferramenta estética (PRADA, 2012). Para ele, toda a escola de Frankfurt teria compreendido muito bem esse processo, e Foucault e Deleuze teriam bebido muito dessas fontes (*Ibidem*).

Continuando a refletir sobre os limites do marxismo, Prada enxerga as correntes militantes marxistas como tendo ainda mais problemas e limites do que o marxismo teórico. Segundo ele, há diversas contradições e questões que emergiram no século XX – exemplificadas pelo Maio de 1968 – as quais a maioria dessas correntes não dá conta em suas análises. Por tudo isso, Prada (2012) se havia declarado não-marxista nos anos 1980, afirmando a necessidade de pensar um pós-marxismo, mas no processo de articulação e reencontro com perspectivas marxistas "mais abertas", como a de Raquel Gutierrez e de Álvaro García, ou seja, no processo de articulação do grupo Comuna, volta a vincular-se com o marxismo observando-o como uma ferramenta importante. Mas ainda assim, afirma que se move "com mais liberdade [que os demais membros do grupo], no sentido de que não somente sou marxista. Tenho mais liberdade que eles para me mover e entender esses sujeitos nômades" (PRADA, 2012).

Oscar Vega Camacho compartilha da opinião de que é desnecessário assumir-se marxista. Reitera a impossibilidade de se trabalhar sem essa corrente, sem conhecê-la profundamente, já que ele fornece as ferramentas e a capacidade teórico-abstrata para entender o capitalismo, mas mesmo assim, não se preocupa em afirmar-se marxista, à diferença dos três primeiros. O que argumenta é a impossibilidade de discutir uma contribuição como a de Marx se ela não for lida no contexto colonial, não sendo este entendido como um período histórico, mas sim como uma forma de domínio, já que não existe modernidade sem colonialidade (CAMACHO, 2012). O grande recorte não deve ser entre os marxistas ou não, porque na realidade boliviana essa perspectiva teórica foi reproduzida com um viés bastante eurocêntrico que obscurecia ou diminuía o debate colonial e foi, sobretudo, uma ferramenta para uma militância partidária que não proporcionava debates teóricos sérios (*Ibidem*). E daí, segundo ele, o profundo desencontro das formas partidárias marxistas na Bolívia com as ações coletivas dos movimentos indígenas e a dificuldade de relação entre o tema indígena e o marxismo, já que não se trata realmente da obra de Marx, mas sim de certos marxismos concretos que excluíam os indígenas das análises.

Além do pensamento de Marx, há pelo menos duas "pontes" de ligação teórica que têm relação com o marxismo e que influenciam – não na mesma medida – todos os membros e toda a construção teórica do grupo. A

146 Rodrigo Santaella Gonçalves

primeira e mais importante delas é representada pelo pensamento de René Zavaleta Mercado e a segunda pelo italiano Antonio Negri. O pensamento de Zavaleta exerceu grande influência em toda a intelectualidade boliviana posterior a sua obra, principalmente na esquerda, e o grupo Comuna conta entre seus quadros com um dos maiores especialistas em seu pensamento em todo o mundo. Neste sentido, muitas das análises do grupo são baseadas em pressupostos zavaletianos, ou são desenvolvimentos e continuações de discussões iniciadas por ele.

A primeira argumentação de Zavaleta que é incorporada por todos os membros do grupo Comuna – e que também serve como referencial teórico de análise neste trabalho – é a de que, em sociedades complexas e *abigarradas*[3] como a boliviana, as crises são os momentos nos quais os diversos tempos históricos e modos de produção presentes se encontram e se condensam, o que proporciona a maiores possibilidades de autoconhecimento nessas sociedades (ZAVALETA MERCADO, 1983, p. 19). Essa percepção perpassa, muito provavelmente por conta do momento histórico e do contexto social no qual foram produzidas as obras do grupo, toda a produção teórica do grupo, sendo referência de todos os autores. Um exemplo ilustrativo pode ser o prólogo – assinado coletivamente – do livro *Tiempos de rebelión*:

> Há momentos de condensação do que durante um tempo vinha desenvolvendo-se de maneira separada, local e invisível publicamente e, em consequência, se tornam momentos de revelação. Na Bolívia isso costuma ocorrer nas crises, em crises políticas a nível da relação entre estado e sociedade civil (GARCÍA *et al*, 2001, p. 5).

Contudo, o que mais aproximou o pensamento zavaletiano da intelectualidade crítica contemporânea na Bolívia, e do grupo Comuna em particular, foi sua capacidade de interpretar a história e os momentos de

---

3 O "abigarramento", para Zavaleta, é muito mais do que o que caracteriza uma sociedade multicultural, ou mesmo heterogênea no que diz respeito à diversidade de modos de produção existentes num mesmo período histórico: na verdade, se trata de contextos sociais nos quais convivem mutuamente mais de um tempo histórico, o que implica não só modos de produção distintos, mas também a coexistência de vários tipos de relações sociais jurídicas num mesmo momento e território (TAPIA, 2002, p. 309). A caracterização da sociedade boliviana da perspectiva do grupo Comuna será discutida no capítulo VIII.

crise bolivianos de forma a dar conta de compreender, ainda antes do enfraquecimento da COB e, portanto, com uma centralidade proletária, o papel importante que os setores indígenas tinham a cumprir na luta contra o capitalismo no país. Zavaleta mostra como na crise de novembro de 1979 ocorre um encontro entre os subalternos que agrega a cosmovisão e a luta indígena ao bloco histórico dirigido pelo proletariado na Bolívia (TAPIA, 2002c, p. 271). Essa demonstração abre as portas para a incorporação dos indígenas como sujeito político nas análises marxistas.

O que Zavaleta consegue, portanto, é elaborar um arsenal teórico marxista com categorias que dão conta de incorporar outras matrizes históricas e sociais não modernas no escopo de análise. Neste sentido,

> com as categorias de formação social *abigarrada*, momentos constitutivos, a crise como conhecimento, a ideia de forma primordial, a de eixo ou ecuação social, se forma um conjunto de categorias que articuladas servem de matriz de recepção da outras histórias particulares. São algo como a matriz para pensar na história geral ao mesmo tempo em que se articula as outras histórias particulares (TAPIA, 2002c, p. 313).

Todas as categorias citadas por Tapia são, de uma forma ou de outra, trabalhadas pelos autores do grupo Comuna ao longo de suas reflexões, como será mostrado ao longo da exposição.

Partindo de uma matriz marxista, Zavaleta consegue desenvolver uma interpretação da sociedade boliviana que é muito mais complexa e condizente com a realidade do que aquela que só via o povo trabalhador, camponeses e setores médios (*Ibidem*,p. 319). O autor, portanto, consegue pensar na linguagem e na tradição modernas do marxismo, mas de forma a articular um núcleo de recepção de outras histórias e formações sociais: se enfrenta aqui a um tipo de complexidade muito maior do que o existente nas sociedades modernas, já que se trata da diversidade de substâncias sociais, de concepções de mundo.

Luis Tapia (2002c, p. 33; 2002b, p. 14) se coloca explicitamente o objetivo de continuar o pensamento de René Zavaleta Mercado, de desenvolvê-lo

148   Rodrigo Santaella Gonçalves

a partir da contemporaneidade e de suas reflexões. Entretanto, argumenta-se aqui que o pensamento do grupo Comuna como um todo, por conta da influência que sofre do pensamento zavaletiano, pelos objetos e temáticas que trata e por sua própria junção de trajetórias distintas, é em grande medida continuador das reflexões de Zavaleta. Algumas perspectivas críticas ao pensamento do grupo Comuna, que o caracterizam como pós-moderno e até reacionário, compartilham da ideia de que são continuadores do pensamento de Zavaleta, que teria sido um precursor desse "pós-modernismo que endireita a esquerda na Bolívia" (CARRASCO, 2011, p. 13). Apesar de não compartilhar-se aqui dessa perspectiva, trata-se de um reforço interessante para o argumento de que o grupo continua o trabalho de Zavaleta. De qualquer forma, não há dúvidas de que a obra deste autor é um dos pilares teóricos mais importantes no pensamento do grupo.

No que diz respeito ao pensamento de Antonio Negri não se trata do mesmo nível de influência. Dentre todos do grupo, Raúl Prada é o que se mostra mais influenciado pelas contribuições de Negri, que segundo ele (2012) é o marxista que melhor consegue fazer a ponte entre os limites do marxismo e as teorias contemporâneas, principalmente relacionadas ao poder. De fato, afirma que a maior liberdade teórica que tem em comparação com os demais – por não se caracterizar somente como marxista – o faz vincular-se de forma mais estreita com Toni Negri e Michael Hardt, sendo Prada dentre todos o que mais utiliza o termo "multidão" (PRADA, 2012). De qualquer maneira, a promoção em 2007 da vice-presidência da Bolívia (já com García Linera à frente) de uma sequência de debates com alguns intelectuais internacionais dentre os quais estavam Negri e Hardt, além do próprio Linera e de Tapia, que foi publicada num livro intitulado *Imperio, multitud y sociedad abigarrada*, sob a bandeira do Comuna, é sintomática acerca do encontro entre essas linhas de pensamento e serve para não homogeneizar a influência de Negri sobre o grupo.

Antes de entrar no debate acerca da utilização da categoria "multidão", cabe falar de outras contribuições teóricas de Negri que são apropriadas pelos membros do grupo. A primeira é utilização negriana do conceito marxiano de "intelecto geral", que significa uma inteligência social, coletiva, criada por conhecimentos, técnicas e saberes acumulados e que funcionam para reproduzir o sistema (HARDT e NEGRI, 2001, p. 386). Entre outros usos, se destacam o de García Linera, que utiliza a categoria para analisar o período neoliberal (GARCÍA, 2001, p.74) e o de Raúl Prada para pensar as possibilidades de formação de um novo intelecto social geral nos momentos de crise e mobilização como os vividos na Bolívia a partir do ano 2000 (PRADA, 2008; 2012).

Por sua parte, Luis Tapia participou de um curso sobre as categorias de Negri nos anos 1970 no México, e algumas influências da época permanecem em suas elaborações mais recentes, já como grupo Comuna. Segundo o próprio, os trabalhos de Negri ao longo dos anos 1980, nos quais fala fundamentalmente sobre composição de classe numa perspectiva de autonomia operária, que busque o fim do trabalho para o capital, o interessam e agradam bastante (TAPIA, 2011; 2001b, p. 160). É com base nessas reflexões que Tapia trabalha a diferenciação entre composição técnica de classe, vinculada à composição orgânica do capital, e composição política, vinculada à organização, ideologia e história da luta de classes. Essa diferenciação é definida em termos próprios por Tapia, para articular a diferenciação entre sujeito classista e sujeito político, e entre poder de estado e poder de classe (TAPIA, 2009b, p. 12).

O conceito de poder constituinte negriano, que parte de alguns pressupostos bastante problemáticos, como os de que a composição do proletariado é totalmente imaterial, abstrata e intelectual do ponto de vista do trabalho e móvel do ponto de vista da forma, ou que o capitalismo sob a soberania do império não tem mais nenhum tipo de mando centralizado, é bastante utilizado por Raúl Prada, que compartilha até certo ponto esses pressupostos. A verdade é que é da forma como é tratada por Negri, como "algo que deve começar a expressar o que somos, que se tem que produzir em conjunto através das várias identidades que expressamos" (NEGRI et.al, 2008, p. 110), o conceito tem um tom bastante ingênuo e generalista. Pode ser utilizado para questões mais específicas relacionadas às constituições jurídicas dos estados-nação ou também como meta a ser alcançada pela multidão, que é a utilização feita por Raul Prada (2002, p. 141).

Outra das reflexões, no mínimo controversas, de Negri e Hardt, que é utilizada principalmente por Prada está relacionada à temática da nação e do império. De forma resumida, o que os autores argumentam é que com a perda de poder dos estados diante das empresas transnacionais, não há mais sentido em falar de centro e periferia, já que todos "os níveis de produção podem existir simultaneamente lado a lado, dos mais altos níveis de tecnologia, produtividade e acumulação aos mais baixos, com um complexo mecanismo social mantendo sua diferenciação e interação" (HARDT e NEGRI, 2001, p. 356-357). Prada em diversos momentos compartilha dessa perspectiva, quando afirma que a soberania agora está nas mãos do império, a forma pós-moderna de estabelecer a dominação à escala planetária (PRADA, 2005, p. 206), ou que a expansão capitalista se reproduz não mais do centro para a periferia, mas sim também no caminho contrário (*Ibidem*, p. 234).

É sintomático no que diz respeito aos limites dessa perspectiva o fato de que alguns dos argumentos dessa teoria que afirma a inexistência de um "fora" do capitalismo, e que todos os países são igualmente interdependentes, e não mais dependentes, havia sido utilizada como ferramenta da direita para combater a teoria da dependência nos anos 1970 (BORÓN, 2004, p. 51). Prada, entretanto, quando debate concretamente a correlação de forças internacional, se afasta da tese de Negri e Hardt, com a qual afirma concordar em linhas mais gerais. Isso fica claro principalmente ao tratar-se das consequências políticas da análise:

> Os Estados-nação centrais, sobretudo os que estão na franja de segurança das Nações Unidas, seguem impondo suas condições ao resto do mundo, sem importar-lhes o direito internacional e o direito das nações à autodeterminação (PRADA, 2010, p. 79).

Tapia completa essa análise afirmando que o enfraquecimento do Estado-nação não implica necessariamente o enfraquecimento do Estado como tal, que continua, principalmente nas periferias, regulando e controlando o capital local (TAPIA, 2002b, p. 121).

Não há duvidas de que o conceito mais famoso de Negri é o de multidão, na caracterização de um ator social diferente e mais amplo do que era a classe trabalhadora. Nas teorizações do grupo Comuna, por sua parte, o termo multidão aparece repetidas vezes, em todos os autores. Em Negri a categoria de multidão consiste em uma forma abstrata, não há discussão sobre formas concretas de luta, táticas de enfrentamento, articulação entre lutas políticas, econômicas e ideológicas (BORÓN, 2004, p. 53). No Comuna, por outro lado, a construção do conceito de multidão não se dá com uma referência direta às formulações de Negri, à exceção de Raúl Prada (2005, p. 188; 2002, p. 126). Mas mesmo Prada, quando avalia a história da Bolívia, identifica a multidão com setores subalternos concretos da sociedade (2002, p. 135) e com formas concretas de luta.[4]

Uma das inquietações que leva os pensadores do grupo Comuna a buscarem referências em autores não marxistas ou que se distanciam muito dessa tradição é o debate acerca das mudanças ocorridas no sistema capitalista, sobre o qual percepções dos autores foram expostas no tópico anterior. Se o grupo não compartilha os pressupostos das teorias pós-modernas, sem dúvidas há em seu interior pontos de contato entre suas produções teóricas e essas perspectivas. O que se aproxima mais delas, como assinalado, é Raúl Prada, para o qual o imaginário coletivo da modernidade se rompeu, o que abre a necessidade de teorias mais preocupadas com as particularidades do que com a universalidade, que busquem explicar os aspectos moleculares da sociedade. Neste sentido, as teorias foucaultianas sobre o poder são muito utilizadas por Prada para entender os movimentos sociais e as dinâmicas da mobilização na Bolívia (PRADA, 2001b, p. 36). Daí também sua opção por dialogar com as leituras de Habermas, Marshall Berman, Castoriadis e Derrida para fazer suas interpretações do *Manifesto Comunista* (PRADA, 1999, p. 43).

Dentre os fundadores do grupo, Prada é o único que utiliza o termo "pós-modernidade" para caracterizar em alguns momentos a sociedade con-

---

4   O debate sobre a categoria "multidão" no grupo Comuna será feito no capítulo VIII, tópico "Formas de luta contemporâneas na Bolívia: comunidade e multidão".

temporânea, apesar de não fazê-lo de forma sistemática e rigorosa. Afirma, por exemplo, que na pós-modernidade – para ele a contemporaneidade que vivemos – a contradição e o antagonismo entre as máquinas de captura e os múltiplos caminhos das linhas de fuga se estenderam, proliferaram e intensificaram (PRADA, 2005, p. 171). Além disso, essa época seria caracterizada pela conversão do mundo num objeto de panóptico universal, já que os diagramas disciplinários da modernidade teriam sido substituído pelos diagramas de controle da pós-modernidade (*Idem*, 2004, p. 114).

No que diz respeito à construção de conhecimento, esse diálogo com a ideia de uma pós-modernidade em Prada tem consequências nas suas conclusões teóricas e epistemológicas. Para ele, há uma crise das grandes teorias modernas e é preciso superar a herança da modernidade que afirma que há um centro de análise composto de um corpo de hipóteses enquadradas a uma verdade pré-estabelecida.

> Trata-se de encontrar no labirinto dos caminhos, trajetórias, nomadismos dos múltiplos sujeitos dispostos a quebrar a estática do poder, os diversos nascimentos da subversão da práxis (PRADA, 2008, p. 90-91).

Para lograr esse objetivo, busca o arcabouço teórico de Jacques Derrida, no que ele chama de "desconstrução do político", que o leva a um enfoque micropolítico, na busca pela "micropolítica do desejo", que não busca a totalização, mas sim a multiplicidade de singularidades dos acontecimentos (*Idem*, 2001b, p. 52-53). A grande preocupação de Prada em toda essa busca teórica está em garantir um enfoque que não seja teleológico para as análises sociais, e por outro lado dar conta das singularidades dos acontecimentos. Nesta chave analítica ele também busca o método genealógico de análise, numa perspectiva foucaultiana, já que, segundo Prada, a genealogia, em oposição à história, não é teleológica nem evolutiva, e não apresenta um fim explícito ao qual se adéquam os fatos estudados (*Idem*, 2002 p. 129).

Entretanto, a preocupação com a teleologia e com as singularidades em Prada não é fruto de uma concordância total com os pressupostos da pós-modernidade, como vimos. O diálogo com essas teorias se dá principalmente porque ele considera que sociedades como as bolivianas, que ele caracteriza como sendo o "interior da periferia", ou seja, o que há de mais periférico no mundo periférico, se encontram "mais para o lado de cá e mais para o lado de lá da modernidade", de forma que, dadas as suas próprias características, suspendem a hegemonia da racionalidade moderna (PRADA, 2005, p. 143). O interior da periferia, portanto, não é a premissa nem o fim da modernidade, mas sim sua radical alteridade, a diferença primordial, e portanto as teorias modernas não podem dar conta de entender a complexidade de sociedades como essas.

A utilização dessas "teorias nômades" por Prada, partindo de Nietzsche e passando por Foucault, Deleuze, Guattari e Derrida acontece na busca por explicações para esse tipo de sociedade. O interessante, entretanto, é notar que são todas teorias construídas no seio de sociedades nas quais o capitalismo é bastante desenvolvido. Se as considerações epistemológicas podem ter utilidade para a análise dos fenômenos, sujeitos e situações mais específicas nas complexas sociedades periféricas pós-coloniais, podem haver também consequências políticas e teóricas negativas na utilização dessas perspectivas, que ao optarem por priorizar tratar as microparticularidades do cotidiano, não dão conta de perceber que os mecanismos de dominação se reproduzem na escala macro também de forma decisiva. Apesar de utilizar essas teorias e o arcabouço epistemológico pós-estruturalista, Prada mantém essa preocupação ativa e utiliza o marxismo para colocar limites nessas perspectivas, o que fica claro quando afirma que

> A diferença de Marx com esses contemporâneos intérpretes da modernidade e os modernistas de seu tempo reside em que ele não perde a visão de conjunto, não perdendo a perspectiva móvel que abarca os distintos processos inerentes à modernidade. Por outro lado, os intérpretes contemporâneos se deixam impressionar pelos aspectos isolados, recortados artificialmente, como os relativos à arte e à cultura, à arquitetura e à metrópole, à suspensão dos valores e ao sentimento de vazio. A perspectiva móvel de Marx não deixa de ter em conta esses aspectos, mas integrados e articulados à totalidade e multiplicidade da vida social. É possível então uma crítica da chamada pós-modernidade a partir do

horizonte marxiano, sem necessidade de cair nos temores conservadores, em sua obstinada reação diante das mudanças nem em suas limitadas perspectivas teóricas. A esquerda pecou deste conservadorismo, não podendo assumir o presente com todas as suas consequências (PRADA, 1999, p. 66).

O diálogo de Prada com a pós-modernidade é, portanto, ambíguo e em certos aspectos confuso, em construção. É fruto da percepção de limites na interpretação da realidade por parte das esquerdas tradicionais e do marxismo, mas o que ele busca não é combatê-las à direita ou a partir de uma perspectiva despolitizadora, mas ir para além de seus limites partindo de origens epistemológicas diferentes, que por vezes não dão conta desse processo e o fazem retornar ao marxismo para deixar seus limites claros.

Tapia argumenta que o que se convencionou chamar de pós-modernidade não é uma época histórica, mas sim um tipo de experiência que segue sendo moderna, com um alto grau de ceticismo com relação às possibilidades de teorias gerais (TAPIA, 2012). Para ele, isso é fruto da lógica cultural do capitalismo tardio, seguindo as reflexões de Fredric Jameson. Mas talvez o debate mais caro ao autor, neste aspecto, seja outro: o multiculturalismo, um tema de bastante interesse no contexto boliviano e que foi vinculado por alguns teóricos às ideias de pós-modernidade. Ronald Carrasco (2011, p. 130) afirma que a exaltação das diferenças culturais, raciais, de gênero etc., serve para acomodar a realidade a uma concepção pós-moderna, mantenedora da dominação burguesa na sociedade e escondendo a homogeneidade de classe dos setores explorados. Deixando claro que não trata o tema nessa perspectiva, Tapia argumenta, baseado principalmente em Slavoj Zizek, que o discurso liberal dominante do multiculturalismo, muito associado a alguns teóricos do pós-modernismo, dialoga com as preocupações acerca das singularidades a partir de um universalismo eurocêntrico, seria como a lógica cultural do capitalismo multinacional (TAPIA, 2002b, p. 123). Tapia coloca essas questões para argumentar que

> Se poderia dizer, utilizando o esquema de Zizek e Jameson, que
> a lógica cultural do capitalismo tardio ou multinacional não tem

um só ponto de universalidade, ou talvez seja mais adequado dizer que esse ponto de universalidade é composto. Contém a ideia de globalização, um tipo de multiculturalismo eurocêntrico, e também a ideia da atemporalidade da natureza humana compatível com as instituições do mercado capitalista (TAPIA, 2002b, p. 125).

Não se trata, portanto, de um momento histórico no qual não há universalidades e totalizações, mas sim de uma complexificação desses esquemas generalizantes, que continuam a funcionar para a reprodução do sistema capitalista. De outro lado, Prada demonstra que as interpretações para os fenômenos desse tempo histórico só podem dar conta de um conjunto de singularidades, nunca da verdade total, nunca de forma suficiente (PRADA, 2007, p. 109), e daí a necessidade de teorias que epistemologicamente se preocupem com a apreensão dessas particularidades.

Coloca-se, então, uma discussão teórica interessante no seio do grupo, acerca da relação entre as particularidades e o universal, que também tem origens nos referenciais teóricos dos autores do grupo: como entender o particular, local e específico num contexto mais amplo e generalizante? Dialogando mais com as preocupações políticas, e a partir de uma formulação de Linera e Raquel Gutierrez (GARCÍA, 2009, p. 16), a questão se coloca da seguinte forma: é possível pensar uma estratégia de superação do todo não autodeterminativo e a construção de uma totalidade social autodeterminativa a partir da desvantagem estrutural do localismo? Esses problemas são ainda mais urgentes porque se busca compreender a sociedade boliviana em toda sua complexidade, em todo seu movimento. Prada afirma que estes problemas estão relacionados a questões teóricas e epistemológicas relativas à compreensão do plural, complexo e *abigarrado* universo periférico (PRADA, 2005, p. 134). As soluções teóricas encontradas por ele são vinculadas, como se viu, principalmente à genealogia como forma de conhecimento e à micropolítica como objeto de análise.

Em grande parte de seus livros Prada argumenta a vantagem epistemológica e analítica da genealogia diante da dialética marxista como forma de apreensão da realidade. Para o autor, a busca pela síntese dialética dos processos, que contém as contradições de modo unificado e teleológico, distorce a realidade e impede a apreensão de toda sua complexidade. Para a genealogia, as contradições não se resolvem em uma síntese, mas sim mantêm a sua marcada diferença: cada contradição é afetada pela outra, de modo que é modificada e contextualizada na proliferação de singularidades do acontecimento (PRADA, 2002, p. 115-116). Os elementos de análise são buscados de forma aleatória nos acontecimentos, e a partir de cada um se busca as origens e trajetórias dos fenômenos. Quando não se tem a busca por uma síntese dialética e hegemônica das contradições e se entende que as diferenças não se desfazem, que a complexidade é irredutível e constantemente aberta a distintos tipos de relações entre as contradições, coloca-se diante de um conjunto de elementos em constante variação e por isso a complexidade é qualitativamente maior do que a analisada dialeticamente (PRADA, 2004, p. 92-93).

Nesta linha de raciocínio, Prada questiona inclusive a maneira como Zavaleta – e indiretamente os demais membros do Comuna – vê os momentos de crise como síntese dialética das sociedades periféricas, que permitem seu maior autoconhecimento. Para Prada, nem a realidade nem a história são dialéticas (2010, p. 76) e as crises demonstram justamente a impossibilidade das sínteses, dissolvendo as relações, os valores, as estruturas e instituições, e portanto não só tornando visível a pluralidade escondida, mas também criando condições para o conhecimento mediante o método da "desconstrução", como decomposição do real (PRADA, 2007b, p. 245). Prada compartilha a perspectiva zavaletiana de que as crises criam oportunidades de autoconhecimento, mas não porque fariam uma síntese das realidades complexas. Para ele, trata-se de buscar nos acontecimentos, mas também na forma de pensar, uma multiplicidade que não se torna nem tende a tornar-se unidade (*Idem*2008, p. 109).

É por meio dessas reflexões epistemológicas que Prada busca dar conta da história efetiva dos acontecimentos. Para ele, a perspectiva genealógica vinculada à micropolítica, entretanto, não significa que os processos mais amplos devam ser desconsiderados totalmente. Como se observou no trecho em que o autor debate as diferenças de Marx para os pós-modernos e a importância dada por aquele às articulações e à totalidade da multiplicidade social, Prada não considera suficiente uma microperspectiva dos fenômenos sociais. A existência da dimensão micropolítica, molecular, não se encontra isolada ou desarticulada com a macropolítica. A primeira não só é constitutiva e o campo de possibilidades da segunda, mas também a elucida, e a segunda é fundamental para a compreensão da realidade (PRADA, 2001b, p. 51).

Por sua parte, quando Tapia mostra como uma grande potencialidade do pensamento de Zavaleta a incorporação das histórias de distintos tipos de sociedade diferentes, com tempos históricos diferentes à análise da história global boliviana, fica clara a importância que dá à totalidade (TAPIA, 2002c, p. 314). O autor afirma acreditar no marxismo como a teoria geral de um tempo histórico determinado – o moderno –, ainda totalmente dominante no mundo, e que, portanto, as capacidades de universalização neste âmbito provêm dessa persistência da dominação moderna capitalista (TAPIA, 2012). Deste raciocínio deriva também que, ainda que haja tempos históricos distintos convivendo mutuamente em sociedades como a boliviana, a dominação da lógica capitalista moderna implica na necessidade de um pensamento que busque abarcar as características totalizantes deste sistema para superá-lo. Neste sentido, Prada afirma que o pensamento deve preocupar-se com o local e as especificidades, mas sem abandonar o universal, e ambos devem ser utilizados para compreender a realidade (PRADA, 2002, p. 142). Mesmo com sua preocupação constante com a necessidade de um arcabouço epistemológico que dê conta das singularidades, ele coloca em seu artigo no livro *Estado. Campo de lucha,* de forma clara, os riscos e os limites de uma perspectiva que abandone totalmente a noção de totalidade:

> O que dizemos é que o capitalismo se expandiu por todo o mundo e o conformou, formando uma economia-mundo capitalista e conformando um sistema-mundo capitalista. Dessa perspectiva, não nos negamos a avaliar e elucidar as singularidades, os particularismo locais, as formações *abigarradas*, mas o fazemos e entendemos essa tarefa possível a partir da intangibilidade da acumulação originária e ampliada do capitalismo, de seus ciclos, de suas crises e de sua ineludível cobertura mundial. Não se pode

> contornar esse acontecimento de escala mundial, eludi-lo seria não entender os próprios particularismos, localismos, regionalismos e *abigarramientos*, ficando tão só com a expressão exacerbada das heterogeneidades perdidas em seu próprio labirinto. É preciso colocar-se evidentemente na perspectiva do pluralismo histórico, da diversidade e diferença dos processos socioeconômicos e socioculturais, mas é preciso fazê-lo tendo em conta a transversal histórica da economia-mundo capitalista (PRADA, 2010, p. 43).

Assim, ainda com toda a influência de outras perspectivas teóricas que enriquece as discussões do grupo Comuna, mantém-se a ideia da dominação do capital como uma realidade material totalizadora da vida, possível de ser reconstruída apenas por realidades materiais que retotalizam a vida do trabalho em função de seus próprios desígnios (GARCÍA, 1999, p. 167). E, portanto, a análise e o combate dessa dominação devem se dar por meio de perspectivas que deem conta da totalidade, ainda que não subjuguem o particular.

Como mostram Raquel Gutierrez e Álvaro Garcia Linera na introdução do livro *Forma Valor y Forma Comunidad*, as ações simplesmente particularistas correm sérios riscos quando buscam enfrentar a um inimigo tão poderoso e disseminado como o capitalismo.

> Risco e limitação comuns a qualquer ação humana frente ao poder dominante, só que aqui amplificados por mil, pela amplitude universal do que se enfrenta: a dispersão atomizada de seus esforços medularmente definidos pela ausência de totalidade social, de generalidade, de ambição civilizatória, que deixa esse campo de batalha, decisivo para a eficácia real e expansiva de qualquer empreitada contemporânea, ao inimigo. A esse inimigo que busca derrotar só no particular, no local, esquecendo que essa derrota, esse retrocesso aceito no âmbito da totalidade, do sentido da generalidade, apesar dos heroicos avanços que se podem alcançar em tais ou quais esferas locais, de uma maneira não desejada, legitimam e reafirmam a vitória total e social do capital (este não existe, pois, como terreno de discussão e disputa) (GARCÍA, 2009, p. 20).

O marxismo segue como referencial fundamental – mesmo para Raúl Prada que não se considera "somente marxista", mas utiliza o marxismo o tempo todo para ressalvar suas reflexões mais próximas do pós-modernismo, e talvez um pouco menos para Oscar Vega – para dar conta de apreender os aspectos totalizantes do sistema capitalista, que predomina em formas ainda mais complexas e misturadas em sociedades como a boliviana. Entretanto, está colocada a necessidade de continuar indagando teórica e praticamente a partir de todo o corpo teórico do marxismo, e de todo o movimento real que se desenvolve diante dos sujeitos, sobre os significados das principais consignas do marxismo (GUTIERREZ, 1999, p. 34). O desenvolvimento e diálogo do marxismo com outras correntes teóricas, com outras linhas de pensamento emancipatórias não implica nem pode implicar seu abandono. Não se pode renunciar ao marxismo sem renunciar ao mesmo tempo ao projeto de autonomia imanente em todo ato criativo (PRADA, 1999, p. 74). O grupo busca combater a "ortodoxia" relacionando o marxismo com outras correntes de pensamento e prática política, para desenvolvê-lo e colocá-lo a serviço de uma realidade que se tornou mais complexa e que precisa ser compreendida em sua totalidade para superar o sistema capitalista contemporâneo.

Com as crises sociais e a emergência da democracia radical nas multidões, com as rupturas e descontinuidades dos movimentos sociais, se teria criado o que Prada chama de filosofia das multidões, um novo acontecimento filosófico que faz emergir um tipo de pensamento coletivo a partir dos movimentos sociais (PRADA, 2008, p. 27). Se aceitamos a provocação pradiana, podemos entender que o Comuna buscou ser uma parte importante dessa filosofia no contexto de crise social e política da Bolívia vivido a partir dos anos 2000. Neste processo, não se trata de interpretar a partir das teorias os fenômenos da realidade ou de adequar a realidade aos esquemas teóricos pré-estabelecidos, mas sim de interpretar e movimentar a teoria baseando-se na história efetiva (*Idem*, 2005, p. 190). A teoria em si pode ser parte dos mecanismos de dominação na realidade concreta, mas pode fazer parte dos agenciamentos de resistência, rebeldia e revolução: as palavras tem o poder de fazer coisas, de produzir efeitos políticos concretos (GARCÍA, 2001b, p.

79). Um dos grandes sentimentos que movia a produção do grupo Comuna consistia na busca de ser parte desse processo.

Neste sentido, para concluir essa introdução ao pensamento do grupo e adentrar de fato nas formulações do Comuna a partir da conjuntura vivida, ou seja, na produção teórica propriamente dita, é preciso entender que intenções mais gerais os moviam, quais eram seus principais objetivos. Um grupo que se propõe a uma tarefa militante como a de travar o debate de ideias contra o neoliberalismo e contribuir para a superação do sistema capitalista precisa ser analisado também em seus horizontes mais utópicos. Se a utopia é o que nos faz caminhar, como afirma Eduardo Galeano, é imprescindível compreender os horizontes políticos de quem busca caminhar junto produzindo pensamento que se propõe revolucionário. Esse será o objetivo do próximo tópico.

Horizontes políticos: a utopia que faz caminhar.

Para Raúl Prada, para além de filiações teóricas comuns ou das diferentes intensidades de aproximação com a matriz de pensamento que era o marxismo e da disputa concreta contra o neoliberalismo, o que vinculou os membros do grupo Comuna em sua fundação foi a luta pelo comunismo (PRADA, 2012). Mas de que se trata esse comunismo? Quais são esses anseios e horizontes políticos que movimentaram o grupo Comuna em sua teoria?

Para Prada, o comunismo aparece como movimento real que supera o estado de coisas atual, mas também como construção no presente do emaranhado social alternativo ao Estado e à dominação do capital (PRADA, 2008, p. 17). Raquel Gutierrez (1999), em sua análise sobre a atualidade do *Manifesto Comunista,* começa a definição do comunismo negativamente, afirmando que não são comunistas os que consideram que tem a verdade descoberta por tal ou qual reformador do mundo; nem os que não veem o movimento real diante de seus olhos e tratam de adequá-lo a seus "muito científicos" princípios especiais; nem aqueles cujo principal interesse é formar um partido aparte dos outros partidos operários; e nem os que têm interesses diferentes do conjunto do proletariado, como o interesse de tomar o poder em nome do proletariado. Tudo isso para afirmar que

> Os comunistas, pois, não são nem uma seita nem uma confraria, e seu manifesto claramente o diz. Ser comunista é indagar nos interesses mais gerais do movimento... e tomar partido pelo trabalho dentro das contradições sociais cuja conflagração move a história. Para isso, antes de qualquer coisa, é preciso ter bem abertos os olhos para entender o movimento histórico – concreto – a fim de, aí dentro, esforçar-nos por sintetizar o conjunto de suas condições de realização. Nada mais e nada menos significa, então, ser comunista. (GUTIERREZ, 1999, p. 30).

O comunismo, para o grupo, consiste em muito mais do que a abolição de uma ordem de coisas na qual o trabalho vivo não é mais do que um meio de incrementar o trabalho acumulado (*Ibidem*,p. 32), ou seja, está para além da abolição do sistema de propriedade privada dos meios de produção. Não se fala só do comunismo marxista clássico, mas também das formas de atualização das vias comunitárias de vida, do comunismo como característica presente nos movimentos e condição para a mudança histórica (PRADA, 2008, p. 20). É uma subversão da práxis, contra o Estado e a representação. O segredo do comunismo está na potência social, no "ser social em devir". Mas quais as possibilidades desse comunismo no presente? Para o grupo, dadas as características das sociedades periféricas, colonizadas, como a boliviana, uma das condições mais importantes para a superação comunista do sistema capitalista vigente é a descolonização.

Para Tapia, uma perspectiva comunista implica chegar a superar a necessidade da mediação estatal para o reconhecimento de direitos, o que acontece quando se desenvolvem as capacidades de liberdade como costume cotidiano (TAPIA, 1999, p. 191). Isso implica que para este autor o primeiro passo da revolução proletária é a conquista da democracia, com todas as suas implicações descolonizadoras e igualitárias.

Como se demonstrou, a igualdade entre as culturas e etnias – distante de ter sido alcançada em sociedades como a boliviana – é uma condição tão importante quanto a abolição das classes sociais para o advento do comunismo da perspectiva do grupo Comuna. A igualdade efetiva entre indivíduos em países ou espaços multiculturais como são em geral os países colonizados depende da igualdade política intercultural ou entre as diversas formas de sociedade existentes (TAPIA, 2001, p. 229), e esta última sem dúvida faz parte das preocupações centrais de Tapia e do grupo. A descolonização é encarada como condição para a superação do sistema capitalista, e inclusive como condição para produzir qualquer tipo de ação ou pensamento emancipatórios desde o sul (CAMACHO, 2012). Este horizonte de descolonização radical significaria constituir as condições materiais e subjetivas de construção de uma democracia efetiva num continente mutilado, explorado, e saqueado no qual os Estados *criollos* fizeram guerra às sociedades indígenas (PRADA, 2008, p. 132). O horizonte comunista do grupo Comuna é anticolonial.

Principalmente quando se vincula de forma orgânica anticapitalismo e anticolonialismo, como faz o grupo, as estruturas comunitárias, principalmente indígenas, apresentam um enorme potencial revolucionário, inclusive na perspectiva de Marx. A caracterização de uma classe comunal no pensamento de García Linera (1999, p. 127), como se demonstrará nos próximos capítulos, está intimamente relacionada com as potencialidades anticapitalistas e anticoloniais das sociedades comunais em suas perspectivas, por exemplo. Neste sentido, o que agora cabe mostrar é que a utopia ou horizonte político do grupo passa pela ação desta "classe" ou desse setor da sociedade, tão importante na Bolívia, que é formado pelas comunidades indígenas. Isso fica bastante claro quando se nota que, ainda em 1989, o García Linera afirmava que

> A vigência de relações comunitárias em formas transformadas com relação as originais, ou em vias de dissolução, em escala nacional, são então para Marx uma nova força revolucionária, que não só dá ao proletariado industrial a possibilidade de contar com uma força revolucionária em sua luta contra o capital, mas que também ela mesma, a comunidade, dá entrada a uma força objetiva que, somada àquelas que nascem antagonicamente dentro do capitalismo, nos assinalam a proximidade e a possibilidade da revolução comunista em nossos países (GARCÍA, 2010, p. 50).

Aqui se coloca a questão de como ocorreria o processo revolucionário para o grupo e de quais seriam os mecanismos necessários para começar a criação de uma sociedade não capitalista, que fosse comunista e anticolonial. O primeiro que se tem em mente diz respeito à necessidade de não associar diretamente as crises econômicas ou políticas às revoltas sociais: em geral a miséria material engendra mais miséria material, organizativa e espiritual dos setores subalternos, e a possibilidade de que essas forças ativem ações de resistência e autonomia tem a ver com a acumulação prévia de experiências, da extensão de redes de ação e solidariedade, na criação de certezas mobilizadoras, na confiança na ação coletiva, entre outras condições (GARCÍA, 2007, p. 32).

Se o capitalismo cria condições para sua superação, como a universalização do trabalho e a interdependência social, não significa que o faça deliberadamente nem que por si só isso crie diretamente a iminência do comunismo. Segundo afirmava García Linera em 1999, interpretações como essas estão no bojo de numerosos partidos e intelectuais que se proclamam marxistas e se comportam como fervorosos defensores do progresso capitalista, que prepararia as condições para a revolução (GARCÍA, 1999, p. 86). O mesmo vale para o desenvolvimento industrial, que só pode ser apropriado pelos revolucionários quando se romper a armadura capitalista que oprime e aprisiona suas potencialidades (*Ibidem*, p. 105). É necessário desenvolver no interior das crises e do desenvolvimento das forças produtivas as forças de auto-organização do trabalho, para que as condições objetivas criadas por elas para a superação revolucionária do sistema possam de fato efetivar-se.

No seio do grupo, havia um consenso na crítica às formas partidárias tradicionais e sua impossibilidade de efetivar-se na Bolívia e muitas vezes aos "desserviços" cumpridos à construção revolucionária. Como mostram as entrevistas de Oscar Vega Camacho (2012) e de Raúl Prada (2012), além de diversas passagens já citadas, a história concreta dos partidos de esquerda na Bolívia e principalmente seu afastamento relacionado aos temas indígenas e comunitários os fazia distanciarem-se muito da análise partidária. Neste sentido, o partido segue sendo importante para o grupo, mas em seu sentido

164   Rodrigo Santaella Gonçalves

histórico, amplo, como colocado por Gramsci ou pelo próprio Marx, mas não em seu sentido efêmero e conjuntural, como forma de legendas ou de micro--organizações afastadas dos grupos subalternos (GARCÍA, 1999, p. 175).

Assim, a revolução comunista, que implica a superação das relações de classe, é vista como um processo que se inicia com o capitalismo, atravessa diferentes etapas de intensificação, retrocessos, pequenas vitórias e descomunais derrotas que relançam as novas condições para vitórias mais amplas e que no caso de ter fim, o terá no comunismo (GARCÍA, 1999, p. 163). Numa perspectiva bastante autonomista, que mudaria ao longo dos anos em seu pensamento quando se depara com novos dilemas principalmente relacionados ao Estado (RAMÍREZ et.al, 2009, p. 75), García Linera definia o processo revolucionário em 1999 como não sendo um

> putch de vanguardas arriscadas, não é um golpe de estado que derroca aos maus funcionários do poder estatal por outros mais abnegados, comprometidos ou letrados no "programa"; é um longo processo de autodeterminação social, econômica, política e cultural que, iniciando-se em cada centro laboral, em várias regiões e países de maneira isolada, é capaz de unificar materialmente práticas, atitudes e fatos para criar um sentido de totalização prática do trabalho que totalize, que supere positivamente a totalização do capital. É, pois, um feito de massas, de seus comportamentos, de suas crenças, de suas ações, de suas criações, de seus sonhos, de suas objetivações materiais (...) (GARCÍA, 1999, p. 163).

Mesmo com a mudança processual do pensamento de García Linera, determinada principalmente pela percepção dos limites das mobilizações sociais sem uma disputa direta pelo poder de Estado, e a consideração posterior da importância potencial que pode ter o Estado para esse processo revolucionário, essa passagem sintetiza em alguma medida o horizonte político do grupo Comuna nos seus primórdios.

Diante de todo o exposto, de que se trata então a transformação da sociedade para o grupo Comuna? Primeiro se trata da criação de capacidade de autogestão dos trabalhadores e de todas as classes subalternas: autogestão e atualização das formas comunitárias de produção seriam parte fundamental do comunismo defendido pelo grupo (PRADA, 2007, p. 187). A revolução é um processo longo, que se inicia muito antes da derrocada política da burguesia, no qual o trabalho vai erodindo e quebrando as relações de força na economia, na política, na cultura e na técnica, que são os sustentáculos do sistema do capital, e só é possível quando existem experiências concretas de autonomia, autogestão social e autodeterminação do proletariado (GARCÍA, 1999, p. 141-142) e das classes subalternas como um todo. Essa autodeterminação das classes subalternas tem como fim último o desaparecimento das classes sociais (PRADA, 1999, p. 41) e a reversão profunda das relações entre Estado, nação e sociedade, que apontem para a destruição do primeiro, para uma sociedade sem Estado (*Idem*, 2004, p. 95; 2005, p. 210).

Além disso, é imprescindível que essa sociedade sem classes e comunista seja também igualitária no que diz respeito às diversas culturas, nações e etnias existentes no mundo. Pele, cultura, língua e ideologia não podem reproduzir nenhum tipo de desigualdade estrutural, num mundo no qual não só se reconheça a multiplicidade de culturas e etnias, mas que também não se considere nenhuma como mais central ou mais importante do que as demais (TAPIA, 2002b, p. 25). Assim, busca-se a construção da "transcrítica", que Tapia define como um processo no qual as diversas matrizes culturais dialoguem e se critiquem entre si, além de, a partir de matrizes diferentes, façam a autocrítica de seus próprios pressupostos culturais, propiciando-se uma seleção normativa, na busca de uma comunidade de direitos que seja um núcleo comum de contato e criação das diversas culturas existentes (*Idem*, 2006, p. 41). Tudo isso, obviamente, numa sociedade sem classes, nem Estado como se conhece na modernidade.

Por fim, no horizonte político do grupo está também a superação das outras contradições as quais o sistema capitalista reproduz e utiliza para reproduzir-se, como mostrado anteriormente. Por um lado, uma relação totalmente equilibrada com a natureza, não mediada por nenhum tipo de propriedade privada, mas por formas de reconhecimento de que todos somos parte de uma natureza na qual não é legítimo, justo nem razoável apropriar-

166 RODRIGO SANTAELLA GONÇALVES

-se privadamente dos recursos que são necessários para a produção, reprodução e autodesenvolvimento da vida social (TAPIA, 2009, p. 115; PRADA, 2012). Por outro, a abolição de todas as formas de opressão de gênero e de machismo (GUTIERREZ, 1999, p. 153), que além de serem contraditórias com as perspectivas igualitárias do grupo, funcionam como reprodutoras e potencializadoras do sistema capitalista o qual eles afirmam veementemente combater.

O grupo Comuna e as ideias de seu tempo: ecletismo teórico ou marxismo em movimento?

Diante do exposto sobre as percepções relacionadas à época histórica vivenciada, os principais referenciais teóricos do grupo, suas utopias e horizontes políticos, chega o momento de perguntar-se como se pode caracterizar, até aqui, o pensamento do grupo Comuna. Trata-se de um grupo academicista, que a partir de um ecletismo teórico típico das correntes pós--modernas especula sobre diversos aspectos da vida social e termina produzindo um pensamento que serve para a reprodução do capitalismo? Ou pode ser visto como um grupo que produz teoria diretamente relacionada à luta concreta dos movimentos na Bolívia e capaz de servir como ferramenta para a interpretação, resistência e superação desse sistema? As interpretações na sociedade boliviana vão frequentemente de um extremo a outro.

Ronald Carrasco, intelectual e militante trotskista boliviano vinculado ao Partido Obrero Revolucionario, argumenta que o pensamento de García Linera e do grupo Comuna como um todo é totalmente pós-moderno e que faz parte de uma cruzada contra a teoria da revolução, baseada em grande medida na obra de Zavaleta (CARRASCO, 2011, p. 13). É bastante claro que Carrasco faz suas análises críticas acerca do pensamento do grupo – e do que ele chama de "pós-modernos nativos" na Bolívia – centrado principalmente na figura de Álvaro García Linera, num contexto de crítica veemente ao governo de Evo Morales do qual Linera é vice-presidente e um dos principais protagonistas, associando diretamente a produção intelectual de Linera em toda a sua história – e indiretamente do grupo Comuna – com as políticas de governo. Algumas de suas elaborações específicas sobre a produção teórica de García Linera serão utilizadas ao longo da exposição como ferramentas de reflexão, mas por hora cabe tratar das considerações mais gerais de Carrasco sobre o grupo e a pós-modernidade.

Ao comentar o livro *Imperio, multitud y sociedad abigarrada*, publicado sob a logo do Comuna e com a transcrição de debates e palestras das quais participaram Toni Negri, Michael Hardt, García Linera e Luis Tapia, entre outros, Carrasco afirma que

> O anti-marxismo de Hardt e Negri aparece como uma apaixo-
> nada e confusa arremetida contra as propostas revolucionárias.
> Nesta orientação, os pós-modernos nativos, García Linera, Tapia
> e companhia, não são mais que caricaturas desta postura contrar-
> revolucionária com toda a incompreensão da revolução boliviana
> herdada de Zavaleta (CARRASCO, 2011, p. 141).

Todo esse antimarxismo seria uma das características do pós-modernismo da perspectiva de Carrasco.

Utilizando criticamente a referência obrigatória neste debate, Jean-François Lyotard, o autor afirma que o pós-modernismo representa a convergência de três movimentos: as mudanças ocorridas no mundo das artes, em particular nos estilos de arquitetura; a corrente filosófica pós-estruturalista francesa, representada principalmente por Gilles Deleuze, Jacques Derrida e Michael Foucault, caracterizada pela ênfase no caráter fragmentário, heterogêneo e plural da realidade; e os teóricos da sociedade pós-industrial, tais como Daniel Bell e Alan Touraine (CARRASCO, 2011, p. 120). Todas essas correntes em alguma medida contestariam o marxismo, como um das metanarrativas de concepção integral de mundo, e o materialismo histórico como ciência geral do desenvolvimento social e da história. Daí o antimarxismo das teorias pós-modernas e seu consequente caráter contrarrevolucionário para Carrasco (2011, p. 121).

Neste sentido, da mesma forma que os pós-modernos europeus seriam filhos do maio de 1968, os bolivianos seriam filhos do fracasso da Assembleia Popular de 1970, da falência reformista da Unidad Democrática y Popular (UDP) e das aventuras foquistas. Para ele,

> Com atraso de mais de 20 anos, os pós-modernos bolivianos assumem a ideia de que "o munto havia entrado em uma época pós-moderna, fundamentalmente diferente do capitalismo industrial dos séculos XIX e XX", reforçada com argumentos dos pós-modernos franceses como Negri (sic), Bourdieu, dos denominados pós-marxistas (E. Laclau, Chantal Mouffe); os quais sustentaram que os socialistas deviam abandonar o "classismo", e a ênfase que o marxismo clássico dava à luta de classes como força propulsora da história e ao proletariado como agente da transformação. A fusão entre pós-modernismo e pós-marxismo, com adornos indigenistas no pensamento dos pós-modernos bolivianos, é evidente (CARRASCO, 2010, p. 123).

Outra das caracterizações críticas do pensamento do grupo Comuna relacionada diretamente com sua associação ao pensamento pós-moderno é a de um revisionismo barato, que distorce o marxismo. Tratar-se-ia de uma reinterpretação subjetiva, sem método nem posição filosófica ou científica dos clássicos considerados como síntese da modernidade, como Marx (*Ibidem*, p. 131). Como se viu anteriormente, de forma mais comedida, outro intelectual trotskista, Javo Ferreira, compartilha essa crítica ao pensamento do grupo a partir do debate sobre o conceito de subsunção formal. Ferreira afirma que a forma como Linera utiliza o conceito é ideológica e generalista, o que faz com que se perca toda a capacidade explicativa do conceito, tornando o marxismo uma dentre as demais ideologias, sem método concreto de análise da realidade (FERREIRA, 2010, p. 56).

Outro ponto interessante é a crítica à influência teórica de René Zavaleta Mercado. Para Carrasco, Zavaleta é a principal referência de toda a reação ideológica contra o marxismo e o pensamento revolucionário na Bolívia, e suas ideias nutrem todo o pensamento do esquerdismo "direitizado" no país (CARRASCO, 2011, p. 13). Por outro lado, Ferreira argumenta que o conceito de *abigarramento*, por exemplo, em Zavaleta assemelha-se ao de "desenvolvimento desigual e combinado", no entanto a apropriação realizada pelo grupo Comuna seria diferente, no sentido de distorcer essa ideia (FERREIRA, 2010, p. 51). A referência a esse debate, que será desenvolvido no próximo capítulo, liga-se à importância de demonstrar de que maneira a caracterização do grupo como pós-moderno relaciona-se com as críticas as suas formas de utilização das teorias marxistas.

De fato, a produção teórica do grupo Comuna possui muitos limites, relacionados a diversas questões. A primeira delas, debatida no capítulo anterior, diz respeito à própria forma de organização e de construção do conhecimento produzido pelo grupo, que dá espaço para a excessiva individualização das ideias produzidas e a fetichização dos livros, como argumentava Jorge Viaña (2012). A defesa dos capitais acadêmico e simbólico acumulados por alguns membros do grupo, apontada como elemento gerador dessa forma de organização, está relacionada seguramente com a origem de classe de seus principais intelectuais. Pode-se argumentar, como faz Alisson Speeding (2003, p. 2), que tal origem também limita as possibilidades revolucionárias de suas ideias, na medida em que representam um pensamento de classe média, tipicamente pequeno-burguês. Isso pode ser verdade, em certa medida, com relação à organização interna do grupo, no âmbito mais íntimo de amizade através do qual grande parte das iniciativas eram pensadas, e essa organização influencia a forma como são produzidas e expostas suas ideias.

Da perspectiva aqui adotada, no entanto, trata-se de observar a trajetória efetiva desses militantes e de todo o processo histórico-político boliviano de início do século XXI, no sentido de esclarecer o real papel de suas ideias na referida conjuntura. Nessa história está a participação ativa dos integrantes do grupo nos movimentos contestadores do neoliberalismo, sempre na afirmação de uma perspectiva anticapitalista. Isso tampouco significa qualificar automaticamente sua produção como revolucionária, nem mesmo que essa referida militância tenha sido revolucionária. Mas tal característica, somada às relações estabelecidas pelo grupo e à conjuntura boliviana, credencia o seu pensamento para ser estudado como algo capaz de representar predominantemente a suposta opção de classe dos autores, e não sua origem de classe. Além disso, por grande parte do período, os membros do grupo era professores universitários "informalmente" contratados pela UMSA, sem uma situação legal de trabalho, à exceção de Luis Tapia (GUTIERREZ, 2012). Se os professores universitários não se tratavam de um estrato privilegiado da classe média, menos ainda os contratados daquela maneira.

Outro limite do pensamento do grupo é a busca em Raúl Prada, pelo pós-estruturalismo francês como mediador de muitos momentos para a explicação das realidades complexas da sociedade boliviana. A utilização de referências vinculadas a um contexto concreto e material europeu, de meados do século XX, para criticar a "modernidade" atrita com um dos grandes temas debatidos pelo grupo, a crítica ao colonialismo e ao eurocentrismo da "modernidade", que muitas vezes reverbera numa crítica ao marxismo por Prada. Se há a necessidade de teorias que deem conta das particularidades e singularidades de sociedades *abigarradas* como a da Bolívia numa perspectiva não colonial, é no mínimo estranho que as principais referências buscadas para criticar essa modernidade e em grande medida o marxismo, sejam europeias e vinculadas a um contexto concreto e material de meados do século XX na Europa.

A questão indígena passa a ser debatida e citada com exaustão novamente na conjuntura boliviana a partir das mobilizações de 2000, e um dos grandes esforços do grupo é vincular marxismo com indianismo, mas pouco se baseia no pensamento político indígena concreto e na objetividade das relações de produção, sociais e políticas das comunidades específicas. Um diálogo mais sistemático com a intelectualidade indígena no que diz respeito à produção de teoria crítica poderia ter sido útil também na conformação do grupo e nas reflexões marxistas acerca da questão. Jiovanny Sammamud, militante de El Alto que foi aluno de alguns dos membros do Comuna e chegou a participar de espaços de debate do grupo afirma que poderia ter sido maior o contato do grupo com as perspectivas intelectuais propriamente indígenas revolucionárias (SAMMAMUD, 2012).

A existência dessas lacunas – algumas delas preenchidas parcialmente na produção individual dos autores – não significa, no entanto, como argumenta Carrasco (2011), que o grupo não tenha nenhum tipo de posicionamento filosófico ou científico, e que parta do simples ecletismo para produzir teoria a serviço das classes dominantes. A caracterização do pensamento do grupo Comuna como meramente pós-moderno é no mínimo uma simplificação da realidade. De acordo com a explicação de Carrasco, o pós-modernismo se caracterizaria por crer em uma sociedade fundamentalmente diferente da do capitalismo industrial, pelo abandono do classismo, da luta de classes como motor da história e do proletariado como sujeito revolucionário.

Como se mostrou ao longo de toda a exposição até aqui, mas principalmente no primeiro tópico, nenhum dos autores do grupo abandonou a perspectiva da luta de classes como motor da história, e nem assumiu a existência de uma sociedade fundamentalmente diferente da capitalista. Para o grupo, trata-se de dar conta da complexidade de todas essas questões numa sociedade como a boliviana. A luta de classes na Bolívia do século XXI é diferente do que foi a luta de classes inglesa do século XIX, e a sociedade boliviana de princípios do século XXI é diferente e provavelmente mais complexa do que era em meados do século XX. Além disso, não se abandona o proletariado como sujeito revolucionário na perspectiva do grupo, mas se argumenta acerca de quem compõe efetivamente o proletariado na nova organização do capitalismo mundial, e de como outros sujeitos – os movimentos indígenas e camponeses – incorporam-se nesse processo em sociedades coloniais como a boliviana. Ainda que possa haver equívocos, falhas e lacunas nessas considerações, muitas vezes especulativas, não se tratam de preocupações pós-modernas de acordo com a definição dada pelo próprio Carrasco.

Ademais, no que diz respeito às influências teóricas, a única corrente componente do que se convencionou chamar de pós-modernismo e utilizada pelo grupo Comuna é o pós-estruturalismo francês, através de Raúl Prada. Pode argumentar-se que este autor é essencialmente pós-moderno por suas preocupações epistemológicas e pela busca de respostas nessas teorias, além da utilização esporádica do termo pós-moderno por ele. Entretanto, trata-se de um pós-moderno "bastante heterodoxo", pois acredita na luta de classes, vê no horizonte político um norte comunista, pensa acerca de quais setores sociais podem ser os responsáveis por atingir esse norte e não abandona a perspectiva de totalidade, apesar da preocupação com o particular e com o "molecular" no funcionamento das sociedades. De qualquer maneira, ao analisar-se a totalidade do pensamento do grupo Comuna, não é possível falar em pós-modernismo.

Pelo contrário, uma das grandes potencialidades do grupo é a complexificação do marxismo a partir do diálogo crítico com outras correntes teóricas e com a realidade concreta e material da sociedade no qual está inserido. A conjuntura boliviana, a relação do grupo com os movimentos sociais anticapitalistas, a militância de seus membros em alguns destes movimentos, os espaços amplos proporcionados pelo grupo e as estruturas subalternas de funcionamento deste o permitem propor movimento à teoria marxista, no sentido de desenvolvê-la em diálogo com a realidade concreta e com outras perspectivas teóricas. A vida real e concreta da Bolívia, com as derrotas e os equívocos dos partidos de esquerda ao longo da segunda metade do século XX, a convivência híbrida de diversos modos de produção e sociedades diferentes, as heranças da colonização, entre outros aspectos, praticamente exala a necessidade de teorias marxistas mais complexas, que superem os esquematismos manualescos.

A teoria deve ser entendida como fruto da história, da prática concreta e do contexto social no qual seus autores estão inseridos. A história concreta da Bolívia, da América Latina e das sociedades colonizadas em geral, além das mudanças ocorridas no capitalismo nas últimas décadas, demandam a movimentação do marxismo. Não o abandono de seus pressupostos, mas sua complexificação.

> O marxismo não tem sentido se ele não é crítico, tanto face à realidade social estabelecida – qualidade que faz imensa falta aos "marxismos" oficiais, doutrinas de legitimação apologética de uma ordem "realmente existente" – quanto face a ele próprio, face suas próprias análises, constantemente questionadas e reformuladas em função de objetivos emancipadores que constituem sua *aposta* fundamental. Reclamar-se do marxismo exige, portanto, necessariamente, um questionamento de certos aspectos da obra de Marx. Pareceu ser indispensável um inventário que separe o que permanece essencial para *compreender* e para *mudar* o mundo, do que deve ser rejeitado, criticado, revisto ou corrigido. (LOWY, 2000, p. 59).

Busca-se analisar o pensamento do grupo Comuna a partir dessa perspectiva. Não se pretende testar as análises do grupo comparando-as com os dogmas ou as conclusões de determinado marxismo, mas sim as entendendo como uma movimentação da teoria marxista, repleta de acertos e erros, potencialidades e limites, intrinsecamente relacionados a seu contexto histórico e social específico.

Como mostram Tapia (2002c) e Ricupero (2000), o mais comum no marxismo e em outras teorias é sua incorporação formal por parte dos intelectuais, que leva à utilização de seus modelos e esquemas mais gerais para explicar os casos específicos e locais através da subordinação das realidades específicas a esses esquemas. Entretanto, pode também haver um processo de interiorização tal da teoria, que permita uma

> (…) transformação das subjetividades que a interiorizam, e resulta que na prática desse conjunto sistemático de ideias não se reduz à aplicação de modelos formais sob a modalidade de subsunção, mas se faz um movimento no qual a teoria ou as teorias apropriadas se convertem em um meio ou em um modo de produção de mais teoria (…) (TAPIA, 2002c, p. 327-328).

Essa subsunção real à teoria da qual fala Tapia é a forma de colocá-la em movimento. No marxismo, por conta de seus compromissos políticos que vão além dos científicos e metodológicos (mas que estão totalmente conectados a eles), isso é ainda mais importante.

Neste sentido, o diálogo enriquecedor com outras teorias, sejam elas pós-modernas ou não, e as novas reflexões suscitadas a partir da realidade concreta são sempre bem-vindos desde uma perspectiva marxista. As análises pós-modernas, apesar de suas limitações, estiveram vinculadas a momentos históricos que trouxeram desafios e questões pertinentes como a ecologia, o feminismo, racismo, entre outras (BENSAID, 2008). Tais questões devem ser consideradas pelo marxismo como forma de aprimorar as análises marxistas da realidade contemporânea. Isso não significa uma concordância, a partir de uma perspectiva marxista, com as teses desses teóricos a respeito de uma sociedade pós-industrial que teria gerado "novos" movimentos sociais completamente desligados do mundo do trabalho, ou com o abandono das teorias de classe e da perspectiva de totalidade, mas sim um entendimento de que existem efetivamente novas questões reais a serem analisadas como tal, em toda sua complexidade.

***

As utopias do grupo Comuna são comunistas e seu pensamento é baseado numa conjuntura de resistência ao sistema capitalista. Os diálogos com algumas das teorias e perspectivas epistemológicas pós-modernas, trazidas principalmente por Raúl Prada, ao mesmo tempo em que representam limites nas análises deste autor, tem o potencial de enriquecer em alguns momentos as perspectivas críticas e revolucionárias do grupo, as quais, se não são totalmente marxistas, possuem no marxismo sua principal fonte de inspiração e diálogo. O fundamental consiste na ideia de que continua sendo impossível escapar dos efeitos concretos da subalternidade e da dominação com uma simples mudança de discurso ou de vocabulários, efetivada pela pós-modernidade, se a correlação de forças na sociedade não for alterada (BENSAID, 2008, p. 14). Ainda hoje há classes subalternas, que compõem grande parte destes "novos" movimentos, como é o indígena, e ainda hoje "o projeto de 'mudar o mundo' apoia-se em uma classe particular portadora de "universalização concreta" (*Ibidem*, p. 92). O grupo Comuna parece compartilhar desses pressupostos.

Todas as potencialidades do grupo e seus limites ficarão mais claros no momento de exposição de suas elaborações teóricas propriamente ditas, o que será feito nos próximos capítulos. Estudar o pensamento do grupo em movimento, suas caracterizações da sociedade boliviana, suas posições sobre as relações da democracia com a superação do capitalismo e com a sociedade boliviana, sua leitura sobre o papel do estado, seu projeto político concreto para a conjuntura etc., é fundamental para perceber que papel pode ter cumprido essa produção teórica, tanto para o marxismo quanto para a conjuntura política e social boliviana contemporânea.

Mais do que considerar o marxismo como um edifício monumental, de arquitetura impressionante e cujas estruturas se articulam harmoniosamente dos alicerces até o telhado, opta-se por percebê-lo como "um canteiro de obras, sempre inacabado, sobre o qual continuam a trabalhar as gerações de marxistas críticos", como propõe Michael Lowy (2000, p. 67). Apenas com a análise das elaborações teóricas do grupo, não só de suas percepções da época, seus referenciais teóricos e suas utopias, que se pode localizar esse pensamento com relação ao canteiro de obras que é o marxismo.

Raquel Gutierrez, Luis Tapia e Álvaro García Linera colocam o marxismo em movimento e em contato com a realidade concreta boliviana e com outras teorias sem abandonarem sua matriz filosófica e teórica, mas sem deixar de acreditar na autonomia dessa matriz, enquanto Raúl Prada e Oscar Vega trabalham com o marxismo como uma corrente teórica mais a ser utilizada em determinados momentos convenientes. Utilizando-se o critério prático proposto por Gramsci para definir ortodoxia da filosofia da práxis e para entender do que se trata uma teoria revolucionária (GRAMSCI, 2001, p. 152), vê-se que todos estão vinculados diretamente com a luta de classes boliviana e com os movimentos sociais no período de crise hegemônica do neoliberalismo.

Ao pensar o diálogo teórico entre os dois "blocos" do grupo e a ação política prática do grupo ao longo de sua existência, sem dúvida percebe-se potencialidades importantes para o desenvolvimento do marxismo e para um possível processo de nacionalização da teoria.

Caracterização da sociedade boliviana: composição de classes, conjuntura de crise e formas de luta

Composição e características gerais da sociedade boliviana

A sociedade boliviana é extremamente complexa. Para buscar sua compreensão, grande parte dos pensadores e teóricos que ousaram essa empreitada se esforça muito para caracterizá-la partindo das formas mais gerais de funcionamento e que tem a ver com o sistema mundial no qual está inserido o país andino, até as peculiaridades relacionadas à história e à formação social boliviana. Com o grupo Comuna, não é diferente. O grupo busca, para compreender os conflitos sociais, a emergência de novos sujeitos e as perspectivas de transformação na sociedade boliviana, construir essa caracterização para, a partir dela, pensar politicamente os caminhos para a superação do capitalismo e da herança colonial.

Para começar a entender essa caracterização, é interessante partir dos próprios autores:

> A Bolívia é um conjunto bastante heterogêneo de processos que estão em fluxo, apesar das fortes tendências à reprodução das velhas estruturas coloniais e oligárquico-liberais. A Bolívia é e foi um país construído por oligarquias senhoriais e liberais, contra o povo. A Bolívia é e foi um modo de nomear a forma (o conjunto de instituições econômicas e político-ideológicas) de dominação oligárquica sobre territórios expropriados de povos e culturas que se excluem das formas de governo. (...) A Bolívia é e foi, também, uma forma de identificação de sujeitos populares que produziram sua forma de integração entre si e ao país, a partir de sua própria força e suas lutas por terras, seu trabalho, suas vidas e por direitos para participar no governo deste país. A Bolívia é uma longa história de dominação, mas também é uma história de lutas e presença popular conflitiva, às vezes subordinada, às vezes rebelde, às vezes autônoma (GARCÍA *et al.*, 2007, p.17-18).

Uma das maiores referências teóricas para os autores do grupo no que diz respeito à caracterização da sociedade boliviana é René Zavaleta Mercado. É dele, como vimos, que vem a expressão sociedade *abigarrada*. O *abigarramiento*, para Zavaleta, é muito mais do que o que caracteriza uma sociedade multicultural, ou mesmo heterogênea no que diz respeito à diversidade de modos de produção existentes num mesmo período histórico: na verdade, se trata de contextos sociais nos quais convivem mutuamente mais de um tempo histórico, o que implica não só modos de produção distintos, mas também a coexistência de várias relações sociais jurídicas num mesmo momento e território (TAPIA, 2002c, p. 309). É um conceito, portanto, forjado para analisar sociedades complexas, as quais foram formadas parte na dominação colonial e parte no desenvolvimento capitalista. Vale a pena retomar aqui a citação exposta na primeira parte do livro:

> Se diz-se que a Bolívia é uma formação social *abigarrada* é porque nela não só se sobrepuseram as épocas econômicas (as de uso taxonômico comum) sem combinar-se tanto, como se o feudalismo pertencesse a uma cultura e o capitalismo a outra mas ocorressem

no mesmo cenário, ou como se houvesse um país no feudalismo e outro no capitalismo, sobrepostos e não combinados, a não ser um pouco. Temos, por exemplo, um estrato, o neurálgico, que é o que provém da construção da agricultura andina, da formação do espaço; temos, de outra parte (ainda se deixarmos de lado a forma *mitimae*), o que resulta do epicentro potosino, que é o caso maior de descampesinização colonial; verdadeiras densidades temporais mescladas, não obstante, não só entre si das formas mais variadas, mas também com o particularismo de cada região porque aqui cada vale é uma pátria, em um composto no qual cada povoado veste, canta, come e produz de um modo particular, e falam línguas e sotaques diferentes, as quais nenhuma pode chamar-se, nem por um instante, de língua universal de todos (ZAVALETA MERCADO, 1983, p. 16).

O autor chega a essa caracterização, portanto, percebendo que na Bolívia existem diversas culturas, modos de produção e sistemas legais, diferentes. Por outro lado, percebe que o Estado sempre foi organizado de maneira monolítica, representando apenas um desses sistemas totalizadores (o moderno-capitalista) (GARCÍA, 2007b, p. 45). O Estado oficial, portanto, não representa e nem engloba todos os setores da sociedade, nem sequer para organizar a exploração sobre eles, como acontece com relação ao proletariado. As comunidades indígenas andinas não se reconhecem naquele Estado, e este por sua vez tem poucos mecanismos de fazer-se reconhecer perante a elas. Neste sentido, surge em Zavaleta a noção de "Estado aparente", que denota as debilidades do estado moderno num contexto social como o boliviano. Trata-se de um "poder político juridicamente soberano sobre o conjunto de um determinado território, mas que não tem relação orgânica com aquelas populações às quais pretende governar" (TAPIA, 2002c, p. 306). Como mostrou-se no primeiro capítulo, para Tapia,

> O *abigarramiento* significa a densa coexistência de dois ou mais tipos de sociedade que se sobrepuseram e interpenetraram, geralmente como resultado de relações coloniais. Há variedade ou diversidade social e proximidade, mas não há articulação contínua e orgânica entre os corpos sociais e os territórios produtivos

e políticos. O *abigarramiento* significa que coexistem ou se juntam muitas cores lado a lado mas não se fundem produzindo um só outro tom ou cor nova e única. O *abigarramiento* significa a permanência do diverso em formas cambiantes e instáveis, em conjuntos ou unidades cuja definição, quando se dá, costuma ser a opinião da cor dominante (TAPIA, 2002b, p.58).

Como mostra Tapia (2002c), a ideia de formação social *abigarrada* em Zavaleta surge para mostrar não só a falta de articulação entre os modos de produção, mas sobretudo das outras dimensões da vida social, principalmente a política, nas sociedades que, como a boliviana, tiveram um desenvolvimento débil do capitalismo. Há dominação apenas parcial e aparente, e não uma rearticulação transformada dos outros modos de produção ao princípio organizativo do modo de produção capitalista dominante: é um modo de pensar a dominação desarticulada, mas que continua sendo dominação (TAPIA, 2002c, p. 312).

Na noção de formação social *abigarrada* se mantém a ideia da diversidade de modos de produção, mas ela avança no sentido de pensar uma parte da sociedade que não foi totalmente transformada e rearticulada pelo desenvolvimento e implantação do capitalismo: serve, neste sentido, para pensar os resultados históricos dos processos de colonização, nos que se sobrepõem parte das instituições da sociedade conquistadora dominante sobre os povos subalternizados (TAPIA, 2010, p. 100). Trata-se da ideia de desenvolvimento desigual e combinado aplicada também no âmbito interno, sob uma dominação não totalmente articulada do capitalismo. Na América Latina e nos territórios colonizados pelo mundo,

> Através de décadas e séculos se produz também o desenvolvimento do capitalismo nestes territórios e isso implicou em um processo de acumulação originária, no sentido de concentração de terra, concentração de meios de produção e destruição de estruturas sociais e formas de vida social pré-existentes. Ao mesmo tempo, em alguns territórios da América Latina isso não terminou de transformar e destruir totalmente as estruturas de outros povos e culturas. Um traço forte do *abigarramiento*, que é o que nos permite marcar a diferença, é o fato de que persistem estrutu-

ras de autoridade ou de autogoverno de vários dos povos e culturas que foram conquistados. Isso implica que vários territórios de um país como a Bolívia, no espaço que se reclama ser um Estado-nação, não só existem as estruturas do Estado mais ou menos republicano e moderno, mas também existe uma diversidade de outras formas políticas de autogoverno, estruturas de autoridade, que são a principal forma em que se relativiza, se reduz ou se canela a ideia e a factualidade do monopólio da política (TAPIA, 2010, p. 100-101).

A partir dessas reflexões, Tapia caracteriza a Bolívia não só como uma sociedade multicultural, mas sim multissocietal, desenvolvendo um pouco mais as noções de Zavaleta. Esse era um debate importante contra o neoliberalismo, na medida em que já se havia adotado na Constituição e em certa medida no senso comum neoliberal a ideia de que a Bolívia era multicultural e plurilíngue. O que Tapia quer mostrar é que não é apenas isso, já que se trata de um multiculturalismo fruto da colonização, que sobrepôs sociedades de forma desigual, a partir do domínio da sociedade conquistadora sobre as sociedades e culturas locais (TAPIA, 2001b, p. 140).

Parto da ideia de que a Bolívai não só é um país multicultural, mas também multissocietal. Neste sentido, considero que a Bolívia, em sua acepção mais ampla, não é uma sociedade, sim um nome histórico de um país que contém uma diversidade de sociedades em situação de dominação mais ou menos colonial. Se poderia dizer que em um sentido mais restrito é o nome da sociedade dominante; ainda que seja mais a história desta conflitiva articulação de desigualdades e formas de sobreposição desarticulada. A isso Zavaleta chamou de *abigarrado*. Bolívia é o *abigarrado*, a existência de uma socieadade dominante, que por sua vez é subalterna no âmbito mundial, que se sobrepõe às sociedades e culturas locais, que são articuladas parcialmente, de maneira intermitente, em condições de desigualdade e exploração (TAPIA, 2001, p. 226-227).

O autor busca pensar, a partir do conceito de *abigarrado* e da coexistência e sobreposição de diferentes sociedades, as possibilidades histórico-

-políticas do país andino, um conceito descritivo, mas que aponte também para o normativo, para um cenário no qual haja coexistência e sobreposição, mas não haja dominação colonial de nenhum tipo (TAPIA, 2002b, p. 10).

No mesmo sentido e analogamente à terminologia utilizada por Tapia, García Linera utiliza a expressão "sociedade multicivilizatória" para caracterizar a sociedade boliviana. Além do setor conformado pela civilização moderna e mercantil capitalista, que comporia, segundo García, no máximo 30% da população boliviana, entre detentores dos meios de produção, trabalhadores assalariados e serviços, existem ainda mais três configurações civilizatórias diferentes no país andino. Aquela organizada em torno da atividade mercantil simples de tipo doméstico, artesanal e camponês, na qual prevalece uma racionalidade sindical e corporativa, e que se organiza politicamente principalmente baseada na coalizão normatizada de pequenos proprietários mercantis, na qual está presente boa parte do setor informal da economia; a civilização comunal, que organiza a produção de forma coletiva e na qual não existe divisão entre atividade econômica e política; e, por fim, a civilização amazônica, cuja atividade produtiva é itinerante, e a ausência do Estado é total (GARCÍA, 2007b, p. 45-47; 2002, p. 166-167). Tapia fala de uma civilização moderna, com concepções do tempo lineares, baseadas no progresso e onde há separação entre Estado e sociedade civil, a economia funciona baseada no modo de produção capitalista e o Estado concentra o poder político; por outro lado, uma civilização agrária, com concepção cíclica do tempo e relações sociais baseadas na adaptação das comunidades às dinâmicas e condições oferecidas pela natureza; além da cada vez menor civilização nômade (TAPIA, 2006, p. 31). Dentro de cada uma dessas civilizações e sociedades, há diversas culturas: daí a razão da Bolívia ser muito mais que um país multicultural, da perspectiva dos autores.

É importante entender que a diversidade dentro de cada uma dessas formas civilizatórias é enorme. Há por exemplo pelo menos cinquenta comunidades histórico-culturais com suas próprias formas organizativas, a maioria no leste do país. No oeste, estão as duas mais importantes: a quéchua, que constitui mais uma comunidade linguística, que conta com 3,5 milhões de pessoas e que não possui um alto nível de politização, o que facilita sua fusão com outras estruturas culturais, sejam formas urbano-mestiças, formas camponesas ou formas de microidentidades étnicas organizadas em étnicas organizadas em *ayllus*; e a aimará, muito politizada e que criou elites culturais capazes de organizar estruturas discursivas que coesionam mais política e culturalmente seus cerca de 2,5 milhões de membros (GARCÍA, 2007b, p. 41-42). Por fim, está a identidade cultural boliviana dominante até pelo menos 2005, advinda dos anos de vida republicana e de dominação *criolla* no país e representada pelas elites da civilização moderno-capitalista.

No desenvolvimento dado por García Linera e Luis Tapia à noção de *abigarrado*, portanto, a questão civilizatória ou societária supera meramente a dos modos de produção, afastando-se ainda mais das concepções de Sereni.

> O conceito de multissocietal ou multicivilizatório não apenas incorpora o tema dos "modos de produção" ou economias diferenciadas como também faz referência à existência de múltiplos sistemas de autoridade e múltiplas estruturas simbólicas para definir o mundo que coexistem hierarquicamente na Bolívia (GARCÍA, 2010b, p. 191).

No mesmo sentido, Tapia mostra que na Bolívia existe um território descontínuo de organização social correspondente às relações capitalistas de produção, mas também outro conjunto de territórios diversos e descontínuos que ainda se configuram em torno a princípios organizativos de caráter comunitário (TAPIA, 2002b, p. 59). Assim,

> Na medida em que não se destruíram ou desorganizaram as estruturas produtivas e sociais da civilização agrária e nômade, existem várias concepções de mundo e do social; talvez já nenhuma pura, mas interpenetradas e transformadas. Ainda têm, entretanto, referentes materiais que explicam e sustentam sua persistência e pertinência (*Ibidem*).

Neste ponto se coloca um debate fundamental para a compreensão das sociedades colonizadas que ainda mantém suas estruturas comunitárias com força o suficiente para necessariamente terem de ser consideradas nas análises, como a boliviana e tantas outras pelo mundo. Quão profundamente o capitalismo chegou nas sociedades bolivianas? Todo o processo de produção e reprodução da vida social está realmente subsumido ao capital, ou há processos que se dão paralelamente, sociedades que se movimentam à parte ao sistema, apesar do domínio do capital?

Esse debate relacionado à análise da composição da sociedade boliviana tem efeitos diretos no que diz respeito a pensar o potencial emancipador e anticapitalista de determinados sujeitos coletivos. Tapia argumenta que as transformações jurídicas trazidas com a modernidade capitalista não transformaram o padrão produtivo nem o sistema local de autoridades em grande parte da região andina da Bolívia, que ainda se organiza em torno do *ayllu* (TAPIA, 2002c, p. 306). Persistem modos ancestrais de transformação da natureza e conjuntos de estruturas locais de autoridade, apesar e através do domínio colonial (*Ibidem*, p.343; 2002b, p. 16). Nestes casos, não teria havido subsunção real ao capital. O predomínio da subsunção real no momento produtivo implicaria

> (...) uma mudança de ritmo da reprodução econômica e social; em consequência, implica uma aceleração e concentração do tempo na qual não se busca a reposição das condições anteriores da produção em termos sobretudo de um conjunto de valores de uso, sim uma reprodução ampliada e em termos de tempo de valor abstrato que se valoriza. Neste sentido é que a implantação do modo de produção capitalista, em sua fase de subsunção real, é o momento de transformação real das coisas (*Ibidem*, p. 307).

Além disso, Tapia associa a partir de Zavaleta a ideia de subsunção real à de reforma intelectual de Gramsci, argumentando que a subsunção real é a que possibilita essa reforma nas sociedades. Para Prada, a geografia social e cultural das formações não capitalistas teriam resistido à expansão do modo de produção capitalista, e de certa forma teriam também quebrado a sua lógica interna, produzindo inclusive uma "pré-capitalização do capitalismo" (PRADA, 2007b, p. 221).

García Linera, em seus textos mais antigos como o *"Marxismo y el mundo Agrario"*, de 1989, afirmava que as comunidades se mantinham em luta contra a dominação e a subordinação ao capitalismo, ainda não realizada plenamente, se abriria a possibilidade da continuidade, em novas condições, de cursos históricos não capitalistas, impulsionando um novo caminho histórico: o comunismo, como continuidade da antiga trajetória não capitalista mas também a sua superação (GARCÍA, 2008, p. 35). Javo Ferreira, ferrenho crítico da forma como o grupo Comuna se apropria do conceito de subsunção formal, argumenta que não existe antagonismo algum entre a economia comunitária e a capitalista como pretendia García Linera em sua juventude e nem *abigarramiento* como afirma o grupo Comuna interpretando Zavaleta. Haveria, sim, uma interdependência entre essas duas formas, e as comunidades seriam parte orgânica da forma particular da organização do capitalismo nos Andes, com uma organicidade contraditória e dinâmica, mas que tendia à destruição da comunidade (FERREIRA, 2010, p. 51).

Para Ferreira, o que o capital não inclui, ele termina por prostituir: assim, o sistema comunal, que surgiu a partir de uma economia natural para satisfazer as necessidades dos membros da comunidade, com um equilíbrio de direitos e deveres entre eles, e um claro equilíbrio com a natureza, hoje

> (...) já não garante as necessidade de todos os comunários, já não tem como objetivo principal produzir valores de uso e reproduzir a comunidade mesma como um todo, mas sim se refuncionaliza para produzir mercadorias, descarregando parcialmente os custos (aquedutos, barreiras, caminhos, etc.) sobre o conjunto da comunidade em benefício de elementos ascendentes e subordinando-se de maneira crescente à acumulação de capital (FERREIRA, 2010, p. 52).

Além disso, ainda segundo Ferreira, afirmar que se trata de um processo de subsunção formal das comunidades ao capital é um erro de análise, que causa graves consequências políticas. Subsunção formal seria a situação na qual o capital se vê obrigado a iniciar sua reprodução sobre a base tecnológica herdada de formas não capitalistas (*Ibidem*, p. 57). O autor argumenta que não existe subordinação e hegemonia do capital nas comunidades andinas, apenas controle relativo sobre o processo imediato de trabalho, já que os membros das comunidades e as próprias comunidades se relacionam entre si como vendedores de mercadorias (*Ibidem*, p. 60). Se estaria, então, diante de formas secundárias e de transição articuladas organicamente ao capitalismo: a economia comunal, sem estar subsumida ao capital, se encontraria numa situação na qual é obrigada a trabalhar para uma economia mercantil (*Ibidem*, p. 61).

García Linera afirma que ainda que seja crescente a parte do produto familiar que se incorpora ao mercado e do consumo que se necessita complementar com produtos urbanos, não se está diante de camponeses plenamente mercantilizados nem de comunidades resultantes da mera agregação de proprietários privados (GARCÍA, 2001, p. 57). Ora, o grupo considera que existe uma diversidade de modos de produção, não articulados sob uma forma hegemônica única, mas onde há dominação, ainda que desarticulada, do sistema do capital. Neste sentido, quando o processo de trabalho dentro das comunidades é apropriado para a acumulação capitalista, há de fato a subsunção formal das comunidades ao capital. Há, inclusive, tensões e espaços de subsunção real, onde a lógica de produção da comunidade ou de parte dela já foi modificada totalmente de forma a garantir a acumulação. Assim, por mais que se relacionem como vendedores de mercadorias, o fazem nas condições impostas pelo sistema do capital. Prada argumentava, em 2010, que

> A exploração dos recursos naturais por parte das empresas transnacionais na periferia do mundo capitalista se faz não só ocasionando a proletarização da população autóctone, mas através da relocalização perversa das formas comunitárias, que doam força de trabalho de maneira permanente ou intermitente e sustentam de maneira multiforme a reprodução social. Nestas condições se combina formas de subsunção formal, de subsunção real, e se permite-se falar assim, de subsunção virtual do trabalho ao capital (PRADA, 2010, p. 57).

Desenvolvendo suas reflexões acerca das categorias de subsunção formal e subsunção real e do papel das comunidades em entrevista concedida ao autor deste trabalho, García Linera fornece elementos para uma contestação da tese de Ferreira, ainda que também desenvolva reflexões novas e bastante mais completas que aquelas mais juvenis criticadas por este. Linera afirma que a categoria de subsunção cunhada por Marx permite ver o capitalismo em movimento, não como destino final de todas as formas de sociedade, mas sim como luta: viver no capitalismo não é uma predestinação, mas sim um processo de absorção, de conquista, de imposição e de resistência, e essa é justamente a força dessa categoria (GARCÍA, 2012). Ela permite ver que a sociedade é mais do que o capitalismo, e em sociedades como a boliviana permite entender como este sistema se apropria do anterior, como consolida de certas maneiras seu domínio e de outras não (*Ibidem*). Trata-se de uma categoria muito prática, que da maneira como foi utilizada em seu livro *La Condición Obrera* (2001), pode servir esquematicamente para medir como uma sociedade avançou e foi penetrada em distintas dimensões, e como em outros lugares se avança e penetra menos (GARCÍA, 2012). A categoria de subsunção serve, portanto, da perspectiva de García Linera, justamente para ver o capitalismo em movimento, e combater perspectivas deterministas e teleológicas.

Perceber o capitalismo em movimento e os movimentos comunitários de resistência ao seu avanço também permite ver como emergem esses sujeitos de emancipação, e como o comunal, o ancestral, cercado, mutilado e comprimido pelo capitalismo carrega a carga da dominação, da subsunção formal, mas também o ímpeto do comunitário, do comum (GARCÍA, 2012). E aqui está a grande diferença com relação a Ferreira. Trata-se de um trabalho estritamente político articular como o comunitário pode, sob certas circunstâncias, irradiar-se para níveis maiores, regionais, nacionais, universais (*Ibidem*). Neste sentido, não está determinado que as comunidades tendem a integrar-se ao capitalismo e reproduzi-lo, mas a partir de suas características intrínsecas e dos sujeitos coletivos conformados por ela, o processo de integração ou resistência e expansão é mediado pela atividade política. De fato, como mostra Tapia, nos últimos anos foram essas estruturas que questionaram o sistema e o Estado aparente boliviano, que se não fizeram emergir um programa anticapitalista ou socialista, é

> Desta diversidade organizada e mobilizada [que] provém o projeto de um Estado plurinacional, ou seja, uma reforma do Estado que corresponda ao grau de diversidade existente e que elimine o tipo de relação colonial ou de desconhecimento das estruturas políticas das diferentes culturas (TAPIA, 2010, p. 103).

García argumenta que da mesma forma que o trabalho vivo é a antítese do capital, a comunidade é o "não histórico", a negativa histórica do capital: e assim como o capital existe a partir do trabalho vivo, ele também se alimenta da comunidade quando pode, e quando não pode busca destruí--la (GARCÍA, 2012). Essa percepção da comunidade como o verdadeiro não histórico expansivo do capitalismo faz com que se possa considerar duas vertentes de oposição ao capitalismo, que podem se complementar e fortalecer mutuamente: pelo lado da classe trabalhadora, o trabalho vivo que é a antítese do capital, e por outro lado a comunidade como o seu não histórico (*Ibidem*). Ambas as esferas poderiam juntar-se para abrir o horizonte de possibilidade de uma sociedade anticapitalista (*Ibidem*). Pensando a partir dessa premissa, o elemento que faltou para que essas estruturas que foram importantes nas mobilizações que colocaram em crise o neoliberalismo trazerem um programa anticapitalista na Bolívia, para além do plurinacional, foi uma força maior da classe trabalhadora organizada no processo.

Neste sentido, García Linera mantém-se atualmente relativamente próximo de suas convicções e de sua obsessão com a comunidade características de seus primeiros escritos. Como vimos,[5] em 1989, afirmava que as formas comunitárias vigentes, mesmo transformadas, seriam uma nova força revolucionária na luta contra o capital somada ao proletariado e com uma potência própria. Entretanto, sua experiência concreta no Estado boliviano o fez desenvolver mais tais reflexões e entender a comunidade não de forma abstrata e filosófica, mas sim na sua forma concreta e histórica, que leva em cada célula de sua existência uma carga absurda de dominação, da mutilação, mas ao mesmo tempo o potencial comunitário, relacionado às tecnologias sociais produtivas, à criação de ciência coletiva e a seu potencial

---

5   Item C do capítulo VII.

de expandir-se na conexão com outras comunidades etc. (GARCÍA, 2012). A experiência concreta de García Linera no governo o teria ajudado a ver a comunidade de forma "menos inútil", e obcecar-se ainda mais com ela: expandi-la é muito mais difícil do que eles acreditavam, mas no caso da Bolívia seria absolutamente necessário, sob pena de continuar a expansão ampliada da acumulação capitalista (*Ibidem*).

Ainda de certa forma no mesmo debate, mas já com um certo grau de distanciamento da temática específica da subsunção e do potencial das comunidades, Raúl Prada também busca aprofundar a caracterização da sociedade boliviana, e compreende que as próprias noções de *abigarrado* ou de multissocietal vêm de dentro do sistema capitalista, que diferencia as sociedades a partir de um critério autocentrado (PRADA, 2007b, p. 203). Enfatiza, então, que as sociedades que compõem o multissocietal na Bolívia não estão separadas entre elas, mas sim justapostas e em constante intersecção, a partir do cotidiano prático e singular das feiras, mercados, ritos etc. Para ele,

> O multissocietal aparece em sua dinâmica, como ocorrência de sociedades plurais, no exercício de sua vida cotidiana e da construção e reconstrução do sentido prático. A formação multissocietal é compreensível a partir de processos singulares, a própria sociedade é um sistema de alianças e de conformação estratificada das classes sociais (PRADA, 2007b, p. 205).

O *abigarrado*, portanto, não é a dispersão da diferença, mas sim a densidade da articulação concreta e específica da complexidade da sociedade boliviana (*Ibidem*, p. 224).

Como se viu, foi a colonização que permitiu essa sobreposição de diferentes totalidades sociais num mesmo país. Na Bolívia, para além das estruturas liberais de democracia e autoridade, permanecem diversos outros tipos de sistemas de autoridade, o que caracteriza o que o grupo chama de pluriverso político (GARCÍA *et al*, 2001b, p. 6). Neste sentido, a colonização e as diversas formas de resistência indígena a ela marcam a sociedade boliviana até os dias atuais. Trata-se da articulação de diversas temporalidades diferentes (PRADA, 2007b, p. 217).

Para entender como a memória das resistências indígenas passa a ser recuperada de forma mais sistemática nas últimas décadas do século XX, e como a colonização e as próprias tradições indígenas recuperadas influenciam na sociedade boliviana, os autores recorrem à categoria de "momento constitutivo", também de René Zavaleta Mercado:

> Há um momento em que as coisas começam a ser o que são, e é a isso que chamamos de momento constitutivo ancestral ou arcano, ou seja, sua causa remota, o que Marc Bloch chamou da "imagem das origens". Este é o caso, por exemplo, da agricultura ou domesticação do habitat nos Andes; o é também para o caso senhorial, a Conquista. Ambos são momentos constitutivos clássicos; temos, de outro lado, o momento constitutivo da nação (porque uma sociedade pode fazer-se nacional ou deixar de sê-lo) e, por último, o momento constitutivo do Estado, ou seja, a forma da dominação atual e a capacidade de conversão ou movimento da formação econômico-social (ZAVALETA MERCADO, 1990, p. 180).

O conceito de momento constitutivo, em geral, se relaciona com crises nas sociedades *abigarradas* e complexas como as latino-americanas, porque é justamente nos momentos de crise geral dessas sociedades que se permite um encontro, uma condensação das diversas partes dessa sociedade que, no cotidiano, não se encontram. Como discutimos, para Zavaleta as crises são a "forma de unidade patética" da diversidade, porque se tratam do único tempo comum às diversas formas de organização social diferentes existentes no seio das sociedades que são ex-colônias, nas quais convivem diversos modos de produção, tempos históricos etc. Sendo assim, as crises funcionam como momento de autoconhecimento, por um lado, e também como momento nacionalizador, criador de certas unidades numa diversidade que conta com pouquíssimos espaços de encontro e síntese em períodos de "normalidade".

O grupo parte da premissa de que as relações sociais na Bolívia só podem ser compreendidas se também observam as relações tradicionais herdadas. A tese sustentada por Raúl Prada é que a formação social boliviana só pode ser compreendida a partir da sua história efetiva, de seus distintos horizontes históricos, dos quais o mais difícil de penetrar – por questões de valores e objetivas – é o das formações sociais ancestrais. A formação social boliviana supõe as heranças tradicionais ancestrais, que funcionam como esquemas de comportamento culturais: a colônia não faz desaparecer esses esquemas, mas torna a sociedade mais complexa, *abigarrada*: no político, domina o sistema moderno e de forma mais explícita, e no social, dominam as tradições culturais (por conta da preponderância demográfica), de forma mais implícita (PRADA, 2008, p. 70). Prada dá muita importância a essa tradição ancestral herdada, principalmente no que diz respeito à permanência do *ayllu* como forma organizativa e como sistema de valores disseminado na cidade e no campo (*Ibidem*, p. 66).

Para Prada, o *ayllu* é uma matriz comum nas organizações camponesas da sociedade boliviana. Este seria basicamente uma forma de organização social territorial que administra os territórios de forma circular e de modo rotativo, um grande arquipélago territorial andino com dois eixos de estratificação: filiações de descendência e acumulação de alianças (*Ibidem*, p. 40). Segue o autor afirmando que esse modo de organização sobreviveu como forma comunidade local, mas também se metamorfoseou na forma sindicato. O *ayllu* e a organização sindical teriam se tornado "multidão" nas mobilizações de 2000. O bloqueio de caminhos, que é prelúdio de um sítio e da tomada das cidades, é o desenho estratégico da aparição do *ayllu* no cenário político boliviano, se tratariam de táticas nômades, recuperadas da memória guerreira andina, e esse retorno tem como objetivo estratégico a abolição do Estado (*Ibidem*, p. 44).

Há, sem dúvida, uma recuperação da tradição e do autorreconhecimento indígena na sociedade boliviana, das memórias de guerra e de formas de mobilização e de organização. Entretanto, isso não parece acontecer de forma pura e idealizada, como pode dar a entender a interpretação de Prada. Na realidade, essa recuperação é socialmente construída em cima de uma história rica e existente, mas diretamente influenciada pela conjuntura neoliberal, pela dispersão da classe trabalhadora etc. Neste sentido, García Linera e Luis Tapia têm caracterizações mais concretas e realistas do processo e de como essas heranças dos tempos pré-coloniais se relacionam com a modernidade e podem ser reapropriadas pelos movimentos sociais na Bolívia, como ficou claro na discussão acerca da subsunção formal e subsunção real das comunidades ao capital. É preciso diferenciar o debate acerca da subsunção formal das comunidades ao capital, da manutenção de modos de produção e sistema de autoridades, ainda que ambos em contato e influenciados pela civilização moderna, de uma idealização das comunidades indígenas como portadoras das respostas anticapitalistas buscadas por determinados autores.

Neste sentido, uma das explicações para a excessiva abstração de Prada na caracterização das comunidades indígenas e de seu papel na sociedade boliviana é o fato de contar com pressupostos teóricos que talvez não ajudem tanto a analisar a questão. O autor, que critica os limites do marxismo por ser uma teoria estritamente moderna para compreender as dinâmicas contemporâneas e relacionadas ao arcaico da sociedade boliviana, busca compreender o mesmo processo a partir das "teorias nômades" europeias, de Deleuze e Gattari (PRADA, 2008, p. 42). Enquanto García Linera e Tapia são muitas vezes acusados de não perceberem em toda sua magnitude a cosmovisão das comunidades indígenas e o quanto elas podem ensinar para o marxismo e outras correntes teóricas, de acordo com Sammamud (2012), o que Prada faz é uma "pós-modernização" do sujeito indígena. De qualquer forma, há no autor contribuições interessantes, ainda que pouco aprofundadas, no que diz respeito às associações entre as práticas políticas atuais e as tradições indígenas.

No que diz respeito à conjuntura concreta de mobilizações, García Linera afirmava que a rebelião aimará de setembro de 2000 só foi possível porque se somaram penúrias contemporâneas causadas pelo neoliberalismo com as heranças históricas e representações da vida que liam o passado, que passam a dar significado ao mundo vivido como um fato de dominação colonial que deve ser abolido (GARCÍA, 2001, p. 67). Houve uma recriação de uma identidade nacional indígena, o conhecimento territorial dos povos indígenas tornou-se materialidade de soberania que foi separando dois mundos, o dos indígenas e o dos *q'aras*; o idioma, de meio de comunicação se tornou outro meio de diferenciação entre um "nós" e um "eles"; a participação nas técnicas organizativas e nos saberes produtivos aplicados à ação de mobilização se converteram também em meios de uma reafirmação eletiva do pertencimento a uma coletividade que precede a todos e os empurra à imaginação de um futuro igualmente comum e autônomo (*Ibidem*, p. 76).

Entre a antiguidade pré-colonial, se podem encontrar diversos momentos constitutivos que de uma forma ou de outra seguem marcando a sociedade boliviana. Tiwanacu, Tawantinsuyo, Moxos e as territorialidades nômades guaranis são exemplos dados por Prada (2007b, p. 206). Para o autor, a colônia não teve força para consolidar totalmente sua hegemonia, sempre tendo que pactuar determinados elementos para poder manter-se na terra conquistada. Essa situação teria se agravado ainda mais na República, o que deixou uma crise de identidade que, mais do que resquícios, deixou regiões inteiras como espaços completos de resistência, onde se recuperava o imaginário cultural andino e sua espiritualidade animista (*Ibidem*, p. 220). Tudo isso gera um sincretismo religioso na sociedade boliviana que significa basicamente duas coisas: a adaptação do cristianismo a um solo espiritual diferente do seu e a mimetização nas cerimônias cristãs das práticas e concepções espirituais animistas andinas (*Ibidem*, p. 221). Para Prada, portanto, a religiosidade andina não perdeu sua vitalidade hermenêutica, sua vinculação com o imaginário cultural nem sua característica animista imanente aos mitos, rituais, à magia e às práticas espirituais: o contato com a religião cristã, pelo contrário, teria ativado suas capacidades interpretativas e sua propriedade plástica de se abrir a novas metáforas utilizando os símbolos alheios em função de seu próprio simbolismo (*Ibidem*). A Bolívia é parte da periferia do sistema capitalista, mas há um interior dessa periferia que marca a sociedade boliviana. Prada afirma que é justamente a forma comunidade o mais característico desse interior da periferia: suas instituições, os princípios e valores como solidariedade, reciprocidade, complementaridade e redistribuição marcariam a periferia da periferia boliviana (*Idem*, 2010, p. 91).

Tapia também mostra as marcas que ficaram dos sistemas de complementaridade entre os diversos pisos ecológicos, nos quais o intercâmbio entre os produtos das terras altas e das terras baixas era fundamental para a sobrevivência e desenvolvimento de cada uma das sociedades envolvidas (TAPIA, 2009, p. 98). Essas marcas se dão principalmente na forma descontínua de ocupação dos espaços, e na qual membros de comunidades diferentes muitas compartilhavam o mesmo território caso ele fosse uma intersecção entre pisos ecológicos diferentes.

Além das heranças pré-coloniais, existem também as do período colonial e republicano, que marcam ainda o país andino. No que diz respeito às mobilizações propriamente ditas e a como os momentos constitutivos do período colonial são resgatados em diferentes momentos da luta política, as palavras do dirigente indígena Felipe Quispe são bastante esclarecedoras:

> Então, nós conhecíamos o levantamento de Marco II de 1536-1544, conhecíamos o levantamento de Juan Santos de Atahuallpa de 1742-1755, conhecíamos também o levantamento de Túpac Amaru, Túpac Katari de 1780-1783, até Zárate Willca de 1899, então acreditávamos e queríamos chegar a essa altura porque podíamos perceber uma efervescência subterrânea nas comunidades; mas para chegar a essa altura nós vimos Katari como exemplo e como modelo, que levou dez anos para preparar a rebelião índia, e assim sucessivamente outros homens que se alçaram contra o período colonial e contra a república (QUISPE, 2001, p. 165).

Neste sentido, Tapia afirma que uma das sínteses da história boliviana, do ponto de vista de uma das culturas dominadas é a do katarismo, que afirma que historicamente a Bolívia sempre foi, antes de 2005, um território multissocietal sob domínio colonial, com uma sociedade mestiça dominante racista e um Estado inorgânico em relação aos povos e às culturas locais (TAPIA, 2007, p. 86). Para Tapia, de fato, a densidade da história boliviana se sintetiza na questão colonial, tanto na constituição das estruturas de poder internas quanto na sua articulação subordinada a outros poderes estatais no âmbito externo (*Ibidem*, p. 87). Um primeiro momento do *abigarramiento* se deve também ao fato de os colonizadores utilizarem recursos políticos e sociais das próprias comunidades locais para manipulá-las e dominá-las, deformando-as; mas ele se produz de fato quando o colonialismo sobrepõe desigualmente diferentes princípios organizativos ou tipos de civilização e a dominante é incapaz de transformar completamente as outras (*Idem*, 2002, p. 64-65).

Internamente, a dominação colonial se materializa economicamente no racismo existindo como um projeto deliberado dos modos de dominação e exploração de uma minoria numa sociedade desigual, e não simplesmente como efeito dos preconceitos e desconhecimentos culturais da sociedade (CAMACHO, 2005, p. 121). Neste sentido, uma das características fundamentais da sociedade boliviana e de seu Estado antes da crise da hegemonia neoliberal era o fato de o diagrama de poder colonial utilizar a maquinaria estatal para cumprir com suas próprias estratégias de exclusão, separação e discriminação na sociedade (PRADA, 2005, p. 146).

Isso se materializou historicamente, durante o período colonial, por exemplo, na obrigação do pagamento de impostos por parte dos índios ao poder colonial: essa cobrança fez com que se buscasse racializar o índio de maneira sistemática, porque de alguma maneira era necessário delimitar a população tributária e subordinada, fazendo com que na prática se estabelecesse uma etnificação da exploração (GARCÍA, 2007b, p. 22). Neste sentido, diferenças objetivas de classe são reduzidas a diferenças culturais ou raciais, com o objetivo de agrupar, em torno de uma posição objetiva de classe, setores sociais que compartilham com menor ou maior intensidade uma mesma matriz cultural e simbólica (*Ibidem*). Forma-se uma espécie capital étnico, que junto com os outros capitais econômico, simbólico, culturais e sociais ajuda a conformar os princípios de diferenciação de classe na sociedade boliviana (*Ibidem*)

Durante o período republicano, pode-se falar de cinco momentos constitutivos: a independência em 1825; a guerra federal de 1899, como momento constitutivo principalmente das classes dominantes bolivianas; a Guerra do Chaco entre 1930 e 1935, como momento de encontro entre os setores subalternos da sociedade; a revolução de 1952; e o processo de mobilizações de 2000 a 2005 (PRADA, 2007b, p. 206; TAPIA, 2002c, p. 348). Segundo García Linera, a partir da revolução de 1952 se transformou em parte o regime de exclusão étnica e cultural típico do Estado oligárquico, com o voto universal e a educação gratuita, ainda que isso tenha imposto um único modo de participação na vida política que era completamente alheio às suas culturas (GARCÍA, 2007b, p. 20).

No que diz respeito ao mundo do trabalho, para além das heranças pré-coloniais e coloniais, e agregando-se a elas, García Linera, Gutierrez e Tapia coincidem em que a reestruturação produtiva proveniente do neoliberalismo, gerou uma nova estrutura de classes no país andino: a desagregação do antigo sindicalismo não extinguiu a identidade laboriosa tão própria das lutas sociais dos anos anteriores (GUTIERREZ *et al*, 2007, p. 158). A condição operária de classe e a identidade de classe do proletariado boliviano desapareceram junto com o fechamento das minas estatais em 1985, com a morte de uma forma organizativa com a capacidade de ter impacto estatal em torno da qual se aglutinaram os outros setores subalternos da cidade e do campo nos 35 anos anteriores (GARCÍA, 2001, p. 11).

García mostra também que o neoliberalismo fez surgir uma estrutura operária numericamente maior do que a anterior, mas materialmente fragmentada em pequenas oficinas legais e clandestinas, formas de contrato temporário ou eventuais, sistemas de ascensão fundados na competição e sindicatos carentes de legitimidade perante o Estado: se trataria de um processo de ampla proletarização social, mas sem alcance organizativo (*Ibidem*). No campo, o livre comércio e a nova legislação agrária neoliberal transformaram drasticamente as relações entre o Estado e as estruturas comunais agrárias, modificando as formas de reprodução social e as hierarquias de dominação colonial, o que foi contestado fortemente com as mobilizações a partir de 2000 (*Ibidem*, p. 12). No caso das cidades, a perda da centralidade organizativa do mundo do trabalho passou, também a partir de 2000, a ser revertida pela emergência de inéditas formas organizativas capazes de dar conta da moderna obrerização híbrida da população urbana (*Ibidem*).

Transformações na classe trabalhadora boliviana

Para expor o debate feito pelos autores do grupo Comuna acerca dessas novas formas organizativas, é importante começar aprofundando suas reflexões sobre o sujeito coletivo das transformações sociais na sociedade. Raquel Gutierrez (1999, p. 18), quando trata da atualidade do Manifesto Comunista de Marx, argumenta que para o autor alemão o fundamento da superação do regime do capital deve encontrar-se, na luta de classes, a partir das atividades e do programa político da burguesia, por sua expansividade, ambições e intenções. Na medida em que a burguesia necessita revolucionar sua base material de produção constantemente, o proletariado – sujeito revolucionário – não estará definido de uma vez para sempre (*Ibidem*). O proletariado não se trata, portanto, da perspectiva de Gutierrez, de um sujeito estático, mas sim constantemente em transformação.

Além disso, a autora atribui dois significados à afirmação marxiana de que "só o proletariado é revolucionário". Primeiro, entende que a superação do capitalismo só pode vir da emancipação daquilo que é a matriz geradora e o limite do capital: o trabalho; segundo, que a emancipação humana só pode se fundar na emancipação do trabalho e na superação da dominação do capital sobre ele (GUTIERREZ, 1999, p. 26). Entretanto, destaca a importância de estudar e compreender as transformações no mundo e no mundo do trabalho nos 150 anos que transcorreram da publicação do Manifesto até seu texto, os reordenamentos nas relações sociais produzidos pelo capital e as consequências de tudo isso para o proletariado:

> Não se trata de contabilizar proletários reduzindo-os ao número de operários formalmente contratados em empresas cada vez maiores. Se trata de encontrar a encarnação do trabalho vivo em todos aqueles homens e mulheres cada vez mais desprovidos de tudo além da sua força de trabalho para assegurar a produção de sua vida material. Se trata de encontrar os caminhos de unificação entre as distintas corporalizações do trabalho vivo (GUTIERREZ, 1999, p. 27).

Álvaro García Linera formulava no mesmo sentido acerca das mudanças no mundo do trabalho. Afirmava o autor que não há apenas a reorganização das condições de trabalho do proletariado, mas também se desenvolve um novo tipo de proletariado, uma nova vinculação entre as atividades laborais mundiais e uma nova forma de relacionamento entre os trabalhadores em escala planetária, que modifica as cultivadas no século XX (GARCÍA, 1999, p. 122). O neoliberalismo decreta o fim de uma determinada configuração do proletariado boliviano, de um tipo de estruturas materiais e simbólicas, e produz um novo tipo, uma nova condição operária contemporânea (id, 2007, p. 50).

Essa configuração do proletariado boliviano do século XX era marcadamente mineira, voltada em grande medida às reivindicações corporativas perante o Estado, o que debilitava em alguma medida sua capacidade de produzir horizontes estratégicos mais bem definidos (GARCÍA, 2007, p. 47). A esquerda política e o movimento operário tinham forte capacidade de resistência e organização, mas não um projeto que transcendesse a ampliação do Estado resultante da revolução de 1952, que já estava em forte crise a partir dos anos 1970 (TAPIA, 2002, p. 45). O proletariado mineiro aglutinou em torno de si praticamente todos os setores subalternos que em algum momento lutaram na sociedade boliviana do século XX, sendo o principal símbolo das lutas sociais no país por muitos anos. Além disso, a esquerda boliviana era mais marcada pela atuação do movimento operário sindical propriamente dito, com a COB, do que dos partidos políticos: a composição política da classe trabalhadora mineira era marcada pelo sindicalismo e por um componente discursivo marxista, que muitas vezes serviu menos para explicar a realidade concreta boliviana e entender o desenvolvimento do capitalismo no país do que para dar suporte a um discurso de sociedade alternativa (TAPIA, 2004, p. 15).

A classe operária boliviana, entre 1952 e 1985, e em particular os mineiros, com toda sua força de mobilização, interiorizou como componente de sua identidade de classe a proximidade e a ambição de integração ao Estado. Por isso, García Linera argumenta que a condição operária no país se caracterizou pelo radicalismo na forma de demandar, mas não necessariamente do conteúdo demandado (GARCÍA, 2007, p. 44). Quando o fechamento das minas foi anunciado, o proletariado não teria sido capaz de apresentar outro projeto de sociedade alternativo, e sim apenas de tentar resistir e permanecer no modelo nacionalista estatal de gestão das minas (*Ibidem*).

As transformações no mundo do trabalho reconfiguram esse cenário:

> A estrutura material e a condição operária que sustentavam o eixo histórico-político se desarticulou, primeiro a partir da iniciativa estatal e da classe dominante, e logo também por descomposição interna. Aqui não se pensa um adeus ao proletariado, sim o fim de um tipo de configuração geral das condições da produção e constituição de sujeitos políticos; como uma condição de possibilidade do pensar as novas formas de levante de um horizonte político e de civilização a partir do mundo dos trabalhadores.
>
> A possibilidade de reconstituição de um horizonte operário e popular não está na simples resistência, no prolongamento da agonia, mas em pensar radicalmente a crise para aprender com ela, entender as debilidades e bloqueios do passado e entender o mundo (GARCÍA et.al, 2007, p. 18).

A *Marcha por la Vida* e sua derrota, em 1986, teria sido justamente o momento marcante dessa mudança na classe trabalhadora boliviana, o momento de derrota final do sujeito operário mineiro como havia sido construído ao longo do século XX. O fechamento das minas e o fim da *Corporación Minera de Bolivia* acabavam com a base material de sustentação da condição operária mineira (GARCÍA, 2007, p. 28). Morria, assim, uma forma organizativa com grande capacidade de influência no Estado e que aglutinava vários outros setores da cidade e do campo (*Idem*, 2001, p. 11), e o enfraquecimento e a desorganização do proletariado a partir das primeiras políticas neoliberais debilitava toda forma de resistência social no país. Depois, seguiu-se a privatização das empresas estatais, das ferrovias, telecomunicações e do núcleo de suporte financeiro do Estado, os hidrocarbonetos: na medida em que o movimento operário estava constituído principalmente pelos sindicatos e empresas estatais, essas políticas privatizantes somadas à flexibilização promovida a partir das empresas privadas, o desarticularam duplamente (TAPIA, 2002, p. 46).

Neste sentido, a reconfiguração material do mundo do trabalho pôs fim a um tipo de identidade operária e a um tipo de estrutura material do trabalho assalariado, dando lugar a um novo tipo, que nos anos 2000 começava ainda a dar seus primeiros passos e a pensar novas formas de se localizar na história, organizar-se e apresentar-se politicamente:

> (...) se trata de operários muitíssimo mais numerosos do que há duas décadas e estendidos em cada vez mais variados ramos da atividade produtiva, mas fragmentados em centros laborais industriais medianos, em pequenas empresas de subcontratação, em trabalhos a domicílio que pulverizam na geografia as possibilidades de reunião em grandes contingentes. Se trata, ademais, de trabalhadores em geral carentes de contrato fixo, portanto nômades que vão de um ofício a outro, que combinam a venda da força de trabalho em produtos ou serviços por conta própria com a venda de força de trabalho temporária por um salário. (...) Em sua grande maioria se trata de operários e operárias jovens, disciplinados/as no individualismo urbano pela escola, família e os meios de comunicação massivos; a diferença dos antigos operários, forjados em um espírito de corpo sindical como garantia de direitos e ascensão social, os jovens operários mineiros, fabris, construtores, petroleiros de hoje carecem de um horizonte de previsibilidade operária, de estabilidade geográfica e de experiência sindical, o que dificulta enormemente a formação de uma densificada cultura de unificação e projeção social (GARCÍA, 2007, p. 58-59).

Neste ponto, surge um debate fundamental para o marxismo e para o pensamento crítico em geral: quem é, de fato, a classe trabalhadora? Muitos, principalmente influenciados pelas correntes pós-modernas, argumentavam que ela não existia mais. Outros, por outro lado, insistem em afirmar que a classe trabalhadora é aquela que está apenas nas fábricas, o operário "padrão", que vende a sua força de trabalho da forma mais clássica possível. García Linera considera que a classe trabalhadora se forma processualmente a partir da condição em que se posicionam seus membros nas relações sociais do sistema capitalista. O setor que, em última instância, tem como única maneira de tornar útil seu trabalho e de fazer valer o valor de uso da sua capacidade de trabalho a submissão aos ditames do capital é a classe traba-lhadora (GARCÍA, 1999, p. 145). Neste sentido, passa-se a considerar como classe não só os trabalhadores que têm sua força de trabalho expropriada diretamente pelo proprietário dos meios de produção, mas também aqueles que passam por intermediários, prestando serviços, fazendo trabalhos no próprio domicílio, ou aqueles que vendem sua força de trabalho através de produtos, os trabalhadores autônomos, pequenos vendedores etc. (*Ibidem*). Com essa caracterização, muito próxima às propostas por Ricardo Antunes acerca da "classe que vive do trabalho" (ANTUNES, 2011, p. 49), incorpora--se no âmbito da classe trabalhadora boliviana contemporânea justamente o antigo proletariado mineiro, dissipado e fragmentado a partir do fechamen-to das minas, e grande parte dos indígenas que tiveram suas propriedades comunais destruídas e passaram a trabalhar informalmente nas cidades.

Toda essa gama de sujeitos sociais que conformam o bloco político subalterno na Bolívia teria, segundo García Linera (1999, p. 75), sua capaci-dade de trabalho completamente submetida aos interesses e aos ditames do capital, e teria em comum justamente essa condição subordinada ao capital e à classe burguesa, que determinariam suas condições materiais de exis-tência. O trabalho e o valor produzido por eles são direcionados em últi-ma instância à valorização do capital, o que os coloca em oposição à classe que se beneficia com essa valorização, aos verdadeiros donos dos meios de produção.

> Essa valorização do capital pode acontecer em alguns casos em nível individual, com a que acontece com os assalariados de em-presa, ou, em outros, a nível da sociedade em seu conjunto, como o que sucede com o trabalho camponês, artesanal, familiar ou "conta-própria", que sem valorizar a tal ou qual empresário pri-vado e sem manter contratos de emprego com nenhum burguês, mercantilizam sua capacidade de trabalho e valorizam ao capital social enquanto se submergem em relações mercantis (compra e venda de força de trabalho temporário, compra de produtos in-dustriais, venda de produtos próprios, empréstimos bancários, etc.) (GARCÍA, 1999, p. 147).

A questão, portanto, não é ter um vínculo contratual ou não ter a posse legal de uma propriedade para fazer parte da classe trabalhadora, mas sim ter as condições materiais de vida determinadas pelos interesses do capital e a força de trabalho sendo usada para valorizar o capital: o trabalhador é uma mercadoria, e passa a ser visto como capital variável dentro do sistema capitalista.

De outro ângulo, mas também analisando a permanência do proletariado na sociedade contemporânea, Raúl Prada lembra que todas as revoluções do século XX foram feitas na periferia do capitalismo, e nenhuma de caráter estritamente proletário: camponeses no México, indígenas na Bolívia, guerreiros taoistas na China, todos lutando por reforma agrária, defesa de terras comunitárias expropriadas e uma guerra aberta contra a ocupação colonial (PRADA, 2008, p. 106). Esses objetivos teriam a ver com a expansão capitalista suas consequências perversas nas sociedades periféricas. Tratar-se-iam, portanto, de lutas majoritariamente anticoloniais.

> As contradições desatadas, convertidas em antagonismos, não são diretamente contra o capital, sim contra as formas políticas e econômicas que instaura o capital nas distantes terras da periferia. Como nomear essas classes não proletárias? Se encontram em processo de proletarização? Não, de nenhuma maneira. Se enfrentam a instituições neocoloniais, instituições que reforçam, paradoxalmente, a expansão do capital (*Ibidem*).

Essas rebeliões na periferia constituíram outros sujeitos, os quais as leituras do século XX identificaram com o nascimento da consciência nacional, e em meados do século XX o proletariado se incorporou a essas lutas de libertação nacional, em alianças com o campesinato e com outras classes (*Ibidem*, p. 107). No final do século XX e princípio do XXI, depois das transformações já mencionadas do mundo do trabalho, assiste-se a novas rebeliões anticapitalistas, e com o desaparecimento, segundo Negri, do proletariado profissional e do proletariado massa, aparece o que Prada chama de um proletariado nômade, articulado em seu sofrimento e subversão a outras classes em dissolução: Negri, Hardt e Virno identificam esse sujeito de novo tipo como "multidão" (PRADA, 2008, p. 107), e Prada é, do grupo Comuna, o único a utilizar a categoria multidão a partir de um diálogo mais direto com esses autores, e destoa da análise mais estritamente marxista dos demais autores.

René Zavaleta Mercado também utilizava o termo multidão já nos anos 1980, mas para referir-se à plebe em ação de forma difusa, espontânea e messiânica, sem a articulação em torno de uma classe dirigente: tratava-se da mesma fusão dos subalternos, do mesmo sujeito social, mas articulado sob a forma multidão em contraposição à forma classe, organizada e com uma direção clara (TAPIA, 2002b, p. 266). A formulação de Zavaleta partia da percepção de uma ampliação da centralidade proletária na Bolívia a partir da ruptura do pacto militar-camponês e da crise de novembro de 1979 (ZAVALETA MERCADO, 1983). O autor se referia à aproximação dos camponeses indígenas ao proletariado mineiro, trazendo uma fusão de todas as classes subalternas em torno do proletariado, conformando-se um bloco histórico nacional popular, em sentido gramsciano, com a direção do proletariado, mas que contava com os setores camponeses e indígenas (TAPIA, 2002b, p. 271). De fato, Zavaleta foi o primeiro a perceber essa incorporação e as influências mútuas nas formas de mobilização e nos programas políticos das classes que conformavam o bloco subalterno na Bolívia no fim dos anos 1970 e começo dos 1980 (SANTAELLA GONÇALVES, 2012, p. 42).

Neste sentido, cabe refletir, a partir do pensamento do grupo Comuna, que depois do fechamento das minas, da desorganização total do proletariado mineiro e dos anos de neoliberalismo, na conformação do processo de resistência e combate a esse modelo parece haver uma nova fusão dos sujeitos subalternos na Bolívia, dessa vez articulada em torno de um sujeito ainda em formação, mas de caráter predominantemente camponês-indígena.

Para Prada, a oposição entre proletariado e burguesia, e depois proletariado e Estado, no transcurso da história concreta da Bolívia, deve ser entendida não só a partir da contradição entre proletariado e o modo de produção capitalista, mas também entre um proletariado nativo e a forma colonial, que conseguiu subsumir as relações capitalistas de produção à antiga lógica colonial (PRADA, 2007, p. 140). Com o neoliberalismo, o enfraquecimento dos Estados nacionais periféricos e a retomada de uma ofensiva dos países centrais na exploração direta dos recursos e mão de obra das periferias, o capitalismo vigente toma formas semelhantes às do colonialismo, e as lutas anticapitalistas passam a conectar-se diretamente com as lutas anticoloniais. A forma neoliberal de gestão do capitalismo seria, portanto, uma influência "externa" importante para a retomada das lutas anticoloniais e o alinhamento destas com as lutas anticapitalistas. Mas esse processo se desenvolve também no seio das classes subalternas.

Ao longo dos anos 1980, ao mesmo tempo em que se enfraquecia o sujeito operário mineiro em sua forma tradicional, se fortalecia um discurso katarista camponês no Altiplano, além das organizações indígenas na Amazônia, Chaco e no Oriente. "Neste sentido, se poderia falar de algo que se pode chamar de nacional-popular na Bolívia ou a nação se deslocou em direção a um núcleo mais camponês e índio, complementando o composto também pelo operário, o urbano popular" (TAPIA, 2006, p. 59). Esse núcleo mais camponês e indígena traz com bastante peso a luta anticolonial para o contexto do combate ao neoliberalismo no país.

> Um dos traços da política levada a cabo nos países da América Latina nas últimas décadas, como crítica ao modelo liberal no econômico, e ao modelo liberal no político, foi o surgimento de forças políticas que se constituíram como tais, primeiro na tentativa e logo na interação a partir de estruturas comunitárias que formam parte de uma ampla diversidade de culturas, de origem pré-hispânica, e que sobreviveram a muitos anos de colonização e imperialismo. De fato, as críticas mais fortes ao modelo neoliberal vieram destes núcleos comunitários através de forças políticas que rearticularam seus povos através de várias formas sindicatos: partidos, assembleias de povos e culturas (TAPIA, 2009, p. 82).

É interessante destacar as reflexões de García, baseando-se em obras de Marx ainda não publicadas ou de publicação recente – os cadernos etnológicos não traduzidos e os Grundrisse – acerca dos membros das comunidades indígenas que permanecem vivas diante de uma sociedade mais ampla e moderna, por suas condições materiais de vida, seus vínculos econômicos consistentes, atitudes culturais e políticas, tudo isso em subordinação ao conglomerado social dominante, se definem também como classe social: a "classe comunal" (GARCÍA, 1999, p. 125-126). Não se tratam simplesmente de camponeses, nem da pequena-burguesia, mas sim de uma coletividade que se diferencia das outras por suas formas produtivas, se coloca em luta com as outras e que compõe uma estrutura societal: daí vem o conceito de classe comunal, que ajuda a compreender a dinâmica do conjunto da sociedade boliviana (GARCÍA, 2012).

A desintegração da estrutura comunal no processo de modernização pode ter como caminho mais provável a formação de uma classe camponesa pobre (semiproletariado) e da classe camponesa média e rica, levando ao fim da comunidade agrária. Entretanto, onde existem formas sociais comunais que permanecem, a classe tende a se subdividir em subclasses que combinam de maneira híbrida sua raiz comunal com posicionamentos camponeses e mercantis (GARCÍA, 1999, p. 128). Como se viu no debate sobre subsunção formal, o destino histórico dessa classe comunal depende da conjuntura da luta de classes e, mesmo que a comunidade tenda a desaparecer, isso não está previamente determinado: ela pode ser o ponto de partida de uma renovação geral da sociedade, e atualmente nos países latino-americanos as possibilidades de insurgências contra o capital são impensáveis à margem da classe comunal e de sua luta por universalizar a racionalidade que a caracteriza (*Ibidem*, p. 129).

A partir das mudanças ocorridas na classe trabalhadora e do fortalecimento de outros sujeitos sociais na sociedade boliviana – como a classe comunal indígena e os camponeses organizados – estavam dadas as condições para a conformação de um novo bloco subalterno na conjuntura de resistência e combate às políticas neoliberais. Esse novo bloco potencializava novas formas de mobilização na sociedade boliviana. Entender, da perspectiva dos autores do grupo Comuna, quais sujeitos compunham esse bloco subalterno, qual era seu projeto para o país e suas potencialidades para a transformação social, é importante para compreender onde estão as possibilidades dessa transformação na Bolívia e de onde vem as novas formas de mobilização que caracterizam o começo do século no país, além da forma como se desenvolveu o próprio pensamento do grupo.

206 RODRIGO SANTAELLA GONÇALVES

Hegemonia em disputa no século XXI: conformação e projetos dos blocos subalternos na Bolívia

Na guerra da água, conflito gerado a partir da vontade governamental de privatizar a água na região de Cochabamba, que imprimiu a primeira derrota ao neoliberalismo na Bolívia, a população mobilizada se autoidentificava como "povo simples e trabalhador", lutando contra o "governo e os ricos que destruíram o país" (GUTIERREZ *et al*, 2007, p. 180). Essa caracterização simples e direta, relatada no artigo escrito por Gutierrez, García e Tapia em 2000, tem um significado bastante claro: havia, de um lado, um bloco conformado pelas classes populares ou subalternas na Bolívia, e outro conformado pelas classes dominantes. A disputa pela hegemonia no país andino havia se polarizado, de forma que as forças políticas se concentravam em um ou outro lado da contenda, de acordo com seus interesses históricos. A identidade de "povo simples e trabalhador" "foi capaz de integrar identidades locais urbanas e rurais, a tempo de herdar a antiga identidade nacional do movimento operário centrada na virtude do trabalho" (GARCÍA, 2001, p. 49).

O fato da luta antineoliberal confundir-se, em muitos momentos, com a luta pela utilização dos recursos naturais mais básicos, como água, gerava um poder aglutinador muito grande nas classes subalternas. Camponeses, operários fixos, operários temporários, pequenos comerciantes, artesãos, desempregados, estudantes, donas de casa, as comunidades indígenas etc., todos necessitavam do acesso à água e tinham escassos recursos materiais. Eram pessoas que utilizavam os bens naturais como valor de uso, seja de forma tradicional (usos e costumes das comunidades indígenas e camponesas) ou moderna (serviço público nas cidades) (GARCÍA, 2001, p. 48).

Como ficou claro, da perspectiva do grupo, o bloco subalterno da sociedade boliviana não está conformado apenas por uma parte da sociedade moderna capitalista, mas também por outra forma sociedade que vive quase que paralelamente àquela, com suas próprias formas de organização, crenças e cultura. Além dos movimentos sociais que se mobilizam na Bolívia, há também movimentos societários (TAPIA, 2002, p. 57). A partir do problema da terra e da água, portanto, os movimentos deixam claro também a "condição multissocietal" da Bolívia e a continuidade das relações coloniais, o que acarreta a luta pela igualdade racial e entre nações (quéchua, aimarás, e muitas outras indígenas no país) (*Ibidem*). Há uma complexidade nos sujeitos subalternos bolivianos, que permitiu historicamente alinhar as pautas potencialmente anticapitalistas e anticoloniais nas lutas sociais no país, formando um bloco nacional-popular de caráter anticolonial e anticapitalista. Esse cenário se torna ainda mais complexo quando se tem em mente que as classes subalternas mais estritamente modernas têm também como substrato o índio, que é a base etnodemográfica da classe trabalhadora e dos camponeses, além das próprias comunidades indígenas (PRADA, 2007, p. 139).

De fato, os movimentos que foram ganhando mais força e se tornando protagonistas na disputa política boliviana, a partir de 2000 e numa crescente até 2005, foram os de base social indígena, emergentes das zonas agrárias apartadas da modernização proveniente do Estado: os aimarás do Altiplano, os cocaleiros dos Yungas e do Chapare, os *ayllus* de Sucre e Potosí e os indígenas do oriente deslocaram o protagonismo social que estivera antes nos sindicatos operários e nos movimentos urbanos (GARCÍA, 2004, p. 35).

> Certamente os indígenas e a plebe urbano-rural não foram a única força social posta em movimento: também o fizeram os cooperativistas mineiros, operários fabris, vizinhos, comerciantes e estudantes mestiços e inclusive segmentos das classes médias urbano-mestiças; mas quem ao final colocará os mortos, as forças de massa mobilizável, o método de luta predominante, a forma organizativa e o discurso marcante na sublevação, serão os indígenas, enquanto camponeses e operários. Neste sentido, se pode falar de uma forma particular da construção do bloco nacional--popular, só que agora com um núcleo articulador indígena, diferente do bloco nacional-popular de 1952 ou 1978 que tiveram os mineiros como seu centro unificador (GARCÍA, 2004, p.61-62).

A polarização política na Bolívia tem componentes étnico-culturais (indígenas/brancos e "gringos"), uma base classista (trabalhadores/empresários) e regional (ocidente/"meia lua"). O mapa do bloco nacional-popular boliviano no contexto das mobilizações contra os governos neoliberais demonstra uma preponderância do movimento indígena aimará, tanto em sua vertente rural-camponesa sindical, representada principalmente pela *Confederación Sindical Única de Trabajadores Campesinos de Bolivia* (CSUTCB) quanto pela operária urbana, representada pela *Central Obrera Regional* (COR) de El Alto e pelas Juntas de Vizinhos (GARCÍA, 2004, p. 67). Estão presentes os componentes étnico-cultural, regional e de classe bem definidos nessas organizações. Ao movimento aimará, se somam outros do Altiplano, dos vales e do trópico, também em duas vertentes: a de composição de classe comunitária-camponesa, com o movimento de *ayllus*, bastante representado pelo *Consejo Nacional de Ayllus y Markas del Qullasusyu* (CONAMAQ) e pela *Confederación de Pueblos Indígenas del Oriente de Boliva* (CIDOB), federações de cocaleiros e de regantes; e a de composição de classe operária, com os trabalhadores fabris de Cochabamba e La Paz, os mineiros da COB e os cooperativistas (*Ibidem*, p. 67). Além disso, ao longo do processo de mobilização e disputa de hegemonia, houve uma agregação de setores médios – intelectuais, profissionais liberais, algumas entidades da sociedade civil – o que mostrou também a capacidade de irradiação hegemônica do bloco nacional-popular (PRADA, 2004, p. 123).

No que diz respeito ao projeto político concreto apresentado pelos sujeitos do bloco naquela conjuntura, pode-se afirmar que se trata de um programa antineoliberal e de soberania nacional; que busca aprofundar e repensar a democracia; profundamente anticolonial; e, de forma menos direta, anticapitalista. É interessante entender que havia, a princípios do século, uma tensão interna no bloco entre um setor mais moderado, conformado pelas federações de cocaleiros, assalariados urbanos, pela CIDOB e capitaneado politicamente principalmente pelo MAS, e um de discurso mais radical, a partir da CSUTCB e do *Movimiento Indígena Pachakuti* (MIP), COR-El Alto e FEJUVE.

De qualquer forma, o central naquela conjuntura de disputa direta com o neoliberalismo, para a maioria das organizações e sujeitos em movimento, não era se autocaracterizar como anticapitalistas ou socialistas, mas questionar de forma ampla todo o sistema, principalmente a partir dos vieses citados acima: democracia, anticolonialismo e soberania nacional. O capitalismo na Bolívia é incompatível com a forma de democracia defendida pelos movimentos e com o anticolonialismo defendido, e neste sentido está o caráter anticapitalista do programa concreto que pode ser atribuído ao bloco.

Tapia caracterizava a esquerda boliviana da época como tendo dois eixos principais, sendo o primeiro deles a questão da soberania nacional, que buscava a autonomia nas decisões da política macroeconômica do país e sobretudo a recuperação do controle legal, econômico e político sobre os recursos naturais, particularmente os hidrocarbonetos (TAPIA, 2004b, p. 161). Neste eixo, a questão anticolonial é em grande medida representada num combate contra um estado considerado neocolonial (GUTIERREZ *et al*, 2007, p. 194). Há uma defesa intransigente da não privatização nem mercantilização dos recursos naturais no contexto neoliberal, mas também da manutenção dos "usos e costumes" em sua utilização e distribuição. É principalmente a maneira de garantir o manejo tradicional das comunidades indígenas e dos camponeses dos recursos naturais. Para os membros do grupo Comuna, isso pode apontar a um movimento de superação do regime do capital através da reconstituição "em condições superiores", como dizia Marx, das velhas estruturas comunitárias agrárias (GUTIERREZ *et al*, 2007, p. 187).

O crescimento em importância do sujeito indígena – a partir do katarismo nos anos 1980 – na esquerda boliviana traz consigo uma incorporação das temáticas do multiculturalismo e do colonialismo interno, a um discurso que era basicamente classista e nacionalista (TAPIA, 2002, p. 50). Propostas que buscavam o autogoverno de cada uma das nações indígenas, novas formas de participação democrática assentadas em instituições corporativas ou deliberativas, cidadania diferenciada por pertencimento linguístico, gestão social dos recursos públicos e de uma Assembleia Constituinte – que buscava congregar grande parte dessas anteriores – começavam a minar o consenso neoliberal do livre mercado e da democracia representativa (GARCÍA, 2002, p. 161). Dentro do processo, os setores mais radicais defendiam bandeiras mais avançadas, como fica claro nas palavras de Felipe Quispe, dirigente da CSUTCB e do MIP:

> A causa não era somente água, coca, território, terra, mas a causa já estava se gestando para tomar o poder político e autogovernar-nos nós mesmos com um sistema socialista comunitário a partir dos nossos *ayllus* e comunidades (QUISPE, 2001, p. 178).

O segundo eixo apontado por Tapia é a questão da democracia, que também encontra eco muito forte no programa do bloco. A *Coordinadora por la Defensa del Agua y la Vida*, formada em 2000 e que depois também foi importante na guerra do gás, que começa sua luta problematizando a privatização da água, passa a disputar o todo o excedente local e questionar todo o modelo de privatização monopólica transnacional (TAPIA, 2002, p. 59). Neste processo, busca reformar também a forma de fazer política na sociedade civil, democratizando-a ou aumentando a democracia direta no seu leque de atuação (*Ibidem*). Os movimentos indígenas também fomentam a democratização dos espaços da sociedade civil a partir de suas próprias formas e dinâmicas organizativas, em assembleias, sistemas de autoridades rotativas etc. Como mostra Oscar Vega Camacho, García Linera argumentava em 2005 que, por outro ângulo, a democracia passa a ser também vista como uma forma de organizar a gestão do bem comum da sociedade, de redistribuir os recursos, uma forma política de proceder sobre eles e sobre os interesses coletivos (CAMACHO, 2010, p. 38).

Neste sentido, havia dentro do bloco setores que defendiam a estabilidade da democracia burguesa diante de uma possibilidade insurrecional, por acreditarem na possibilidade de democratização, nos termos colocados por García, a partir do Estado. O MAS foi um dos grandes pilares da defesa da democracia existente na Bolívia e de sua renovação com a presença de trabalhadores e camponeses no Estado (TAPIA, 2004b, p. 162), já que as possibilidades de chegar a ocupá-lo por essa via e de efetivar essa democracia redistributiva se tornavam cada vez maiores.

O que acontece, em geral, é que o processo histórico caminha das partes ao todo: das vitórias locais e pontuais até a reforma e mudança global como forma de garantir as mudanças locais também (TAPIA, 2002, p. 59). Como são setores sociais anteriormente excluídos, na medida em que buscam se autorrepresentar tem necessariamente que questionar as estruturas de poder de Estado, já que seu reconhecimento como sujeito político passa obrigatoriamente pela mudança dos setores que controlam o aparelho estatal e que marginalizam as classes subalternas (GARCÍA, 2004, p. 34). Daí, também, que as questões mais específicas desemboquem no questionamento ao regime como um todo. Em termos concretos, principalmente a partir de 2003, as duas principais consignas do programa - anticolonial, democrático e antineoliberal – do bloco nacional popular, eram a da nacionalização dos hidrocarbonetos e a Assembleia Constituinte (TAPIA 2002, p. 58; CAMACHO, 2010, p. 37).

O programa político imediato era, em 2005, apesar das tensões entre os campos moderado e radical do bloco, fundamentalmente, de rearticulação da forma primordial de relação entre a sociedade civil e o Estado, ou seja, basicamente antineoliberal. O que se buscava era um novo momento constitutivo na Bolívia, democrático e multicultural, que não só recuperasse a soberania nacional como também avançasse nas questões anticoloniais, de reconhecimento dos direitos indígenas (TAPIA, 2005b, p. 33). Neste sentido, o programa do bloco subalterno boliviano nas mobilizações de 2000 a 2005, apesar de potencialmente anticapitalista – pelas concepções de mundo e pelos programas políticos de grande parte das organizações que o protagonizaram – era muito mais democratizante, anticolonial e antineoliberal. Ao longo da história, como mostra Tapia, ocorreu um deslocamento dentro do polo subalterno da sociedade boliviana de um núcleo discursivo e programático articulado em torno da ideia de nacionalização e do socialismo, para um de nacionalização e democracia (TAPIA, 2004b, p. 169). Não há dúvidas de que existe a organização de um horizonte mais amplo do que o do corporativismo, seja ele camponês, indígena ou operário, mas ele está mais voltado na luta concreta contra o bloco dominante na Bolívia às questões democráticas e nacionais do que à revolução socialista ou à luta propriamente anticapitalista (*Ibidem*, p. 24).

É importante ressaltar que a lógica nacional do espaço estatal está totalmente incorporada à concepção de mundo do movimento indígena, principalmente por conta da cultura de interdependência de pisos ecológicos e de diferentes regiões. Justamente por isso, o embrião de um projeto de poder indígena é nacional, e não só para as regiões de maioria indígena (GARCÍA, 2005, p. 29). Dentro dessa dimensão nacional das lutas, existe diferenciação interna importante nas organizações indígenas que dirigem o campo nacional-popular e que tem a ver com as diferenças dentro do campo: o setor mais moderado, representado especialmente pelas organizações que formam a base do MAS, articula as questões corporativas a um pensamento no nacional com o horizonte da Bolívia como um todo, articulando os componentes das culturas e do programa dos povos pré-hispânicas, com a história das lutas populares modernas e busca atingir o todo a partir da via eleitoral e da Assembleia Constituinte. O setor mais radical, representado principalmente pelo MIP e pela CSUTCB à época das mobilizações, buscava articular o corporativo com uma dimensão nacional mais aimará e quéchua, buscando um Estado socialista indígena através de uma insurreição, com diálogos com os setores populares "modernos", mas principalmente articulado em torno do eixo étnico indígena.

A forma mais característica de fazer política desse sujeito social indígena e desse bloco que fica no "subsolo" político é questionar, atacar e desmontar as formas de dominação, a partir inclusive da própria organização interna dos movimentos. É o que Tapia chama de política selvagem, que não conforma instituições definidas nem hierarquias cristalizadas e busca desestabilizar constantemente a ordem social (TAPIA, 2001b, p. 152). Esse caráter insurgente e "desobediente" dessas formas de organização foi central para a sua capacidade de mobilização e consequentemente para sua vitória política entre 2000 e 2005. Entretanto, o fato das instituições democráticas burguesas não terem sido questionadas de forma mais impetuosa e direta, dada a falta de projeto concreto de poder por parte dos movimentos, fez com o que o processo fosse canalizado para uma via institucional, que de certa forma estagnou a prática da política selvagem dos movimentos. É como se os movimentos passassem a jogar no campo do adversário. Neste sentido, em 2005 a vitória eleitoral do MAS e de Evo Morales trazia potencialidades de transformação e grandes avanços por dentro da ordem estatal, por um lado, mas também todos os limites gerados pela canalização excessiva da luta pela via eleitoral, que legitimava o sistema democrático moderno e liberal burguês.

A substituição das elites políticas ocorrida em 2006, que independente de quaisquer limites representou uma vitória histórica dos setores subalternos da sociedade, colocou na direção do Estado boliviano setores que representavam grande parte da base social do processo de mobilizações entre 2000 e 2005, mas com uma extensão para um setor do empresariado e da classe média que não foram protagonistas nas mobilizações. García Linera afirma que no novo bloco no poder estão principalmente os camponeses indígenas, com maioria dos que têm vínculos com o mercado – como os cocaleiros –, pequenos produtores urbanos e setores com atividade mercantil relativamente avançada – pequenos empresários de origem popular, que aquecem o mercado interno – além de um bloco de intelectuais e profissionais provenientes da democratização do acesso às universidades nos anos 1960, e de um setor da intelectualidade indianista (GARCÍA, 2010, p. 18). Além disso, fala que em torno deste núcleo duro do bloco no poder se articulam forças operárias anteriormente submetidas à precarização neoliberal, e com elas "um segmento empresarial industrial tradicional, do qual uma parte está vinculada ao mercado interno e hoje se vê favorecida por uma série de decisões que fomentam o consumo público de produtos nacionais" (*Ibidem*).

A grande prioridade do governo do MAS era o fortalecimento do mercado interno e a ruptura com alguns paradigmas neoliberais de dependência. A dimensão mais combativa e substantiva do projeto de Bolívia deste bloco subalterno encontrava-se nos movimentos sociais, principalmente no Pacto de Unidade entre os movimentos camponeses e indígenas, que se formou para garantir a Assembleia Constituinte e a promulgação da nova Constituição. O projeto de governo pegava apenas alguns elementos desse programa substantivo e os incorporava, mas não representava uma síntese do programa do bloco (TAPIA, 2010, p. 119). Justamente por isso, a partir dos problemas do governo Evo com os povos indígenas, principalmente no caso de TIPNIS que se arrasta desde 2011, o Pacto de Unidade foi rompido, com a saída de duas importantes entidades mais propriamente indígenas comunitárias do que camponesas – o *Consejo Nacional de Ayllus y Markas del Qullasusyu* e a *Confederación de Pueblos Indígenas del Oriente de Bolíva* e com rupturas no interior da CSUTCB.

As transformações no Estado, que seriam implantadas a partir da Assembleia Constituinte, foram muito limitadas e permitiram algumas vitórias para os setores mais conservadores do país, principalmente porque a Assembleia foi organizada dentro dos moldes da democracia representativa liberal. É verdade que a partir das mobilizações, da produção intelectual que as acompanhou e de aspectos do governo do MAS, os temas de descolonização, pluralismo cultural, papel forte do Estado na economia e descentralização do poder se tornaram mais hegemônicos na sociedade civil (*Ibidem*, p. 30). Isso não significa, por outro lado, que as políticas governamentais estejam contemplando todas essas esferas, o que explica em grande parte o crescimento da oposição de esquerda a partir dos próprios movimentos sociais. Vega Camacho afirma que o objetivo do MAS era transformar o Estado, e através da nova condição estatal fazer modificações profundas na sociedade, mas que o Estado ainda não foi transformado como poderia e como os movimentos desejavam. Por sua parte, o governo compreende que as transformações ocorreram e seguem ocorrendo, e esse é o mote de todos os demais debates e aprofundamento de crítica ao governo do MAS por parte da esquerda que construiu o processo de derrota do neoliberalismo (CAMACHO, 2012).

A forma como se deram quaisquer vitórias parciais do bloco historicamente dominante no país, através do espaço institucional cedido pelo MAS, e o recolhimento cada vez maior deste bloco à esfera da disputa regional e defensiva, mostram que a disputa verdadeira dos rumos políticos e sociais do país se dá, principalmente a partir da derrota da oligarquia em 2008, fundamentalmente dentro do bloco nacional-popular. A direita obteve vitórias a partir de concessões do MAS, mas os debates fundamentais acontecem dentro do bloco que apoiou o processo de mudança desde o começo. Neste âmbito, as diferenças entre os membros do grupo Comuna, especialmente entre Prada e Tapia, por um lado, e García Linera, por outro, só aumentaram desde 2005, o que seguramente é reflexo do processo concreto do governo do MAS, mas também reflete nele em certa medida.

Neste sentido, Camacho, em entrevista concedida em março de 2012, afirmava que "o perigo não é cair na direita quando se faz a crítica, mas sim acreditar que existe uma direita e não entender que os maiores riscos conservadores estão dentro do próprio 'proceso de cambio'"(CAMACHO, 2012). Torna-se, portanto, ainda mais importante discutir as potencialidades e os limites do bloco nacional-popular para pensar nos rumos do *proceso de cambio* na Bolívia. Dentre essas potencialidades que devem ser reforçadas e ampliadas para garantir que o percurso do governo boliviano não passe a coincidir cada vez mais com os projetos conservadores das elites do país estão, sem dúvida, as novas formas organizativas apresentadas pelos movimentos sociais durante o processo de mobilizações de 2000 a 2005.

Formas de luta contemporâneas na Bolívia: comunidade e multidão

Se as diferenças cresciam a partir do processo de chegada de parte do bloco subalterno ao Estado, elas eram menores quando se discutia as potencialidades do período anterior, principalmente sobre as formas organizativas existentes no interior do bloco nacional-popular. Para entendê-las, Tapia destacava que muitos desses sujeitos se movimentaram, ao longo dos anos do neoliberalismo na Bolívia, em espaços "invisíveis" e não reconhecidos perante o Estado, espaços nos quais se dá a disputa ideológica entre os próprios subalternos e suas concepções de mundo, espaços subterrâneos, que são o que o autor chama de subsolo político, o âmbito da diversidade ideológica e discursiva excluída (TAPIA, 2001b, p. 137). Nos momentos de crise, esses movimentos anfíbios, do subsolo, emergem até a superfície reproduzindo e intensificando as crises, disputando a sociedade. Emerge a política do subsolo, que no caso boliviano se tratava, no momento das mobilizações antineoliberais,

> (...) de uma combinação de movimento social e movimento societário, ou seja, de uma combinação de política comunitária e

de política moderna não liberal. Estas são as formas e conteúdos mais grossos do subsolo político hoje na Bolívia, cujos movimentos estão colocando em crise o Estado boliviano (TAPIA, 2001b, p. 146).

É justamente a política selvagem, para usar o termo de Tapia (2001b, p. 161), produzida a partir desse subsolo político, que garante a força para os movimentos, surgidos em geral da experiência e politização de algum tipo de escassez ou pauperização (*Idem*, 2002, p. 36), serem capazes de democratizar radicalmente a sociedade. É, portanto, nessas formas organizativas do subsolo político – e nos programas defendidos nesse âmbito – que estiveram e estão ainda as maiores potencialidades do processo de mudança da sociedade boliviana.

As principais fontes de mobilização do século XXI no país foram originadas de formas de organização sustentadas de fora das cidades, a partir do campo, seja a do sindicalismo camponês, sejam as formas comunitárias indígenas, que muitas vezes coincidem (TAPIA, 2005b, p. 33). Como se pôde mostrar anteriormente, ainda que a integração ao mercado seja crescente, não se trata de camponeses plenamente mercantilizados e nem de comunidades que são simplesmente agregados de proprietários privados. Há um grau de permanência e de independência, típico de uma sociedade multicivilizatória como é a boliviana, de outras formas de sociedade. García afirma que

> Em conjunto falamos das comunidade e dos *ayllus* como estruturas civilizatórias portadoras de sistemas culturais, de sistemas temporais, de sistemas tecnológicos, de sistemas políticos e de sistemas produtivos estruturalmente diferenciados das constituições civilizatórias do capitalismo dominante (GARCÍA, 2001, p. 57).

Ainda segundo García, são quatro os componentes que permitiram as condições para a existência e a força do movimento indígena: características socioculturais que levam a uma estrutura civilizatória comum na região dos conflitos; a intensificação da exploração do trabalho comunitário pelo capitalismo neoliberal; uma acumulação desde os anos 1980 da politização e da construção de identidade ao redor da ressignificação da história passada a partir da atuação de militantes das próprias comunidades formados no sindicalismo e nas organizações políticas radicalizadas; e, por fim, o fracasso das políticas estatais neoliberais de incorporação dos indígenas a intensificação das exclusões coloniais durante o período neoliberal (*Ibidem*, p. 65-66).

A caracterização da CSUTCB por Tapia (2002) é um exemplo interessante. Uma central sindical que tem como base, mais do que os sindicatos propriamente ditos, as comunidades e as estruturas indígenas tradicionais de autoridade. A maioria dos chamados sindicatos camponeses não são a representação e a organização do proletariado agrícola, mas contém, com um nome moderno, "formas não-capitalistas de trabalho e propriedade da terra, assim como formas de organização e representação tradicionais mais ligadas à comunidade" (TAPIA, 2002, p. 56). É também dessas considerações que vem sua conceituação de movimento societário. O fortalecimento do discurso identitário indígena, citado por García e implícito na caracterização de Tapia e a noção de pertencimento a outro tipo de sociedade ficam claros nas palavras de Felipe Quispe:

> Nós usamos inteligentemente esses discursos [antineoliberais], mas dentro disso está nossa cultura política: não usamos nem o leninismo nem o maoísmo nem o trotskismo. Utilizamos nossa própria ideologia, porque não dizer o pachacutismo divino que vem de baixo e de cima e que tem que chover de baixo para cima; dissemos que até as lhamas vão cuspir nos inimigos, nossos animais têm que se rebelar, os cachorros têm que morder seus donos. Estamos no tempo do Pachakuti; as Wak'as vão voltar a falar, as pedras vão revelar coisas insuspeitadas. Então, os rios voltarão a cantar. Tudo o que tínhamos utilizamos, e isso nos serviu de grande maneira, com o qual tivemos que rebelar-nos no setembro indígena (QUISPE, 2001, p. 170).

O *ayllu* sobreviveu como forma de comunidade local, mas também se metamorfoseou na forma sindicato. Para além das assembleias, tradicionais forma de mobilização do movimento camponês na Bolívia desde 1952, a sobrevivência do ayllu renova os métodos de luta principalmente com o mecanismo dos bloqueios. Eram utilizados métodos de ocupação militar dos espaços e de exercício da soberania comunitária neles, com a intensificação do funcionamento das instituições comunitárias políticas, econômicas e culturais (GARCÍA, 2001, p. 70). Prada afirma que

> Desde o momento em que se produzem os bloqueios, a mobilização entra em outros tipos de agenciamentos, que em parte são os comitês de bloqueio e, em sua extensão, a gigantesca rede sindical camponesa, que também entra em outra forma de agenciamento não só porque seu agir se encontra controlado pelas assembleias comunais de base, mas porque os próprios sindicatos se convertem em outro tipo de aparatos: já não são mediadores de demandas direcionadas ao Estado, mas sim aparatos de pressão e dispositivos de luta (PRADA, 2008, p. 39).

Neste sentido, Raquel Gutierrez (2001) fala de uma forma comunitária de fazer política, em contraponto à forma liberal representativa, quando caracteriza os métodos do movimento indígena comunitário. A soberania é exercida coletivamente, e não se parte de um contrato de entrega da vontade individual, mas sim de mecanismos de gestão do assunto comum que se constroem a partir de acordos entre sujeitos concretos, que compartilham atividades concretas nas comunidades, e os mesmos destinos (GUTIERREZ, 2001b, p. 70). O político, na forma comunitária, deixaria de ser relativo à capacidade de governar e decidir privadamente e depois convencer a coletividade para ser a habilidade para expressar e executar o que foi decidido pelo conjunto social em assembleias, espaços públicos presenciais, a partir do modo concreto de se buscar equilíbrio entre capacidades da comunidade e necessidades sociais.

> Se a capacidade de decisão individual e coletiva sobre o assunto comum radica diretamente na coletividade e se, apesar de que tal capacidade soberana se exerça através de representantes, o limite da atividade destes é a própria vontade coletiva que controla materialmente os meios de dita soberania, de modo tal que a função de representação se limita a buscar os modos de dar curso à vontade comum, então, estamos diante da forma comunitária da política (...) Não há delegação da soberania nem autonomização da capacidade de decisão: há exercício direto da decisão

comum, representação que se limita a levar adiante o comumente decidido e mecanismos autorreguladores do sistema de relações de poder que imponham os marcos de pertencimento ao coletivo (GUTIERREZ, 2001b, p. 70-71).

São fundamentalmente os sindicatos, portanto, renovados e de composição diferente dos sindicatos operários do século XX (agora também indígenas, com trabalhadores de novo tipo etc.), os principais impulsionadores das transformações na Bolívia: CSUTCB que organiza vários, o sindicato dos fabris, o dos cocaleiros etc. (TAPIA, 2002, p. 69). Além disso, a novidade na política boliviana do século XXI é que os sindicatos, diferentemente da COB no século XX, formaram partidos políticos. O MAS é impulsionado inicialmente pelos sindicatos cocaleiros (TAPIA, 2004b, p. 151), e o MIP a partir da CSUTCB. Prada acredita que os sindicatos, as assembleias, as subcentrais e centrais sindicais são todas engrenagens diferenciadas no tempo, mas contam uma matriz única arcaica que as permite unificar-se na contemporaneidade formando uma nova totalização: o *ayllu*, com seus dois eixos primordiais de estratificação, as filiações e a acumulação de alianças (PRADA, 2008, p. 39-40).

E justamente essa matriz e a organização sindical teriam "se tornado multidão", para Prada, nas mobilizações de 2000 na Bolívia: o bloqueio de caminhos funciona como prelúdio de um sítio e da tomada das cidades, e é o desenho estratégico da aparição do ayllu no cenário político boliviano (*Ibidem*, p. 44). Seriam táticas nômades, recuperadas da memória guerreira andina, e que em última análise têm como objetivo estratégico a abolição do Estado (*Ibidem*).

Para além das formas organizativas comunitárias sindicalizadas, há também formas inovadoras de articulação de sujeitos políticos nas cidades, como foi a *Coordinadora*, tanto na guerra da água como em sua evolução posterior até a guerra do gás. As palavras de García Linera são elucidativas:

> (...) proletários forjados na antiga cultura da adesão operária, mas lúcidos conhecedoras da nova realidade material e simbólica fragmentada da condição operária moderna, colocarão de pé formas organizativas como a Coordenadora da Água e da Vida

em Cochabamba, que por suas vitórias conseguidas, suas formas de articulação de setores laborais dispersos, por sua produção de solidariedade popular em torno a uma autoridade moral operária, pela reativação da capacidade das classes subalternas de acreditar em si mesmas e, acima de tudo, pela "recuperação da capacidade de ação", ou, melhor, pela produção de um horizonte de ação autodeterminativo, estão dando lugar a uma inovadora reconstituição do tecido social do mundo laboral e, em particular, da identidade operária contemporânea. Se pode dizer que, desde abril de 2000, estamos diante de um ponto de inflexão histórico: o início do fim dessa época caracterizada pelo programa neoliberal que se inaugurou com a derrota da "marcha por la vida" (GARCÍA, 2007, p. 59).

Na *Coordinadora* se reúne uma rede de alianças de diferentes estratos da sociedade *abigarrada*: regantes, fabris, juntas de vizinhos, professores urbanos e rurais, associações civis, movimentos de jovens etc. A fisionomia desses núcleos de condensação social formados na articulação desses diversos sujeitos tem uma marca característica da nova estrutura de classes na Bolívia, segundo o grupo: a perda da centralidade organizativa por parte do mundo do trabalho organizado em sindicatos começava a ser revertida pela emergência de formas inéditas de organização, capazes de contemplar a condição operária híbrida da população urbana e a expansão de construções discursivas fortemente amparadas no autorreconhecimento da carência, do sofrimento e do trabalho (GUTIERREZ *et al*, 2007, p. 158). O processo da *Coordinadora* se vincula à reorganização ampliada do bloco nacional-popular, já que permite a fusão entre diferentes grupos classistas operários e outros setores subalternos importantes (TAPIA, 2004b, p. 147). É o "povo simples e trabalhador" o que se rebela nas cidades, ou pessoas que "não vivem do trabalho alheio".

É importante frisar que essa forma de organização não se trata simplesmente de um amontoado de indivíduos ou de uma massa amorfa sem nenhum tipo de vínculos com organizações de base ou responsabilidade com os atos. Essa forma, que o grupo chama de "multidão", é uma forma de unificação prática, discursiva e deliberativa de várias estruturas de organização local, de bairro, de trabalho, em torno a objetivos comuns que afetam a todos e por meio de formas de recrutamento descentralizadas e semi-institucionalizadas (*Ibidem*, p. 168). Diferente da forma sindicato, que se organiza por centro de trabalho, a forma multidão está assentada numa rede territorial que abarca os sindicatos e é muito mais ampla em sua capacidade de articulação (*Ibidem*). Além disso, ela é solta nas suas formas de integração e expansiva nas possibilidades de incorporar novos membros que tenham compromisso com os objetivos e as tarefas a serem tocadas e, sobretudo, exerce sua força de convocatória através das mobilizações e de participação generalizada por objetivos precisos (*Ibidem*).

Entretanto, a participação de movimentos e entidades de base já organizadas na construção é importantíssima. Se os regantes davam o corpo e o conhecimento técnico para a *Coordinadora*, o sindicato dos fabris, com sua legitimidade e capacidade de organizar os trabalhadores nessa sua nova condição, além de sua estrutura organizativa, agregou muito na unificação de todos os movimentos e na elaboração de um horizonte estratégico mais claro a partir do problema da água (*Ibidem*, p. 182). A multidão é uma ação organizada de pessoas organizadas previamente, como foi a COB, mas agora contando com estruturas territoriais como eixo de reunião (GARCÍA, 2001, p. 42). A *Coordinadora* é o nome regional e temporário de uma das maneiras de manifestação da forma multidão (GARCÍA, 2001, p. 41).

É importante não confundir a maneira como Gutierrez, Tapia e García tratam a categoria multidão neste artigo com as teorizações de Negri e Hardt sobre a multidão. Como viu-se no capítulo anterior, em Negri a categoria multidão consiste em uma forma abstrata, em sua formulação não há discussão sobre formas concretas de luta, táticas de enfrentamento, articulação entre lutas políticas, econômicas e ideológicas (BORÓN, 2004, p. 53). No Comuna, é apenas Prada que se refere a Negri para falar de multidão, mas mesmo ele, quando avalia a história da Bolívia, identifica a multidão com setores subalternos concretos da sociedade (2002, p. 135) e com formas concretas de luta. Por parte de García Linera, Tapia e Gutierrez (2007, p. 168), a multidão aparece sempre relacionada a setores bastante concretos da sociedade, o que marca uma diferença com as conceituações de Toni Negri, já que a multidão é tratada muito mais como uma "forma" de organização do que como um sujeito social coletivo. De fato, García Linera argumentava em debate com Tapia, Negri e Hardt em 2008, que

> O conceito de multidão que começamos a trabalhar recentemente no Comuna é um conceito operacionalizável, que de alguma maneira resume um movimento real, um tipo de movimento da sociedade, datável, estudável, analisável, objetivável nos resultados, na sua prática, em suas ações frente ao Estado e contra o Estado. Não sei até que ponto o conceito de multidão que vocês [Negri e Hardt] utilizam tem essa qualidade da historicidade, ou é mais uma categoria que tenta dar referência ou tenta resumir a possibilidade de um movimento da sociedade (GARCÍA in NEGRI et al, 2008, p. 59)

Neste sentido, como o próprio Hardt afirma no mesmo debate, que deu origem a um livro, o conceito de multidão foi elaborado de forma paralela pelo grupo Comuna e por Negri, não necessariamente havendo uma relação direta, a não ser no caso de Raúl Prada que vai ao encontro da produção teórica de Negri para enriquecer sua percepção da multidão.

Para o grupo, a multidão concreta na conjuntura boliviana de 2000 funcionava como

> (...) um poder político com um discurso hegemônico assentado em esquemas interpretativos do mundo operário e popular; com capacidade de mobilização departamental e produção de propostas gerais; com estruturas de deliberação (assembleias, comícios, barricadas); com força de coerção que pressionou o Estado e com embrionária mas crescente capacidade para imaginar uma ordem política alternativa a escala geral (GUTIERREZ et al, 2007, p. 177).

Neste sentido, a multidão através da *Coordinadora* teve a capacidade de politizar a população trabalhadora desorganizada depois da perda de força dos sindicatos tradicionais, permitindo e gerando espaços e mecanismos para a intervenção no assunto público, para a prática do compromisso e da responsabilidade política através das assembleias, plenárias e mobilizações questionando o governo e em defesa de seu programa (GUTIERREZ, 2001, p. 207). A multidão reunida se caracterizava por deliberar diretamente, enquanto os dirigentes apenas transmitiam as políticas decididas coletivamente nas instâncias, e por não ter como referência direta seu pertencimento ao Estado, como era o caso do movimento sindical do século XX (*Ibidem*, p. 197). Era uma forma de democracia direta, mas com momentos também representativos, que respondia à fragmentação e à diversidade de sujeitos, deixando clara a necessidade de vincular-se e articular-se para conseguir fins objetivos e coletivos (TAPIA, 2004b, p. 157).

Eram quatro as instâncias organizativas principais da *Coordinadora*: primeiro as assembleias das próprias organizações, sindicatos urbanos, comitês de bairros, *ayllus*, comitês de água e de regantes; depois, a assembleia de representantes, que funciona quase como um parlamento popular; ocorreram cinco grandes plenárias nos sete dias mais intensos de abril de 2000, que foram de cinco mil pessoas até cem mil no último; e, por fim, um comitê executivo com Oscar Olivera, dirigente dos fabris e Omar Fernandez, dirigente dos regantes, que simplesmente cumpriam as deliberações coletivas (GUTIERREZ *et al*, 2007, p. 184-185). Luis Tapia destaca a importância dessa experiência afirmando que

> (...) é a que provavelmente mostra com maior força a articulação de maiores espaços democráticos não estatais no país, que se articularam para enfrentar a política neoliberal e rearticular os laços sociais e a possibilidade de que os trabalhadores possam reformar a direção política do país. Cabe ressaltar a diferença entre a forma da Coordenadora e as centrais camponesas e operárias. As centrais servem para articular redes de sindicatos do próprio setor de trabalhadores. A Coordenadora aparece diante da necessidade de coordenar diferentes setores e tipos de organização, não todos eles de origem funcional ou classista, interessados em participar em uma reorganização do país que permita restituir maior soberania e capacidade de autogoverno local. Essas tarefas eram realizadas antes pela *Central Obrera Boliviana* (TAPIA, 2004b, p. 157).

Esse tipo de fusão de sujeitos, organizados sob essa forma multidão, foi junto com os movimentos indígenas já citados, um dos grandes pilares da derrota dos governos neoliberais no país.

Diferentemente do que propõe Alain Touraine a respeito dos "novos movimentos sociais", que não seriam movimentos políticos dirigidos à conquista do poder, a multidão de fato é uma politização extrema da sociedade, possuidora de uma força organizativa capaz de questionara pertinência dos sistemas de governo existentes, o regime de democracia liberal e de fazer surgir sistemas alternativos de exercício do poder político e de vida democrática legítima (GARCÍA, 2001, p. 52). Por sua parte, o retorno organizacional do *ayllu* nas mobilizações indígenas tinha como objetivo estratégico a abolição do Estado, pois o *ayllu* em sua condição original é uma sociedade contra o Estado (PRADA, 2008, p. 44). Assim,

> O projeto intrínseco das mobilizações não pode ser satisfeito senão com a reviravolta profunda das estruturas de dominação. Não será possível uma convivência a não ser em uma República descolonizada, uma República que assente suas bases nos substratos culturais dos povos nativos, retomando seus projetos originais como possibilidades societárias (PRADA, 2008, p. 49).

Para Prada, era possível que essa forma organizativa fosse uma criação das massas, alternativa ao governo e ao Estado burguês, de caráter autogestionário e que gerasse possibilidades para que a multidão pudesse decidir sobre seu próprio futuro sem a necessidade de mediações, sem recorrer à representação da classe política ou dos partidos existentes (PRADA, 2002, p. 98).

A crise boliviana levou ao aparecimento das novas formas de organização, primeiro essa forma multidão em abril de 2000 com a guerra da água, depois em setembro as formas comunitárias que viriam o substrato mais firme das mobilizações que se seguiriam no país. Em 2003, há um sujeito mais difuso e espontâneo em luta, com maneiras de organizarem-se mais soltas do que a multidão concreta e organizada debatida até aqui, e que pode ser chamada de multidão amorfa[6] (GARCÍA, 2004, p. 44). Essas mobilizações

---

6   O grupo faz uma diferença entre "multitud", essa multidão concreta e organizada, e "muchedumbre", essa

massivas de 2003, que também colocaram em xeque o futuro do neoliberalismo no país, contaram com pessoas que não tinham filiação organizativa a nada e que por isso atuavam eletivamente, sem precisar dar satisfações ou prestar contas a nenhuma estrutura específica, nem sobre sua disciplina nem sobre seus métodos, atuando principalmente baseado nos seus interesses e necessidades individuais (*Ibidem,*p. 45).

> Essas pessoas carentes de laços normativos e de vinculações coletivas são fruto de processos de modernização bastardizados, na medida em que deixaram para trás as filiações coletivas tradicionais da comunidade e do grêmio, mas ao mesmo tempo não interiorizaram as pautas da cidadania corporativa (o sindicato de assalariados) nem a ética do contribuinte (imposto em troca de serviços sociais) próprios da modernidade exitosa. (...) A multidão amorfa é a manifestação coletiva de uma individuação esvaziada (...) a coalizão temporal e facciosa de indivíduos provenientes dos mais diversos ofícios que não devem nada a ninguém, nem ao sindicato, nem ao grêmio, nem à junta de vizinhos e muito menos ao Estado que os abandonou a sua própria sorte ou só existe para cobrá-los. São pessoas nascidas na precariedade, na exclusão e no impedimento de qualquer ascensão social planificável e estão presentes tanto em Los Angeles como em El Alto, em Caracas como em Buenos Aires, em La Paz ou em Santa Cruz (GARCÍA, 2004, p. 45-46).

Essa forma de mobilização existe para dizer não, para resistir, diferente da forma multidão, comunidade ou da forma sindicato, não abraça nenhuma via de resolução dos problemas nem as formas organizativas para atingi-la. Em momentos de crise aguda esses sujeitos entram em choque com o Estado, mas sem um programa definido e com posições por vezes conservadoras. No caso boliviano, esse processo acontece em paralelo à atuação dos setores mais organizados, e por outro lado mesmo esses sujeitos têm uma memória organizativa do que foi a COB e a história de lutas sociais no país, e ambos os fatores somados potencializaram as mobilizações contra o neoliberalismo.

---

mais solta, um aglomerado de pessoas sem forma definida. Ambas as palavras são traduzidas comumente para multidão em português.

O surgimento desse sujeito menos organizado e mais esporádico aponta também para certos limites dessas formas organizativas. Raúl Prada interpretava já a existência de uma crise de direção nos movimentos, de afastamento das bases, em 2003, que teria levado a formas mais espontâneas e autoconvocadas de organização (PRADA, 2004, p. 100). De fato, havia um processo de mobilização crescente, com a emergência de novas formas organizativas e a fusão de sujeitos que tinham objetivos imediatos muito bem definidos, mas também horizontes estratégicos profundamente contestadores da ordem vigente, não só da forma neoliberal de gestão do capitalismo como do sistema em si e, principalmente, dos limites da democracia liberal. Entretanto, faltava um projeto de poder alternativo definido e concreto para colocar no lugar daquela hegemonia que estava sendo derrotada.

Prada afirmava que quando o *ayllu* se estatiza significa que foi capturado, mas também quando sua expressão discursiva é convertida em partido trata-se de uma forma de captura (PRADA, 2008, p. 44). Em vários momentos crucias das mobilizações, especialmente em 2005, o dilema de avançar para derrotar toda forma de poder liberal-burguês ou tentar modificar a realidade a partir das estruturas existentes esteve presente.

Os *ayllus*, sindicatos camponeses e a forma multidão foram exemplos vivos, em vários momentos, dessa contestação mais profunda à sociedade existente. Entretanto, quando as mobilizações chegaram ao ápice e estabeleceu-se um vazio de poder, o processo canalizou-se para as eleições do final de 2005, que elegeram um partido fruto de todo o processo de mobilização, o MAS. Era uma derrota imposta ao neoliberalismo, mas uma derrota muito mais limitada do que o que era apontado como possibilidade pela conjuntura. Havia uma dificuldade do movimento, principalmente da forma multidão, de manter sua organicidade em períodos de crise menos intensa, o que era fruto da pouca institucionalização, e de sua forma flexível de organização, características que também conformavam parte de suas maiores virtudes (GARCÍA, 2001, p. 53; GUTIERREZ, 2001, p. 200). Além disso, houve momentos nos quais as direções, mesmo com essas formas democráticas mais diretas, inibiam as iniciativas das bases (PRADA, 2005, p. 164).

Os movimentos, concretamente, mobilizaram-se para pleitear questões diretas aos governos vigentes, como a não privatização da água, a nacionalização do gás, a revogação da lei de terras, a retomada de direitos dos trabalhadores, a conquista de direitos indígenas etc. Por mais que tivessem em suas formas organizativas e em seus horizontes estratégicos discursivos apontamentos para outro modelo de sociedade, para a superação do capitalismo, o bloco nacional-popular não tinha um programa definido que apontasse pra isso, um programa de transição. Na prática, pleiteavam as questões ao governo vigente, e conforme seu poder de mobilização, contestação e convencimento das massas foi aumentando, chegou um momento, depois da renúncia de Carlos Mesa e do impedimento da sucessão constitucional, no qual não havia governo vigente. Neste momento, o bloco não tinha um projeto de poder definido e que contemplasse suas particularidades e horizontes táticos e estratégicos:

> (...) não basta simplesmente mobilizar-se, cercar e paralisar o Estado. Essa é uma estratégia de resistência importante para obrigar os governantes a ter em conta uma ou outra demanda, mas não para obrigá-los a tomar decisões que vão contra sua existência de classe. A luta pelo poder, por sua produção social capaz de lançar os movimentos sociais à luta pelo poder estatal, é muito mais do que uma declaração panfletária ou um discurso entusiasmado (GARCÍA, 2005, p. 62).

Os movimentos tinham um projeto limitado de país, que englobava a reversão das políticas neoliberais – nacionalização dos recursos naturais, retomada de direitos etc. – e a reestruturação do Estado boliviano com uma Assembleia Constituinte. Não existia, por outro lado, um instrumento político capaz de aglutinar as demandas e o horizonte dos movimentos e agir de forma coerente com elas. O grupo Comuna acompanhava as mobilizações e refletia potencializando-as e contribuindo para um processo de totalização de seus discursos e de suas convergências, mas de forma nenhuma um projeto de poder poderia sair do espaço do grupo. Este, necessariamente, teria que partir das organizações e dos sujeitos sociais que eram protagonistas das lutas. O MAS ocupou esse espaço vazio à sua maneira, representando um setor mais moderado do bloco, e optando por disputar os rumos do país – a partir das consignas do movimento, é verdade – dentro da mesma lógica das eleições burguesas, e posteriormente em tocar a reforma do Estado boliviano baseando-se na também mesma lógica de priorização dos partidos tradicionais. García Linera estava diretamente envolvido nesse processo, Raúl Prada também participava mais diretamente, apostando na Assembleia Constituinte como mecanismo de subversão radical da lógica do Estado, enquanto Tapia permanecia de fora e com uma perspectiva crítica à opção institucional, apesar de seus vínculos com o Movimiento Sin Miedo (MSM) . A opção pela via eleitoral, por um lado, e a continuação dessa opção "por dentro das regras", principalmente na composição da Assembleia Constituinte, apontaram para os limites de todo esse processo de mobilização.

Uma das questões que permeou muitas das lutas dos movimentos sociais bolivianos foi a falta de unidade política real entre eles: as várias mobilizações não derivam sempre numa guerra total contra o Estado, já que suas estruturas organizativas não estão totalmente articuladas. Em alguns momentos, sua força veio muito mais da simultaneidade das mobilizações do que de uma articulação orquestrada entre elas (PRADA, 2002, p. 84). Isso mostra também a falta de um projeto comum de poder e a falta de um instrumento político que garanta a unidade concreta desses setores em torno de um programa prático e de uma estratégia de poder. As bandeiras da nacionalização e da Assembleia Constituinte, por si só, eram muito pouco para representar o programa de um movimento tão amplo e radical como o que se apresentou na conjuntura com as mobilizações indígenas, camponesas e operárias, no campo e nas cidades do país andino.

García Linera argumenta que na Bolívia os movimentos sociais atuaram como fábricas de estratégias de poder, papel que, de uma perspectiva leninista, caberia aos partidos políticos marxistas. Acontece que estes partidos, historicamente não teriam cumprido função organizativa nem teórica relevante na história do país: foram os movimentos que deslocaram, com suas virtudes e limites históricos, as propostas e estruturas de ação política

(GARCÍA, 2005, p. 64). Neste sentido, em sua pluralidade teriam sido o partido no "sentido histórico do termo", usando a definição de Marx.

De fato, em Marx não há receita organizativa definida e as propostas leninistas tem caráter conjuntural. Mas, ao que tudo indica, era necessário um instrumento político que não só unificasse as demandas dos movimentos como sintetizasse o horizonte estratégico do bloco como um todo. O MAS não era isso, nem poderia ser. O grupo Comuna, menos ainda. Ambos seguramente estariam contidos no processo, mas não eram os instrumentos que representassem todo o programa do movimento, por um lado, e nem o que poderia potencializar as lutas de forma a trazer rupturas mais definitivas com o Estado burguês, por outro.

São as classes subalternas e exploradas que compõem, concretamente, esse bloco nacional-popular. A questão que se coloca é como fazer para que elas se organizem permanentemente e não sejam capturadas pela institucionalidade burguesa, tão colonialista e tão distante das consignas mais básicas e das formas organizativas defendidas pelos movimentos. Quais teriam sido as possibilidades de um instrumento partidário compartilhado, uma estrutura mais firme, que não fosse simplesmente um agregado de setores dos movimentos para disputar as eleições?

***

Não existe "se" na história, e é muito complicado conjecturar em cima de especulações. Entretanto, a partir da análise aqui apresentada, dada a capacidade de inovação organizativa e o horizonte estratégico programático de alguns dos principais movimentos presentes no processo – tais como a CSUTCB, a COR-El Alto, a própria COB e os setores mais avançados da *Coordinadora*, como os fabris –, além do potencial aglutinador e criador de consenso, que contribuía mesmo com todas as diferenças internas – e de certa forma a partir delas – para a divulgação e a totalização das iniciativas dos movimentos, fornecido pelo grupo Comuna, a conformação de um instrumento político anticapitalista e anticolonial amplo, um partido que englobasse as diferentes tendências revolucionárias em luta no processo e cuja direção fosse compartilhada entre operários, indígenas e camponeses, e as formas de funcionamento interno fossem inspiradas nas próprias formas organizativas apresentadas pelos movimentos em luta, poderia ter dado rumos diferentes ao processo histórico boliviano.

As possibilidades de uma revolução socialista não pareciam estar colocadas na Bolívia no ano de 2005. Havia, na Bolívia do início do século XXI, força social o suficiente para uma ruptura mais definitiva com a forma de Estado burguês e para apontar caminhos mais diretos para uma transformação mais radical da sociedade boliviana, radicalizando profundamente a democracia e estabelecendo iniciativas de transição para outro modelo de sociedade. A história da luta de classes no país caminhou por outros rumos, mas as reflexões e o aprendizado dos movimentos, além dos limites cada vez mais aparentes do governo do MAS, tendem a trazer esses debates de volta num futuro bastante próximo. Neste sentido, as reflexões do grupo Comuna tentem a ser muito úteis para pensar esse processo, suas potencialidades e os balanços que devem ser feitos.

As reflexões apresentadas neste capítulo mostraram o potencial do grupo para interpretar criticamente e pensar estrategicamente questões centrais da sociedade boliviana. A caracterização da Bolívia feita pelo grupo com base no pensamento de René Zavaleta dá conta de toda a complexidade do país, e permite elaborar esquemas interpretativos e de ação prática a partir das diferentes realidades sobrepostas desarticuladamente, sob uma predominância parcial e desarticulada do capitalismo. Neste sentido, o debate apresentado por Luis Tapia e García Linera acerca das categorias de subsunção formal e subsunção real e sua funcionalidade para interpretar a Bolívia, parece ser uma contribuição muito interessante para o marxismo latino-americano e de diversas outras sociedades colonizadas, na medida em que instrumentalizam uma forma marxista de analisar realidades complexas como as do subcontinente.

A caracterização de uma classe comunal e o não determinismo na análise do futuro das formas comunitárias em García Linera, que leva a perceber seus potenciais anticapitalistas assim como a emergência do sujeito indígena, além do papel da luta de classes e da mediação política neste processo também parecem contribuições importantes para pensar a Bolívia e as condições para sua transformação a partir do marxismo. Os debates de todo o grupo acerca da transformação do proletariado boliviano a partir da reestruturação neoliberal, e as novas formas organizativas emergentes na Bolívia, do campo e da cidade, como aneira de aglutinar essa classe trabalhadora modificada e os sujeitos indígenas e camponeses emergentes também são muito importantes para compreender a realidade concreta do país andino e o processo de mobilizações e luta entre hegemonias ocorrido no país.

No curso do processo de mobilizações, as diferenças entre os autores do grupo começaram a tornar-se aparentes, com García Linera pendendo mais para uma militância concreta em um setor mais moderado do bloco, Raúl Prada numa posição de participação crítica, e Tapia como crítico intelectual mais externo ao processo.

Por fim, a discussão aqui apresentada mostrou também que o programa dos movimentos em luta na Bolívia era basicamente democratizante e antineoliberal. Como reflexo direto desse processo, mas também como parte impulsionadora dele, uma das grandes preocupações do grupo eram as condições de possibilidade para a democracia na Bolívia. Este será o tema do próximo capítulo.

Democracia desde o subsolo: condições de possibilidade para a democracia boliviana

É possível democracia efetiva numa sociedade capitalista?

Para debater uma teoria da democracia, ou reflexões de alguns autores específicos sobre o tema, é interessante estabelecer de início qual a importância delegada à democracia pelos pensadores, e quais razões os levam a teorizar sobre ela, ou mesmo a lutar por ela. Da perspectiva do grupo Comuna, a luta pela democracia tem muita importância, na medida em que historicamente ela foi a principal maneira de colocar limites à exploração e ao domínio exercidos pelo capital (TAPIA, 1999, p. 193). Luis Tapia é o autor do grupo que mais desenvolve reflexões acerca da democracia. Ele afirma que a democracia deve ser interpretada e praticada dessa forma na contemporaneidade e principalmente nos anos de predomínio neoliberal, já que ela significa a reconquista de velhos direitos e a conquista de novos (*Ibidem*,p. 198), sempre na direção de combater as desigualdades políticas, mas também as sociais e econômicas.

Para Tapia, a democracia deve se embasar em uma noção de cidadania como conjunto ou sistema de liberdades e direitos a serem exercidos cotidianamente no controle do governo político, mas também na deliberação e tomada de decisões (*Ibidem*, p. 201). Entretanto, não se trata apenas disso.

234   Rodrigo Santaella Gonçalves

Em um modo anticapitalista de enxergar a democracia, a luta por ela deve ser lida, também, a partir do objetivo de

> Atacar e desorganizar a forma de monopólio político geral (que é o Estado e seus complementos), reduzindo-a através da conquista de novos e mais direitos e liberdades; e através da quebra e desorganização do monopólio político chegar a atacar e desorganizar a forma do monopólio matriz das desigualdades modernas, que é a que se estabelece na configuração do modo de produção capitalista. O sentido e o horizonte histórico da consigna é conquistar e ampliar a democracia para desorganizar e superar o capitalismo (TAPIA, 1999, p. 200-201).

Neste sentido, um horizonte de democracia radical tem o potencial de configurar-se como alternativa a esse sistema, mas também, nas palavras de Raúl Prada, como alteridade e emergência das multidões (PRADA, 2005, p. 207). É daí que vem a necessidade de lutar pela democracia na perspectiva de superar o sistema capitalista. Não se trata da busca por aprimorar simplesmente a democracia liberal, mas sim da utilização desta consigna como forma de tornar mais evidentes as contradições e limites do sistema.

Existem certas ampliações de igualdade que são compatíveis com a acumulação de capitais e seu regime social, mas outras, como a ampliação da democracia nestes termos, colocam limites a sua reprodução ampliada e se tornam objeto de crítica, sabotagem e reversão (TAPIA, 2001b, p. 127). Em resumo, pode-se dizer que para o grupo Comuna, principalmente a partir das reflexões de Luis Tapia, que são utilizadas como subsídio pelos demais autores do grupo em diversos momentos, a democracia é incompatível com o capitalismo. Nas palavras do autor,

> As margens de cidadanização e os direitos políticos reconhecidos pelos estados dependem diretamente da dinâmica da luta de classes. O monopólio produzido em torno da propriedade e dos meios de produção, que é o núcleo dos direitos civis modernos, tende a ser questionado a partir da ampliação e universalização dos direitos políticos, que esses sim tendem a reconhecer a igualdade, enquanto os primeiros não (TAPIA, 2002, p. 31).

A história das democratizações consiste justamente em lutas para conquistar margens mais amplas de igualdade política, que se usa para atacar as desigualdades socioeconômicas: a igualdade política e a socioeconômica são necessárias uma à outra (TAPIA, 2001, p. 220). Neste sentido, fica claro que a democracia plena não é possível em um sistema o qual se reproduz com a exploração das classes trabalhadoras baseada na desigualdade econômica. Esta é gerada no capitalismo principalmente pelo regime de propriedade privada, que define os direitos de apropriação do excedente econômico. Assim, uma disputa séria pela democratização e pela apropriação do excedente econômico de uma sociedade deve necessariamente passar pelo questionamento do regime de propriedade privada (TAPIA, 2001, p. 236). Mesmo no que diz respeito às liberdades de opinião e de expressão, García Linera mostra que as opiniões setoriais mais capazes de impor-se como dominantes diante das demais, como "opinião geral", são as que têm o monopólio dos recursos e as melhores condições materiais para produzir opinião, portanto a dos setores dominantes da sociedade (GARCÍA, 2001b, p. 94).

Portanto, para o grupo, a desigualdade econômica torna impossível a ideia de igualdade política e de democracia mesmo nos seus aspectos mais básicos, como igualdade de condições e liberdade de expressão. Neste sentido, uma vez que os setores subalternos conseguem direitos de participação em uma determinada sociedade, em geral fruto de lutas sociais e revoluções políticas, é preciso analisar as condições socioeconômicas que tornam possível, difícil ou impossível seu exercício efetivo (TAPIA, 2001b, p. 116). Modificar as estruturas socioeconômicas e o regime de propriedade é fundamental para avançar na produção de igualdade institucional (*Idem*,2006, p. 61) e o processo de democratização depende diretamente dessas mudanças.

Além disso, Tapia mostra que os processos de modernização em países que passaram por períodos de colonização quebram as totalidades sociais pré-existentes e não chegam a construir novas totalidades sociais que rearticulem tudo o que se perdeu. Deixam um conjunto de processos e práticas – consequentemente de sujeitos – em condições de marginalização e desarticulação. É justamente esse lugar marginalizado da política e esses setores que são explorados de diversas maneiras, junto com outras práticas novas que se organizam como crítica ao sistema, o que configura o que se chama de "subsolo" político (TAPIA, 2001b, p. 111). O subsolo político contém, em certo sentido, o excesso da política em uma sociedade ou país, em relação ao que o sistema institucional requer e reconhece. Assim, seu movimento pode causar quebras e rupturas no sistema institucional, mas também sua renovação e desenvolvimento (*Ibidem*, p. 134). Do que é o subsolo político dentro do regime liberal de democracia – que visto desde as instituições são as deformações, erros e loucuras – surgem as práticas de democratização radical na sociedade, e é a partir dele que a democracia em um país como a Bolívia se torna possível.

Diante dessas reflexões, torna-se claro que a democratização da sociedade, e consequentemente a democracia, não têm os mesmos efeitos nos diferentes setores da sociedade. Não se trata de forjar "regras do jogo" que busquem regulamentar a situação existente, mas sim de buscar mecanismos, dentro e fora das instituições, para produzir igualdade na sociedade, modificando efetivamente o cenário existente na maioria das sociedades, principalmente as periféricas que foram colônias e que seguem reproduzindo as consequências deste período histórico, como as latino-americanas e como a boliviana em particular. O racismo, comum às sociedades coloniais, a exploração de classe característica do capitalismo, assim como todo tipo de diferenciação social depreciativa, devem ser combatidos em um processo de democratização cujo eixo seja o combate intenso às desigualdades sociais, políticas e econômicas. Por isso, Oscar Vega afirma que

> (...) estabelecer o eixo da democratização é decisivo para entender de que objetivos democráticos se trata e quem são os portadores de sua demanda e implementação, o que habitualmente se denomina o sujeito da política, ainda que seja um sujeito incerto e invisível para a ordem política democrática instituída, que acusa toda iniciativa de voz, presença e demanda de ser subversiva e perigosa para os poderes constituídos (CAMACHO, 2011, p. 32).

O processo de exploração que gera desigualdade social e econômica e que trava qualquer processo de democratização não se resume ao âmbito nacional. Em países periféricos como a Bolívia, que em geral sofrem ainda as consequências da colonização e das diversas formas de expansão e intervenção imperialistas, ou seja, em contextos de dependência, tratar a democracia como um mero assunto interno é insuficiente. Tapia percebe isso quando argumenta que a mundialização do modo de produção capitalista necessitou que os estados funcionassem como forças coercitivas tanto legais quanto econômicas e militares, para ampliar zonas e níveis de exploração entre povos, países e estados (TAPIA, 2009, p. 74). Neste sentido, todo processo de democratização, e principalmente em países pós-coloniais ou que estão subordinados às lógicas econômicas dos países centrais, deve relacionar-se também com uma democratização no âmbito internacional, que promova igualdade entre os estados, mas também combata a exploração e as desigualdades socioeconômicas entre estes.

A luta pela democracia, portanto, tem sentido para o grupo na medida em que contribui para a luta antissistêmica contra o capitalismo, tanto em nível nacional quanto internacional. Sendo assim, tendo estabelecido a relação entre democracia e exploração, ou a incompatibilidade do modo de funcionamento da sociedade capitalista com a democracia desde a perspectiva do grupo, é importante passar às definições do grupo sobre democracia. Estas estão pautadas em discussões acerca da democracia em geral, mas também sobre as peculiaridades da Bolívia.

Democracia pública, igualitária e internacional

As definições sobre a democracia no pensamento do grupo Comuna partem de diferentes pontos de vista e de diferentes ângulos de visão. Justamente por isso, de certa forma as definições se completam, conformando uma noção geral de democracia que pode ser estabelecida para o grupo no período estudado. A crítica às noções liberais de democracia é o principal ponto de partida comum das posições do grupo sobre o tema.

As teorias da democracia predominantes no pensamento liberal funcionam como legitimação teórica das arbitrariedades históricas através das quais as faculdades governativas foram expropriadas da sociedade e concentradas em círculos monopolizadores da gestão do bem comum (GARCÍA, 2001b, p. 85). Essas teorias estão fundadas em uma réplica da lógica de mercado aplicada à política na sociedade, que se sustenta em quatro componentes básicos: a suposta existência de uma competição "livre e igual" entre as pessoas e grupos políticos pelo acesso ao poder governamental; a manifestação da preferência de cada indivíduo ou cidadão exclusivamente através do voto; a presunção de que cada voto individual valha o mesmo; o estabelecimento de que a soma dos votos individuais define o triunfo ou a derrota dos governantes (*Ibidem*, p. 90).

Todos esses elementos são baseados em uma abstração do indivíduo concreto existente na sociedade. Na lógica do mercado, os indivíduos concretos têm de ser abstraídos para serem tratados como "iguais" entre si, e poderem intercambiar produtos no mercado, começando a partir da própria força de trabalho. Na realidade material, entretanto, alguns destes indivíduos têm acesso a posse dos meios de produção, enquanto outros têm apenas sua própria força de trabalho, o que gera desigualdade profunda de condições, e distorce toda a lógica liberal. Essas diferenças têm, em geral, origens históricas, e não dependem simplesmente da capacidade competitiva de cada indivíduo para inserir-se na lógica do mercado. Da perspectiva de García Linera, isso se trata de uma contradição, já que a soberania política é inseparável da concretude atuante do cidadão (GARCÍA, 2001b, p. 92). Mais uma vez, se trata de uma transposição da lógica de mercado à vida política, que causa distorções profundas no modelo de democracia adotado pelo liberalismo. Nas palavras do autor,

> Este ser angelical, isento de determinações e relações de forças a quem se atribui a faculdade de optar "livremente" no segredo do voto, não existe e nem pode existir na política. Cada indivíduo é uma cristalização de relações sociais e age em função do campo de possibilidades dessa trajetória; mas além disso, esse indivíduo só pode atuar adequadamente reconhecendo e utilizando abertamente em sua ação política essa qualidade socializada de seu ser, de sua intimidade e suas preferências. (...) Em política, na medida

> em que se trata de tomar posição sobre o público, a melhor forma
> de tomar posição e de formar opinião é de maneira pública, con-
> certada por meio da múltipla circulação de razões que envolvam
> a todos os eleitores GARCÍA, 2001b, p. 93)

Neste sentido se encontra o grande limite do modelo liberal de democracia: quando concebe que a vontade coletiva é a mera soma amontoa-
da de opiniões pessoais, trata o todo da sociedade como a mera soma das
partes, tratadas de forma atomizada e isolada. Da mesma maneira que a
lei do valor representa a mercantilização generalizada, a busca pela democracia radical, através do que Tapia chama de "política selvagem", trata de
desmercantilizar as relações sociais e do trabalho humano, sendo, por isso,
anticapitalista (TAPIA, 2001b, p. 162).

> O mecanismo do discurso ideológico liberal da representação
> acaba anulando inclusive a autorrepresentação dos representan-
> tes, que se convertem em corpos da representação delegada, ain-
> da que na realidade o que resulta deste processo é que os repre-
> sentantes políticos acabam apresentando seus interesses, ideias e
> projetos como representação de outros indivíduos (TAPIA, 2006,
> p. 43).

Como se viu, dessa crítica às concepções liberais partem-se as definições de democracia desenvolvidas pelos autores do grupo. A democracia,
da maneira como é definida por García Linera, é uma forma de produção da
política que se caracteriza por pelo menos cinco elementos. Primeiro, uma
subjetivação cada vez maior da política, no sentido de aumentar o número
de sujeitos participantes nos processos de decisão e direção geral da sociedade; um processo de produção de igualdade política, para garantir a mesma
força para esses sujeitos que serão incluídos no processo; a presença constante do dissenso; práticas de objetivação contingente, ou seja, procedimentos
e instituições que logrem objetivar a democracia em ações concretas; e, por
fim, a produção coletiva de opinião pública (GARCÍA, 2001b, p. 100-106).

Dessas reflexões críticas ao liberalismo, além da convivência e resgate das tradições comunitárias das comunidades indígenas e camponesas

bolivianas, surge uma das primeiras características marcantes da noção de democracia utilizada e desenvolvida pelo grupo. Democracia tem de ser efetivada de forma pública, e dadas as tradições assembleísticas dos movimentos sociais, esse é um mecanismo democrático que ganha muito peso nas elaborações do grupo sobre a democracia na Bolívia.

Um segundo aspecto importante diz respeito ao fato de a democracia só ser possível quando suspende as dominações, baseando-se no reconhecimento da igualdade e resultando, justamente por isso, em lutas concretas contra as desigualdades (PRADA, 2004, p. 134). Além disso, como garantia da igualdade, ela só existe quando há maior acesso e distribuição do excedente de uma sociedade (TAPIA, 2001, p. 219), já que as desigualdades econômicas impossibilitam qualquer tentativa de democracia efetiva da perspectiva do grupo. Há uma relação direta, portanto, entre a democracia e uma distribuição dos recursos econômicos na sociedade que seja dirigida a evitar que as pessoas e coletividades tenham que se submeter a relações de subordinação ou de dominação pelo fato de que não possuem os recursos necessários para a reprodução da própria vida.

No liberalismo, uma das primeiras facetas dos direitos que até hoje são considerados como o núcleo fundamental dos direitos civis, e consequentemente dos direitos humanos, é o direito à propriedade privada. Este direito sintetiza o estado de separação entre as classes, historicamente produzido, e representa o momento de produção da desigualdade, em termos de acesso restrito à propriedade em um conjunto jurídico que paradoxalmente busca apresentar-se como fomentador de igualdade entre todos os indivíduos (TAPIA, 2006, p. 16). Justamente por isso,

> (...) um processo de democratização em profundidade não pode deixar de lado a definição e discussão sobre os regimes de propriedade e situar-se só em um âmbito de direitos políticos e condições jurídicas formais. A democratização implica avançar para a posse coletiva ou um conjunto de relações com a natureza caracterizadas pela não apropriação privada ou monopólica (TAPIA, 2009, p. 105).

O fundamental é entender que para o grupo a democracia e a cidadania se relacionam basicamente com a redução ou desorganização de algum monopólio econômico, social ou político. Há um viés radicalmente igualitário na proposta de democracia do grupo, e por isso não passa apenas pelas instituições. Entretanto, a discussão institucional é importante para pensar a democratização de uma sociedade, e principalmente por conta da realidade boliviana dos primeiros anos do século XXI, com a crise do neoliberalismo e a posterior reforma do estado, as reflexões acerca da importância da constituição são também centrais no pensamento do grupo. A constituição política de um estado cumpre a função de dar forma política a uma sociedade, através da organização de um conjunto de espaços para o exercício da vida política e da definição de como se define e se dirige, nestes espaços, o conjunto de estruturas que são condições de todo o resto da vida em sociedade (TAPIA, 2007b, p. 103). Além de organizar os espaços e o tempo político da sociedade, a constituição deve desenhar o modo de relação entre governantes e governados, com a tarefa central de despersonalizar o processo de formulação de leis e de direção política da sociedade. Nela, portanto, reside também uma forma de produção de poder político, na medida em que define o tipo das instituições, a forma de governo, as formas de participação de governantes e governados e o conjunto de direitos da sociedade (*Ibidem*, p. 105).

Neste sentido, Tapia argumenta que a constituição política também é uma estratégia de articulação da forma primordial de um país, utilizando-se do conceito de René Zavaleta (*Ibidem*, p. 106). De forma resumida, a forma primordial pode ser definida como a maneira particular de articulação entre a sociedade civil e o estado em cada sociedade, que define um grau variável, mas sempre existente, de autodeterminação, que é justamente o que nega a determinação externa absoluta no contexto dependência dos países periféricos com relação aos centrais (ZAVALETA MERCADO, 1982, p. 70). O que Zavaleta afirma basicamente é que existe dependência, mas ela não é definida totalmente a partir dos países centrais, na medida em que suas formas e intensidade são articuladas internamente, no seio de cada sociedade, nas relações que as burguesias periféricas estabelecem entre si, com as burguesias dos países centrais, com as classes trabalhadoras a partir de suas lutas etc. A partir desses processos de luta e dessas correlações de forças, a constituição pode articular o estado com a sociedade civil de forma a garantir mais ou menos democracia, através das instituições que ajudam a consolidar e da forma política que busca moldar. Isso significa a cristalização institucional de um regime político, econômico e social que garanta mais ou menos igualdade, o que reforça a importância de pensar também a institucionalidade no debate sobre a democracia.

O modelo liberal de democracia, que a reduz a um procedimento de escolha de governantes, além de contribuir para a legitimação política e institucional de uma forma de funcionamento excludente da sociedade, também funciona como estratégia de dominação dos principais estados modernos do mundo sobre a periferia de países que foram articulados em termos de imperialismo e colonialismo (TAPIA, 2009, p. 74). Sempre se buscou justificar intervenções imperialistas em nome desta concepção procedimental de democracia, que deveria ser aplicada a todos os países, sempre que isso fosse conveniente aos "exportadores" do modelo. Considerando essa dimensão internacional da democracia, Tapia elabora o conceito de "intergovernamentalidade", para repensar a conceituação da democracia em termos geopolíticos (*Ibidem*, p. 65). O princípio de igualdade deve ser estabelecido internamente, entre as coletividades e indivíduos dentro das sociedades, mas também nas relações intersocietais e interestatais, para que cada vez mais as decisões em nível global tenham participação de mais sociedades.

> É por isso que pensar a democracia geopoliticamente não só implica um nível em que sempre se faz uma análise das inter-relações entre Estados a nível regional e mundial, para dar conta tanto dos processos de transição como de reforma do Estado, assim como da instituição de sistemas, partidos e eleições no mundo e em diferentes países, mas também aparece a necessidade de pensar, cada vez mais, em processos de definição da democracia no âmbito da intergovernamentalidade. Neste sentido, no âmbito do

juízo sobre o exercício do princípio da igualdade no intersocietal (TAPIA, 2009, p. 66)

Esta é uma maneira de conceber a democracia que, além de considerá-la incompatível com as desigualdades produzidas pelo capitalismo, ressalta a necessidade do caráter anti-imperialista e de uma estratégia política de descolonização para a efetivação da democracia na Bolívia (*Ibidem*).

Essas articulações internas e externas que fortalecem a luta pela democracia efetiva, podem ser consolidadas principalmente a partir do subsolo político da sociedade boliviana, marginalizado e apartado das instituições. Em países com fortes desigualdades, heterogeneidade social ou estrutural com fortes práticas de discriminação racista e neocolonial, o exercício da cidadania reconhecida legalmente, mas impossibilitada por essas desigualdades, passa a ser experimentada no subsolo, entre os iguais que se encontram na exclusão (TAPIA, 2001b, p. 126). Sendo assim, apesar da importância do debate institucional, é central o papel que os setores excluídos dessa dinâmica institucional, como os movimentos sociais do campo e indígenas na Bolívia, cumprem na luta pela democracia. Por isso, a "política selvagem", termo utilizado por Tapia para tratar da dimensão mais radical da democracia, praticada justamente pelos setores subalternos e excluídos das democracias liberais, é muitas vezes política fora do estado e da sociedade civil. Nas palavras do autor,

> (...) o que com mais força produz e educa nas ideias de igualdade política é a política de formas associativas ou comunitárias na qual as pessoas experimentam direitos e deveres em igualdade de condições com seus vizinhos, companheiros de trabalho ou de organização (TAPIA, 2001b, p. 119).

A luta pela democracia depende também da vivência desta e se relaciona diretamente, portanto, com a aprendizagem coletiva das faculdades imanentes dos sujeitos coletivos. A experiência intensa da democracia tem a ver profundamente com a valorização da potencial social destes sujeitos. Como mostra Raúl Prada,

O aprendizado democrático e o exercício da potência social forma parte da autonomização do *intelecto geral*. A democracia absoluta é possível mediante esta autonomização do *intelecto geral*. Portanto, a democracia não pode se dissociar da constituição de sujeitos livres, o que passa pela constituição de subjetividades liberadas das ataduras impostas durante a história do sujeito individual (PRADA, 2005, p. 161).

Para além da percepção da democracia radical na Bolívia como incompatível com o capitalismo, com o colonialismo e o imperialismo, outra das veias de análise sobre a democracia é a que a relaciona com a memória da sociedade e sua produção discursiva. Na teoria social, as verdades são arbitrariedades culturais resultantes da trajetória histórica da estrutura e funcionamento do campo intelectual e de suas disputas (GARCÍA, 2001b, p. 81). García Linera argumenta, ainda, que a teoria sempre se trata de um dispositivo de acesso à legitimidade do campo discursivo político, ao mesmo tempo em que o conceito é fruto de uma disputa de significados que se dá em vários âmbitos – livros, conferências, pesquisas e debates – ao longo da história (*Ibidem*, p. 80). Assim, tanto a definição de democracia quanto os debates que se colocam sobre o tema estão relacionados com essas disputas, e com a produção social das memórias e da história das sociedades. Neste sentido, Prada afirma que em sociedades complexas e diversas as neocoloniais, cujo subsolo político é altamente variado, porém o estado historicamente representou pouquíssimo dessa variedade, a democracia só é possível com base em sínteses multidimensionais e pluralistas, já que se trata de uma trajetória de reconhecimentos das histórias internas e da pluralidade de sujeitos entre si (PRADA, 2007, p. 90).

No caso boliviano, essa memória e síntese pluralista são fundamentais. O subsolo político da Bolívia é extremamente complexo, formado por classes subalternas altamente diversificadas, desde trabalhadores informais urbanos à comunidades indígenas itinerantes, passando por diversos outros tipos de comunidades, camponeses e prestadores de serviços proletarizados. Em sociedades *abigarradas* como a boliviana, nas quais convivem vários tempos históricos diferentes, e que têm histórias de organizações políticas comunitárias bastante variadas e algumas muito democráticas – mandatos rotativos, assembleias deliberativas de toda a comunidade, intercambio entre nichos ecológicos etc. –, o porvir da democracia pode estar relacionado com alguns tipos de resgate dessas tradições, que são mantidas e vivenciadas em diversos rincões do país (PRADA, 2007b, p. 265).

Por conta dessa percepção, não é suficiente expor e debater os princípios normativos e mais gerais colocados pelo grupo Comuna acerca da discussão sobre o conceito e a democracia em si, como foi feito até aqui. É fundamental entender como esses princípios normativos se conectam com as ideias relacionadas às possibilidades concretas de democracia na Bolívia.

Democracia na Bolívia: multissocietal e plebeia

A partir da crise do neoliberalismo no início dos anos 2000, impulsionada por diversos tipos de movimentos sociais, e posteriormente em 2005 com a reforma do estado iniciada pelo governo de Evo Morales, a discussão sobre a democracia que estava emergindo no país andino era recorrente nos meios intelectuais. O grupo Comuna, por sua história, configuração e relação de seus membros com os movimentos, se colocou de forma central nesse debate. Isso gera potencialidades nas elaborações do grupo para contribuírem com uma teoria democrática inovadora no continente latino-americano. Em 2007, no prólogo da segunda edição do livro *El retorno de Bolivia plebeya*, Oscar Vega Camacho afirmava que

> A democracia que agora se levanta e se exige é uma democracia das multidões, uma democracia dos indígenas, dos marginais e explorados, uma democracia que se mostra plebeia e que se mobiliza através dos movimentos sociais e indígenas (CAMACHO, 2007, p. 10).

O grupo afirmava, no mesmo livro, em 2000, ano de sua primeira publicação, que a partir da crise do sistema neoliberal e do sistema de partidos que acompanhava o mesmo pacote, a conjuntura apresentava a característica fundamental de que se estava fazendo política por fora das fachadas políticas liberais, com indícios de uma nova acumulação histórica das mobilizações populares, posteriores às lutas defensivas contra as reformas neoliberais (GUTIERREZ *et al*, 2007, p. 189).

A sociedade boliviana não tem os requisitos básicos para o funcionamento minimamente razoável da democracia representativa liberal. Não possui generalizado um domínio da racionalidade capitalista, já que existem muitas estruturas produtivas não capitalistas, o que impede a subsunção real ao capital e constitui um obstáculo para a constituição de sujeitos iguais com capacidade de assumir o mercado como fundamento racional de seus comportamentos sociais, inclusive o político (GARCÍA, 2001b, p. 96). Além disso, a Bolívia tampouco logrou a dissolução dos modos de diferenciação no acesso aos direitos políticos fundados na cultura, religião, etnia ou gênero, o que também impede o funcionamento da democracia representativa (*Ibidem*, p. 97). Não existem no país "fins e valores comuns", já que persistem formas e estruturas tradicionais de produzir e pensar, outros tipos de filiações políticas e sociais, outras formas de participação, sistemas de autoridade, onde muitas vezes a coletividade de parentesco, comunal, é a condição da individualidade, e não o contrário (*Ibidem*,p. 99). A Bolívia não é um país de tradição política liberal, já que para a maioria o referente do democrático sempre foi a participação na vida sindical através da COB na política nacional, e posteriormente através dos sindicatos camponeses (TAPIA, 2001b, p. 138). A prática de direitos políticos no país se exerceu historicamente muito mais a partir da participação nesse tipo de organizações coletivas do que através das eleições.

As próprias características da Bolívia, portanto, o barroco histórico de uma sociedade *abigarrada* presente no contexto de globalização, trazem o debate sobre um novo paradigma político necessário, sem as mediações partidárias da forma como eram colocadas pelo sistema de democracia liberal (PRADA, 2001, p. 85). Era necessária a incorporação de outras formas de representação do tecido social, a busca por uma forma cada vez mais autogestionária da política. Prada afirmava em 2005 que

> (...) a democracia não só é um projeto ainda não realizado na Bolívia, um projeto inacabado, como se trata de um projeto ini-

bido pelos mecanismos de dominação. Se instaura na Bolívia uma simulação democrática. (...) Os recentes movimentos sociais abrem a possibilidade de uma realização, materialização, do exercício democrático, mediante os procedimentos plebeus. A democracia se abre através dos espaços lisos que configura o conflito social. O horizonte possível é o da democracia radical (PRADA, 2005, p. 214).

Pensar como seria concretamente essa democracia radical, ou que elementos ela não poderia deixar de ter, é uma das tarefas centrais as quais o grupo se coloca. A reconstrução da dimensão nacional de forma pluralista, multicultural e multissocietal é fundamental diante da globalização e dos obstáculos externos para o desenvolvimento da democracia nos países periféricos (TAPIA, 2002b, p. 130). O neoliberalismo trouxe um discurso de multiculturalismo superficial, fomentado pelas instituições de fomento internacionais e reproduzidos pelas instituições estatais. Na prática, a política econômica, o modelo e o regime político eram absolutamente monoculturais, e o subsolo político e as sociedades dominadas não tinham espaço algum (*Idem*, 2001b, p. 142). Internamente, um dos fatores centrais na reconstrução dessa dimensão e na história das lutas democráticas na Bolívia, e que volta com bastante força na contemporaneidade é a ideia de cogoverno. O período pós revolução de 1952, onde os sindicatos cogovernavam o país ao lado do estado, foi talvez o exemplo mais claro disso, mas Zavaleta (1977, p. 11) analisa como essa ideia de cogoverno esteve presente em diversos momentos das lutas populares na Bolívia. Tapia afirma que

> A ideia de cogoverno agora se amplia para além da margem dos sindicatos e partidos, sejam nacionalistas ou o conjunto de partidos de esquerda, para a ideia de que a democratização do país consistiria em incorporar de maneira estrutural e de maneira permanente a participação política de todos os povos, tipos de comunidade e organização dos trabalhadores no país; ou seja, uma ideia de cogoverno entre a diversidade que se reconheceu que constitui hoje a Bolívia e que foi desenvolvendo capacidades de autorrepresentação. Esse é o ponto chave, o desenvolvimento de capacidades e forma de autorrepresentação (TAPIA, 2004b, p. 155).

A ideia de democracia que estava sendo pensada desde os movimentos, e que o grupo Comuna busca fundamentar teoricamente, se trataria de uma combinação de democracia direta, de espaços de assembleia deliberativa e de tomada de decisões em níveis locais e micro de organização, tanto de vizinhos quanto comunidades, sindicatos, que através de representantes controlados possam participar em outros espaços de deliberação que configuram um nível de democracia representativa, que só seria efetiva se os representantes viessem de espaços de democracia direta (TAPIA, 2004b, p. 158). "La idea es que la democracia funcione en estos dos niveles de manera simultánea y permanente" (*Ibidem*).

Prada (2007b, p. 266) se pergunta quais as condições de possibilidade do exercício democrático em uma sociedade onde os seres humanos não são iguais, em uma formação social dividida pelo colonialismo. Não seria conveniente resolver os problemas pendentes trazidos até a atualidade pela herança colonial, antes de falar de democracia? Em países multiculturais e multicivilizatórios, é fundamental que não se reconheçam apenas direitos individuais, como os civis, políticos e sociais, mas também os direitos coletivos dos povos e culturas, na busca da construção de uma democracia intercultural para todos (TAPIA, 2007b, p. 171). É preciso combinar o direito ao autogoverno e a autodeterminação dos povos e culturas com o cogoverno entre eles de todo o território do país.

> Isso significa constituir as condições materiais e subjetivas, as condições de possibilidade histórica de uma democracia efetiva em um continente conquistado, mutilado, explorado e saqueado onde os Estados *criollos* fizeram a guerra às sociedades indígenas. Isto é, uma democracia que não só iguale os homens e as mulheres, mas também faça equivalentes as culturas, com seus projetos civilizatórios e societários. A respeito disso, os movimentos sociais idealizaram uma consigna, que na realidade é uma perspectiva democrática radical. Essa perspectiva é a Assembleia Constituinte, pensada como instrumento de poder constituinte originário (PRADA, 2008, p. 132).

Da condição multissocietal com traços de dominação colonial, o objetivo é passar a pensar o multissocietal que já existe com critérios de igualdade política entre culturas e sociedades:

> A princípio, o que pode significar a igualdade política entre membros de culturas diferentes? A princípio, uma situação ou condição em que uns não dominam e governam outros. Um primeiro traço da igualdade política implica a ausência de coerção coletiva e estrutural de uns povos sobre outros. Isso não é possível em condições capitalistas. Este modo de produção opera explorando as outras culturas desde sua fase de acumulação originária e do colonialismo (TAPIA, 2002b, p. 98).

Tapia (2006, p. 6) fala da necessidade da criação de um núcleo comum entre as culturas, que trate de igualar as formas de autogoverno e exercer a transcrítica, ou seja, a crítica mútua das culturas sem uma matriz dominante, onde todas elas possam crescer e evoluir em convivência. Por exemplo, o desenvolvimento do pluralismo no seio comunitário poderia começar a relativizar o etnocentrismo característico de quase todas as culturas, além de desenvolver a capacidade racional de reforma e de autotransformação a partir do movimento político e intelectual interno de cada sociedade (TAPIA, 2002b, p. 48). Assim, esse núcleo comum conteria o que há de mais progressista em cada cultura. Para isso, é claro que há a necessidade de mudanças estruturais na sociedade: nacionalização dos recursos naturais, para financiar todo esse processo, e mudança no regime de propriedade. A primeira reforma em nível de direitos no país teria que se relacionar com a propriedade de terras e a utilização do conjunto dos direitos naturais. De forma resumida, Tapia afirma que a igualdade política na Bolívia passa em princípio pela coletivização da terra e o conjunto dos recursos naturais, considerados como um bem público geral (TAPIA, 2006, p. 62).

Por outro lado, seria preciso combater o monopólio dos partidos políticos no sistema de representação para garantir a democracia em um país como a Bolívia, no qual existem diversos outros tipos de organização política historicamente ativas, efetivando espaços de comunicação direta entre poder executivo e cidadãos, não só em termos de controle, mas também de discussão e alimentação de propostas mútuas (TAPIA, 2007b, p. 101). A organização institucional não pode pressupor uma igualdade que nunca existiu, mas sim criar mecanismos de produção dessa igualdade. A democracia não pode ser pensada como uma parte ou um traço do regime político, como o método de eleição de governantes, mas sim como a articulação geral entre o conjunto de instituições, procedimentos e princípios que organizam a vida social em relação à finalidade que os movimenta, ou seja, a capacidade de produzir igualdade política, introduzindo-a como qualidade dos sujeitos e da interação entre eles na vida política (*Ibidem*, p. 124).

Neste sentido, é preciso pensar os espaços políticos – comunidades, sindicatos, associações de vizinhos – antes de pensar as formas de representação (*Ibidem*, p. 128). Esses espaços locais não debateriam apenas temas menores ou localizados, mas também teriam de funcionar como instâncias de participação direta acerca dos temas nacionais, e daí a necessidade da articulação entre democracia direta e representativa, como uma rede de assembleias locais de democracia nacional (*Ibidem*, p. 137).

A ideia de um núcleo comum intercultural, no qual se forjassem instâncias de governos multisocietais, é a solução encontrada por Tapia e em certa medida compartilhada por todo o grupo para a democracia em sociedades como a boliviana, onde várias sociedades diferentes convivem mutuamente.

***

O pensamento do grupo Comuna no que diz respeito à democracia tem bastante utilidade para pensar as possibilidades concretas da democracia em sociedades complexas, colonizadas e periféricas como a boliviana. Na medida em que o grupo pensa a democracia como incompatível com o sistema capitalista, e como tendo potencial anticolonial, passa a ser necessário adjetivar a democracia para além de suas concepções hegemônicas, que são baseadas principalmente em procedimentos de escolha de governantes.

O primeiro aporte importante é o estabelecimento dos limites e da impossibilidade da garantia de igualdade a partir da democracia representativa liberal na sociedade boliviana, principalmente a partir das reflexões de García

Linera. Neste sentido, o grupo contribui com adjetivações importantes da democracia para essas sociedades, que deve ser igualitária em todos os sentidos, principalmente no de combate aos monopólios e à desigualdade econômica; deve ser internacional; inter e multicultural; e manter seu caráter público e assembleístico, a partir dos debates de Raúl Prada e especialmente Luis Tapia.

Tapia desenvolve muito a noção de intergovernamentalidade, da necessidade da articulação internacional da democracia e fundamentalmente da necessidade de se criar espaços de contato e intercambio entre as culturas, modos de produção e tempos históricos existentes no país, sem a dominação de nenhum sobre os outros, para que se possa exercer de fato a democracia. Suas elaborações teóricas acerca do tema, compartilhadas teoricamente por García Linera e por Raúl Prada, quando se tornam também propostas concretas para a sociedade boliviana o colocam em certa medida na linha de frente da crítica intelectual às insuficiências das reformas feitas pelo MAS no Estado a partir de 2005, e são parte importante de um desenvolvimento do marxismo para o pensamento da democracia e suas condições em sociedades *abigarradas*.

Estes são os pressupostos fundamentais para a efetividade da democracia em sociedades como a boliviana. Entender como cada um do grupo enxerga o papel do Estado no processo de construção de outra sociedade é fundamental para ver como se refletiu na prática da disputa política as concepções teóricas e determinadas diferenças no grupo, principalmente a partir da vitória eleitoral do MAS em 2005, com García Linera na linha de frente deste processo.

Potencialidades e limites do Estado para a transformação radical da sociedade: Estado e poder na Bolívia

Concepções gerais de poder e Estado

Para começar a debater as caracterizações de cada um dos autores do grupo acerca do Estado e do processo de mudança boliviano a partir de 2005, é preciso entender em linhas gerais as noções mais abstratas dos autores com relação à questão sobre onde está localizado o poder na sociedade. Raquel Gutierrez (2001b, p. 59), utilizando o arcabouço teórico de Michael Foucault definia as relações de poder como a capacidade de dirigir, influindo ou determinando, a conduta do outro. Neste sentido, todas as relações humanas teriam um caráter de "relação de poder". Existiriam, assim, duas formas dessas relações: a primeira é aquela que trata de mecanismos flexíveis e móveis de regulação, não simétricos, mas ao alcance de ambas as partes, onde o desequilíbrio possa ser mutuamente trabalhado afim de diminuí-lo: essa seria uma relação autorregulada de poder; a segunda, por outro lado, se dá a partir da cristalização de tal relação de forças, da perpetuação e da ampliação desse desequilíbrio inicial, aí se trata de um estado de dominação (GUTIERREZ, 2001b, p. 60). Há, portanto, uma noção de um poder difuso na sociedade, presente em todas as relações entre os seres humanos.

Raúl Prada, por sua parte, afirma que também utiliza o arcabouço teórico do francês porque o marxismo não teria uma teoria satisfatória do poder: o marxismo conhece profundamente o capitalismo, mas não tem a menor ideia de como lidar com a questão do poder (PRADA, 2012). Além disso, Prada é bastante influenciado pela obra *Império*, de Negri e Hardt (2001), onde os autores tentam demonstrar que não existem mais centros de poder e que o poder está totalmente difuso pelo sistema mundial. Os estados-nação não funcionariam mais como centralizadores do poder, que estaria espalhado pelas grandes corporações, e difundido na sociedade como um todo.

Um dos pilares fundamentais da teoria social marxista é a percepção de que a sociedade capitalista é dividida em classes sociais, e que nela vigora a dominação da classe burguesa sobre as outras, postura compartilhada em grande medida pelos autores do grupo Comuna, como se debateu no capítulo VII deste trabalho. Admitir a existência de um poder difuso e sem nenhum tipo de organização hierárquica é, de certa forma, romper com a ideia de uma sociedade de classes na qual uma delas concentra o poder para garantir a reprodução de um sistema que atenda prioritariamente a seus interesses. Grande parte dos autores marxistas que pensaram a esfera política da sociedade, partindo de uma ideia de poder concentrado, e ainda que com diferenças importantes entre eles, percebeu que o Estado é um fator de coesão da dominação da classe burguesa sobre as demais.

Marx e Engels afirmavam, em seus primeiros escritos a respeito do Estado, que este, em sua configuração moderna, era um instrumento de dominação da classe burguesa, e funcionaria para perpetuar a ordem burguesa e a acumulação de capital. Essa dominação, entretanto, não se daria apenas através do monopólio legítimo da violência, mas também através da dominação ideológica e cultural (MARX e ENGELS, 1979). O Estado liberal-burguês é caracterizado pela separação entre política e sociedade, e pelo seu desentendimento no que diz respeito às desigualdades sociais. O Estado da classe burguesa, a partir da desconsideração das classes sociais e das desigualdades, por um lado, e da despolitização da sociedade, por outro, cria a aparência de ser um Estado sem classes, o que é uma ilusão total para a visão marxista. Para Marx, portanto, o Estado liberal burguês se fetichiza, tornando-se a expressão de todas as classes, mesmo atendendo apenas aos interesses da burguesia. Em Lênin, o Estado, como categoria histórica que é produto das contradições de classe, cumpre o papel de criar a ilusão de que essas contradições são irreversíveis. O Estado burguês seria, em última instância, o instrumento de exploração da classe operária pela burguesia, e funcionaria como uma força especial de repressão (LÊNIN, 2005). Daí a necessidade de tomar e posteriormente extinguir o Estado para que se abra a possibilidade de uma mudança real na forma de organização social da sociedade.

Neste sentido, se poderia presumir que em Gutierrez e em Prada há um distanciamento das percepções marxistas e até uma contradição na medida em que utilizam noções de poder que vão de encontro aos pressupostos marxistas, com base em uma ideia de análise da micropolítica. No caso de Prada, como se viu anteriormente, isso é bastante verdadeiro. No caso de Gutierrez, entretanto, essa perspectiva se dissipa quando a autora passa a debater as formas liberais de organização da política, deixando claro que por mais que existam relações de poder entre todos os seres humanos – numa perspectiva do micropoder foucaultiano – na forma liberal e capitalista de organizar a vida política o poder de decisão dos indivíduos e das coletividades é totalmente renunciado e delegado para os "representantes", e o Estado passa a ser o lócus prioritário de concentração desse poder delegado (GUTIERREZ, 2001b, p. 70). Como mostra a autora, sobre essa renúncia e delegação social do poder a outros,

> (...) tais estruturas adquirem um funcionamento maquinário autonomizado, independentemente das pessoas que as ocupam (pense-se na administração pública atual); ademais, ampliam e reproduzem em uma escala maior e em outras esferas da vida social as condições de sua existência, isto é, reforçam as pautas da delegação social, como noção do "senso comum" organizador da convivência, como hábito cotidiano de busca de gestor e condutor

> do assunto próprio, individual e social – o hábito social de obedecer inculcado através de múltiplos dispositivos de disciplinamento (GUTIERREZ, 2001b, p. 69).

Gutierrez entende a esfera da micropolítica e do poder difundido pela sociedade como importante, mas não se ilude com a ideia de que não haja um poder de classe, concentrado em um instrumento claro, que perpetue essas relações de poder cristalizadas. Mesmo Prada, quando falava da organização neoliberal na Bolívia, ainda em 1999, afirmava o papel do Estado como organizador de todo o processo, como interventor consciente e em certa medida concentrador de poder (PRADA, 1999, p. 63). É preciso lembrar, entretanto, no caso deste autor, que sua posição modifica-se um pouco depois da publicação de Império, aproximando-se das perspectivas dos autores da obra, mas não sem questioná-las e apontar seus limites.

Tapia, por sua vez, argumenta que o Estado por si só não é democrático, já que serve para organizar a desigualdade entre governantes e governados, e afirma que o Estado se atualiza no caso de situações que provém da colonização para organizar e intensificar a exploração também com base nas diferenciações provenientes deste processo (TAPIA, 2007b, p. 117). O autor afirma que

> A configuração do Estado como monopólio da política e não só da força, na perspectiva de Marx, é um resultado concomitante da concentração dos meios de produção como propriedade privada de sujeitos que se tornam, assim, uma classe dominante, na medida em que essa concentração dos meios de produção os permite apropriar-se do valor do trabalho daqueles que em sua condição de despossuídos têm de vender sua força de trabalho e, assim, conceder o direito de apropriar-se desse excedente (TAPIA, 2010, p. 97).

Neste sentido, como o capitalismo se expande buscando destruir ou desorganizar as formas societárias ou produtivas não capitalistas – como a comunidade – buscando intensificar a acumulação, o Estado tende a potencializar e organizar esse processo, constituindo-se cada vez mais como o monopólio da organização política da sociedade (*Ibidem*, p. 98). Na Bolívia, torna-se mais complexo o caráter do Estado como concentrador de poder, na medida em que essa busca pelo monopólio da dominação política por parte do Estado diante de sociedades que tem outras formas organizativas, como não logra sucesso total, gera o que Zavaleta chamava de "Estado aparente", uma estrutura estatal que se reclama nacional, mas que só tem condições históricas, sociais e estruturais de correspondência em determinadas partes do país (*Ibidem*, p. 102). Assim, o enfraquecimento do Estado-nação, que acontece no contexto neoliberal, não significa o enfraquecimento do Estado como tal (*Idem*, 2002b, p. 121). Todos os autores do grupo compartilham dessa perspectiva acerca do Estado aparente.

No que diz respeito a García Linera, o autor também percebe claramente o Estado como lugar de concentração de poder na sociedade e destaca o caráter intervencionista deste no período neoliberal, onde diminuíram suas funções produtivas diretas, mas agigantaram-se suas funções regulatórias e intervencionistas para entregar os recursos bolivianos em benefício dos investimentos privados estrangeiros (GARCÍA, 2002, p. 152). O autor tinha, principalmente em seus escritos mais antigos, como se nota no debate acerca das novas formas de mobilização apresentados no capítulo VIII, uma forte aposta de autonomia completa dos movimentos sociais com relação ao Estado. Entretanto, em um dado momento, essa perspectiva passa a modificar-se e o foco das reflexões passa a ser cada vez mais o Estado e o papel que ele poderia – e teria – de cumprir no processo de transformação. Em entrevista a Stefanoni, Svampa e Ramírez, afirmava que

> Nas mobilizações havia despontado um enorme potencial comunitário, um enorme potencial universalista, um enorme potencial autonômico. Meus momentos de maior leitura autonomista, autogestionária e de possibilidade comunista são os momentos anteriores à mobilização social. Nos momentos em que começam a surgir as mobilizações, vemos seus enormes potenciais mas também temos muito claras as limitações que vão aflorando. Recordo que, desde 2002, vamos tendo uma leitura mais clara e falamos do caráter da revolução, como democrática e descolonizadora. E dissemos: não vemos ainda comunismo. Por doutrina, a possibilidade do comunismo nós víamos em um forte movimento operário autoorganizado, que hoje não existe, e que, em todo caso,

poderá voltar a emergir em vinte ou trinta anos (RAMIREZ *et al.*, 2009, p. 74).

Neste sentido, Linera fala um pouco de uma questão que permeou quase todo o grupo Comuna. Como se viu, o princípio das caracterizações do grupo, ainda com a presença de Raquel Gutierrez, era muito mais voltado à militância social emergente no país andino e às novas formas de organização, acompanhando o processo intenso de mobilizações. Depois, passou a compreender-se que o caráter da revolução que vinha a partir dos movimentos era fundamentalmente democrático e anticolonial, o que os levou a aprofundar um debate sobre a democracia e a começar a refletir acerca do papel do Estado de forma mais concreta, já sem a presença de Gutierrez.

A partir do momento em que a falta de um projeto político concreto e coerente com as consignas mais radicais do movimento deixa um vácuo e que o projeto hegemônico neoliberal de poder está derrotado, o MAS ocupa esse espaço e assume o poder de Estado. Esse processo leva as reflexões do grupo diretamente à esfera do Estado, pensando suas potencialidades e seus limites. Neste sentido passam a surgir e a intensificar-se aos poucos as diferenças mais explícitas entre os autores, com Oscar Vega em geral um pouco por fora das principais polêmicas, por escrever menos e tratar de temas mais consensuais, além de ter uma posição mediadora com relação às políticas do governo do MAS. Para deixar mais claras essas diferenças, nos seguintes tópicos a exposição será mais sistematizada com relação às caracterizações de cada autor, especialmente García Linera, Tapia e Prada.[7]

---

7   Não é o objetivo desta discussão resumir as diferenças políticas existentes entre os membros do grupo à questão do Estado. O desenrolar da luta política na Bolívia e posicionamento de cada um dos membros do grupo na conjuntura foi fazendo com que as críticas se tornassem cada vez mais aguçadas, chegando a acusações por parte de Raúl Prada de que García Linera liderava um Estado anti-indígena, e de Luis Tapia de que tratava-se de uma tirania de estado. A discussão aqui proposta pode auxiliar apenas de forma indireta e teórica para compeender essas diferenças: o argumento é que alguns elementos de discordância teórica já surgiam e eram prenúncio desse acirramento posterior, mas não que essas diferenças explicam totalmente as divergências políticas e os embates posteriores.

O Estado boliviano até 2005: aparente e neoliberal

As principais reflexões acerca do Estado começam no grupo principalmente a partir das eleições de 2002, onde o MAS e a oposição antineoliberal como um todo obtêm um excelente resultado eleitoral. Com a derrota por apenas 1,5% dos votos de diferenças de Evo Morales, candidato do MAS, para Goni, além dos 5% obtidos por Felipe Quispe do MIP, as forças antineoliberais conseguiram diversas cadeiras parlamentares e se configuraram como oposição real inclusive na arena parlamentar. Passava a ser perfeitamente possível uma vitória eleitoral.

Em *Democratizaciones Plebeyas*, livro que analisa já o processo eleitoral de 2002, Álvaro García Linera e Raquel Gutierrez dedicam longas páginas à análise da correlação de forças que permitiu a ascensão do movimento cocaleiro e de Evo Morales como dirigente político (GUTIERREZ & GARCÍA, 2002, p. 16-20). Para García, os resultados eleitorais de 2002 representavam uma derrota moral das elites dominantes nas mãos dos índios, e novos desafios se impunham para os movimentos sociais no processo (GARCÍA, 2002, p. 160). As crises recorrentes de Estado no último período na Bolívia seriam o reflexo de uma desconexão de um Estado com sistemas de gestão monodirecionais em uma estrutura socioeconômica complexa e multidirecional no país (*Ibidem*, p. 165). Em outras palavras, a crise era fruto dos limites do Estado aparente (retomando a conceituação de Zavaleta), que na Bolívia não funciona como síntese expressiva da sociedade incluindo dominantes e dominados, mas sim como uma sobreposição política de diversas realidades, o que geraria uma situação de permanente instabilidade do Estado, dada a não participação de todas as formas civilizatórias existentes no país (*Ibidem*, p. 166-168).

Em 2004, García avança nas reflexões, insistindo na ideia do Estado aparente como esquizofrenia política que constrói regimes normativos liberais e instituições modernas que não têm correspondência alguma com a realidade social *abigarrada* do país (*Idem*, 2004, p. 39) e passa a debater mais diretamente a crise do Estado.

Do ponto de vista dos movimentos sociais, chega-se a duas vias possíveis, uma de mudanças graduais, institucionais e pela via eleitoral, tendo como candidato Evo Morales, e outra insurrecional, de transformação revolucionária do Estado (GARCÍA, 2004, p. 85). A primeira requereria articular em torno de Morales um consenso amplo e negociado com outros líderes e movimentos sociais e um bloco eleitoral da totalidade dos movimentos sociais com força política real, com o intuito de gerar um polo popular e indígena suficientemente forte, compacto e unificado. Um governo que se tornasse crível ante o eleitorado como capaz de efetivar mudanças concretas e com propostas atraentes o suficiente para atrair os setores médios urbanos, populares ascendentes e inclusive empresariais vinculados ao mercado interno que ainda eram, à época, reticentes com um possível governo indígena, mas que eram necessários para a possível vitória eleitoral (*Ibidem*). A alternativa revolucionária, por sua vez, só poderia ter êxito com um trabalho anterior sistemático de organização que fosse além das palavras de ordem incendiárias, e que lograsse criar um consenso majoritário nos setores subalternos de que essa seria a única alternativa possível para defender seus direitos (*Ibidem*).

Além disso, afirmava que

> (...) em quaisquer das vias, que não necessariamente são antagônicas, e sim que podem resultar complementares, o polo indígena-plebeu deve consolidar uma capacidade hegemônica (Gramsci), entendida como liderança intelectual e moral sobre as maiorias sociais do país. Não haverá triunfo eleitoral ou insurreição sem um amplo e paciente trabalho de unificação dos movimentos sociais e uma irradiação prática, ideológica, que materialize uma liderança política, moral, cultural, organizativo do polo indígena-popular sobre a maioria das camadas populares e médias da sociedade boliviana (GARCÍA, 2004, p. 85-86).

À época em que escrevia essas reflexões, a antecipação das eleições que deveriam ser em 2007 ainda estava em debate, e o convite para que ele compusesse como candidato à vice-presidente pela chapa do MAS ainda não tinha ocorrido. Em 2005, quando da antecipação das eleições e desse convite, talvez ainda sem o terreno preparado da forma como descrito na citação anterior, García Linera optou por construir a via eleitoral dessa disputa.

A caracterização da crise estatal do neoliberalismo por García Linera se dá de forma mais sistemática a partir de *Democratizciones Plebeyas*, e continua de forma mais profunda nas duas obras posteriores, de 2004 e 2005. Para ele, existem três componentes estruturais que garantem o funcionamento, a estabilidade e a capacidade representativa do Estado: a relação entre as forças dominantes e dominadas, as primeiras com muito maior capacidade de decisão nas hierarquias e pautando de fato os rumos do Estado; o sistema de instituições, normas e regras através das quais a sociedade funciona; e um sistema de crenças mobilizadoras (*Idem*, 2002, p. 154). Todas elas entraram em crise – as forças dominadas passam a ganhar mais força, os partidos políticos entram em crise e o discurso e as crenças hegemônicas passam a colapsar – compondo uma crise dos componentes de curta duração do Estado na Bolívia (*Idem*, 2005, p. 19). Mas, além disso, agrega que há uma crise dos componentes de longa duração também, caracterizando mais do que uma crise do Estado neoliberal-patrimonial apenas, mas uma crise de longa duração de sua qualidade republicana propriamente dita (*Ibidem*).

Além disso, toda crise estatal ocorre, para ele, mais ou menos em quatro etapas: manifestação da crise, transição ou caos sistêmico, surgimento conflituoso de um novo princípio de ordem estatal e consolidação do Estado (*Idem*, 2004, p. 65). O momento que se estava vivendo em 2005 era justamente o de transição, com o "empate catastrófico", onde não há força o suficiente para impor a hegemonia de nenhum dos blocos em disputa, com enfrentamentos e desgastes mútuos que impedem que algum expanda sua liderança sobre o resto da sociedade (*Idem*, 2005, p. 45). O bloco popular, conformado pelo movimento popular indígena aimará, tanto na CSUTCB quando na COR-El Alto e na FEJUVE, movimentos de *ayllus*, cocaleiros, regantes, além do sindicato de fabris de Cochabamba, os mineiros remanescentes na COB etc., se concentrava principalmente no ocidente do país. Por outro lado, o bloco burguês era conformado pelo empresariado agroexportador local e as petroleiras, concentrados mais na zona oriental e sul do país (GARCÍA, 2004, p. 67).

Além disso, se trataria de uma crise estatal de longa duração, como correlato político da crise econômica de longa duração do padrão de acumulação primário exportador, incapaz de reter produtivamente os excedentes, e portanto sem condições de dispor internamente de volumes de riqueza necessário para construir processos duradouros de coesão social (GARCÍA, 2004, p. 36). Em 2005, de fato, os movimentos sociais do bloco subalterno na Bolívia se encontravam diante de novos dilemas perante a situação de empate catastrófico e disputa completamente aberta entre hegemonias. García Linera, já tendo tomado sua decisão, expressa isso quando afirma que a possibilidade de ultrapassar as barreiras políticas para a construção de uma hegemonia do bloco subalterno da sociedade estava em transitar de uma estratégia de ofensiva local e segmentada, para uma de poder nacional, que permitisse converter os movimentos sociais em condutores e diretores do novo Estado (*Idem*, 2005, p. 71). No fundo, do que se tratava era de

> (...) pensar estratégias de poder estatal dos movimentos sociais tanto em sua dimensão administrativa, resultante de processos eleitorais, como em sua dimensão estrutural, fruto da correlação de forças territoriais do Estado que é definitivamente onde se dirime a questão do poder (GARCÍA, 2005, p. 74).

Luis Tapia, por sua parte, via o Estado boliviano nos tempos do neoliberalismo como uma síntese da oligarquia econômica e política local e de seu modo de subordinar-se aos capitais e poderes externos e da forma que estes intervinham no país (TAPIA, 2007, p. 81). Como se viu, define também o Estado neoliberal como aparente, monocultural e monosocietal em uma sociedade altamente diversa e complexa, que só corresponde aos tipos de relação social moderna e que, ainda dentro destas, corresponde aos interesses da classe monopólica dominante, a burguesia (TAPIA, 2002b, p. 14).

Já em *Democratizaciones Plebeyas*, em 2002, Tapia analisava os resultados eleitorais afirmando que o voto no MAS era um voto de trabalhadores em trabalhadores, representava o voto independente dos setores subalternos pela primeira vez na história boliviana (TAPIA, 2002, p. 67). Além disso, afirmava que o peso eleitoral adquirido pelo MAS e pelo MIP representava um resultado conjuntural de um fundo histórico de acumulação e ascensão de forças populares que naquela época circulavam nos "não- lugares" da política estatal, no subsolo, e terminava afirmando que

> Talvez uma chave para prolongar esta onda de ascenso popular esteja em promover a proliferação e autonomia dos não lugares da política, o qual pode acabar dando mais força aos partidos que atuam já no seio do parlamento (TAPIA, 2002, p. 72).

Neste sentido, Tapia entendia o fortalecimento e a autonomia dos movimentos sociais como a prioridade, mas não excluía as potencialidades da luta parlamentar e pela via eleitoral. Caso se fortalecesse o primeiro, o segundo também ganharia força. Em 2004, Tapia reforçava seu argumento afirmando que a partir dos resultados eleitorais de 2002, a luta de classes havia penetrado novamente com força no parlamento, determinando as principais pautas de reorganização nos alinhamentos políticos e na coalizão de governo (TAPIA, 2004, p. 20).

Entretanto, Tapia adicionava um novo elemento à sua reflexão, que já diferenciava relativamente da análise de García Linera. Para Tapia, o crescimento eleitoral do MAS havia fortalecido o regime de representação política no sistema de partidos do país, ainda que através de uma polarização no seio do parlamento e do próprio sistema de partidos (*Idem*, 2004b, p. 162). Além disso, Tapia assinalava que o MAS não era o partido de todos os movimentos sociais bolivianos, que representava todo o bloco subalterno em disputa: ainda que se alimentasse eleitoralmente das mobilizações de todo esse bloco, seguia sendo um partido dos cocaleiros e de seus sindicatos, mas que além desse núcleo orgânico tinha se convertido numa espécie de partido dos trabalhadores da Bolívia (*Ibidem*, p. 165). O cenário ideal para Tapia é um desenvolvimento paralelo dos sindicatos e movimentos e das iniciativas parlamentares, mas naquela conjuntura já havia sinais de que esse desenvolvimento poderia se tornar conflituoso em algum momento. Quando a COB estava promovendo uma série de marchas e bloqueios contra o governo com demandas setoriais, o MAS se colocava contrário com o argumento de que isso aumentava a instabilidade do regime e a possibilidade de um golpe militar (TAPIA, 2004b, p. 166). De fato, García Linera argumentaría, em 2005, que a "possibilidade de ampliar a base de aliados da mobilização e sua legitimação choca com o próprio uso excessivo e contínuo de medidas de pressão, que também afeta a setores amplos da população que se sentem à margem da conflitividade". (GARCÍA, 2005, p. 72).

Com a possibilidade de vitória eleitoral do MAS num futuro próximo, Tapia afirmava acreditar que a principal demanda dos movimentos seria uma reestruturação do Estado que garantisse uma nova forma de co-governo no país: era preciso uma reconstituição geral do Estado, que vinha sendo pleiteada pelos movimentos com a consigna da Constituinte (TAPIA, 2004b, p. 171). Essa demanda foi pleiteada pelos movimentos sociais, enquanto o MAS estava reivindicando principalmente reformas nas políticas de Estado, e não sua reestruturação completa, o que mostrava que a parte central dos componentes do projeto político das forças em ação naquele momento ainda vinha de fora do partido, das mobilizações sociais (*Ibidem*, p. 172).

Com o processo de disputa de hegemonias acirrando-se e a região de Santa Cruz tornando-se cada vez mais uma trincheira da direita boliviana a partir das eleições municipais, as possibilidades de um golpe de Estado com centro nesse departamento não eram desconsideráveis. Neste sentido, Tapia argumenta que

> Por tudo isso, parece que o MAS tem uma estratégia de acumulação e aprendizado político de médio prazo. Se trata de avançar pouco, ainda que de maneira mais acelerada hoje, e pela via das eleições. Hoje, o MAS é o mais interessado em manter um regime de democracia representativa e a principal força que pode defendê-lo no país. Se trata de ganhar mais municípios rurais nas próximas eleições de fins de 2004 e alguns importantes centros urbanos, ou pelo menos conseguir uma significativa presença nos conselhos municipais (TAPIA, 2004b, p. 176).

Raúl Prada também avalia que o voto no MAS e no MIP em 2002 são a expressão das mobilizações, e que os resultados eleitorais convertiam o MAS na força política portadora da maior expressão democrática no país (PRADA, 2002, p. 113). Além disso, afirmava que a dicotomia entre eleições e Assembleia Constituinte naquele ano ficava cada vez mais clara, e que havia uma contradição nos resultados eleitorais do MAS e do MIP: apesar de serem fruto dos movimentos e das mobilizações, também são frutos dos preconceitos e expectativas liberais compartilhadas de forma ambígua por seus dirigentes (*Ibidem*, p. 145). O autor concluía afirmando que

> No horizonte político atual as subjetividades volitivas da multidão ainda não estão constituídas. Os sujeitos sociais ainda não estão subjugados pelos códigos do mercado, do poder e da comédia democrática representativa. Os movimentos sociais partidarizados e seus dirigentes estão submetidos aos preconceitos liberais de seu entorno colonial (PRADA, 2004, p. 146).

Em 2005, falando da crise estatal, Prada refere-se a três dimensões e causas principais. Primeiro, o caráter da economia boliviana e sua estrutura profundamente dependente; depois, o fato das classes dominantes não terem conseguido ao longo da história articular de forma firme sua dominação econômica, social, política e cultural; e, por fim, o fato de o ajuste estrutural neoliberal com as privatizações e capitalizações ter gerado níveis de dependência nunca antes vistos (PRADA, 2005, p. 154). Neste contexto, defender o governo de Carlos Mesa ou a democracia representativa seria defender a inércia política, o continuísmo. A democracia efetiva seria, para Prada, a ação das multidões, a paixão, os desejos e as demandas das massas (*Ibidem*, p. 158). A democracia era, ainda, um projeto não realizado na Bolívia, um projeto inibido pelos mecanismos de dominação. Nos tempos neoliberais, trata-se de uma simulação democrática e, neste sentido, o horizonte programático possível em 2005 era o de uma democracia radical, mediante os procedimentos plebeus dos movimentos sociais (*Ibidem*, p. 214).

Oscar Vega Camacho sintetiza, em poucas palavras, a perspectiva geral do grupo Comuna de caracterização do Estado boliviano ao longo do neoliberalismo:

> Estamos em um país que reconhece sua multiculturalidade pelo menos constitucionalmente, ao assinalar características pluriculturais e multilíngues, mas que ainda não pode modificar sua estrutura monocultural e monolíngue, e desta forma, possibilita e segue reproduzindo uma sociedade desigual, segregadora e racista (CAMACHO, 2005, p. 120).

Se havia diferenças na leitura política do momento e nos desafios mais imediatos colocados para os movimentos, todos eles partiam de uma caracterização comum acerca do que representava o Estado boliviano no período neoliberal e da necessidade de superá-lo radicalmente.

O Estado boliviano a partir de 2006: características, desafios e limites

A partir do momento em que as eleições são antecipadas e o MAS vence em 2005, assumindo o governo boliviano em 2006 com Álvaro García Linera na vice-presidência, os debates no grupo passam a girar em torno das tarefas a serem assumidas e desenvolvidas pelo Estado. Os dois livros publicados depois da vitória eleitoral do MAS são *La Transformación Pluralista del Estado,* de 2007, já com a Assembleia Constituinte instalada e em processo, e *El Estado. Campo de lucha,* o último livro, publicado em 2010, já com a nova Constituição Política do Estado aprovada e homologada, e tendo passado já quatro anos do governo de Evo Morales.

Oscar Vega (2007, p. 9) afirmava, no primeiro dos livros citados, que a demanda da realização de uma Assembleia Constituinte era uma oportunidade histórica para estabelecer um mecanismo institucional próprio e legítimo, para construir um novo marco constitucional político do Estado baseado na presença e na ação dos novos sujeitos políticos que emergiam nessa sociedade em movimento. Além disso, afirmava que a participação da sociedade seria decisiva como processo constituinte, para continuar com uma transformação pluralista (*Ibidem*). A tarefa de transformação do Estado seria, portanto, a mais urgente e o governo, por mais que se autointitulasse "dos movimentos sociais" deveria ser visto como um novo lugar de disputa política, um novo cenário para construir as condições de uma transformação política do Estado e da sociedade (*Ibidem*, p. 14).

Para Tapia, a tarefa de enfrentar o problema da igualdade política intercultural entre o conjunto dos povos e culturas que historicamente habitaram o país era uma das principais do processo constituinte e da Assembleia (TAPIA, 2007b, p. 95). A transformação completa das instituições bolivianas era tarefa primordial para Tapia, a começar pelo regime político. Nas suas palavras,

> O presidencialismo serviu para manter o predomínio da cultura historicamente dominante em tempos de modernidade colonial, e é provável que siga sendo assim inclusive nas condições de que um político proveniente de outra cultura, como Evo Morales, assuma essas responsabilidades no seio do mesmo desenho institucional (...) Em condições de ampla multiculturalidade (...) um presidente nunca vai poder ser representativo deste grau de diversidade (TAPIA, 2007b, p. 97).

Além disso, seria preciso desenhar um conjunto de instituições políticas que evitem que se reproduza o monopólio da representação política por parte dos partidos, como ocorria previamente a partir da tradição liberal. Neste sentido, Tapia argumentava já durante a Constituinte que sua própria lei de convocatória já havia reduzido significativamente a pluralidade possível de forças que a comporiam, criando condições para que nela não se pensasse um desenho institucional que fosse mais inclusivo (*Ibidem*, p. 144).

Em 2010, Tapia afirmava a existência de um Estado dividido na Bolívia. Por um lado, o bloco dirigido pelo MAS estava no governo central e era maioria no legislativo do país, enquanto por outro lado o bloco dirigido pela burguesia cruceña governava em nível departamental em alguns lugares no país. A dominação do MAS é fruto de sua capacidade de competição no sistema político, mas principalmente do processo de mobilizações e da capacidade de auto-organização dos setores populares do país, enquanto que a dominação regional do outro bloco seria fruto da permanência de estruturas patrimonialistas, além de sua capacidade para organizar uma base de consenso eleitoral (TAPIA, 2010, p. 121). O projeto de autonomia departamental era a principal estratégia e trincheira dessas oligarquias patrimonialistas para barrar a onda de ascensão das organizações políticas camponesas e indígenas e dos movimentos antiprivatização que colocaram em crise o modelo neoliberal. Neste sentido,

> Pelos resultados da negociação política que se refletem na nova constituição se poderia dizer que venceram, na medida em que a reforma do Estado se está pensando para frente, sobretudo em termos de organização das autonomias de diversos tipos, em particular as departamentais. Aí vemos que se reconheceu ou incluiu as condições legais para a reprodução de um estado dividido no país, dada a característica da heterogeneidade de suas estruturas sociais e relações de forças na história recente e toda a acumulação prévia. Na medida que não há reforma agrária e há reconhecimento de autonomias, a nível constitucional se recriaram e organizaram novas condições para a reprodução de um Estado dividido, atravessado e governado por diferentes blocos classistas em diferentes níveis do Estado (TAPIA, 2010, p. 122).

O MAS articulou uma extensa rede de alianças, sobretudo com povos camponeses e indígenas, em diversos territórios, que serviria para que representantes dessas organizações entrassem no Estado, e por outro lado o MAS tivesse uma aliança social e eleitoral que tornasse possível sua manutenção como maioria na direção do Estado, mas esse tipo de relações se deu no âmbito das instituições e da lógica estatal pré-existente. Por outra parte, as oligarquias departamentais em suas regiões também não desenvolveram as estruturas estatais (*Ibidem*, p. 124). Daí a tendência de permanência desse Estado dividido na Bolívia. Trata-se de um conjunto descontínuo de estruturas que depende das suas articulações com a sociedade civil, que estava dividida no país. Entretanto, o Estado também condiciona e determina a sociedade civil, e a forma como age no governo do MAS tende a reproduzir a dimensão e o horizonte mais corporativos de suas formas de organização, tanto na relação com os setores populares quanto com os patrimonialistas, neste caso com mais força (*Ibidem*, p. 125).

Por sua parte, García Linera (2010, p. 17) afirma que a modificação classista e cultural dos setores dirigentes no Estado boliviano foi abrupta, sem mediações. Esse novo bloco no poder se caracterizaria por ter uma base material e econômica constituída pela pequena produção mercantil, tanto agrária quanto urbana, a mesma que caracterizava as mobilizações de 2000 a 2003. Nesse bloco dirigente se destacam os camponeses indígenas com vínculos regulares com o mercado; indígenas camponeses das terras baixas e dos *ayllus* andinos; pequenos produtores urbanos; e setores com atividade mercantil relativamente avançada, "empresários de origem popular", que se identificariam mais como trabalhadores do que como burguesia e abasteceriam o mercado interno e em parte mercados externos (GARCÍA, 2010, p. 18). Além disso, uma nova intelligentsia urbana fruto da entrada das camadas populares nas universidades desde os anos 1970, dentre os quais se destaca uma intelectualidade indígena letrada que veio construindo nos últimos trinta anos um horizonte utópico indianista. Em torno deste núcleo se articulam, ainda, forças operárias que antes estavam submetidas a políticas de precarização laboral, e um setor empresarial industrial tradicional, que está favorecido pelos incentivos ao consumo de produtos nacionais (*Ibidem*). Por fim, uma nova burocracia estatal composta por uma síntese de funcionários antigos e funcionários novos que têm outro capital escolar e origens étnicas e classistas distintas dos anteriores (*Ibidem*).

O relevante do processo, para García, é que, do âmbito étnico e classista, as distâncias sociais com o antigo bloco no poder são enormes, o que explica as pouquíssimas pontes de comunicação que existem entre os dois blocos (*Ibidem*, p. 19). Ele afirma que pelo menos cinco aspectos estão sendo reconfigurados nesse novo sistema político: as características classistas e culturais do novo bloco no poder estatal, as novas forças políticas duradouras no país, as novas lideranças geracionais, a distribuição do poder estatal e o novo sistema de ideias antagonizáveis em curto e médio prazo (*Ibidem*, p. 20). Neste sentido, García Linera percebe as tensões internas do processo, afirmando que

> Inclusive o bloco dominante, hoje dirigente do processo político, também apresenta um conjunto de tendências internas que o dão vitalidade e força em termos de qual será a orientação prevalecente na complexa tensão entre estatismo e comunitarismo, o primeiro mais ligado à monopolização de decisões e o segundo

mais vinculado à democracia dos movimentos sociais (GARCÍA, 2010, p. 21).

Além disso, a ideia do empate catastrófico já não tem mais validade, na medida em que se estabeleceu um bloco hegemônico nacional, que prevalece como senso comum, contra resistências oligárquicas locais, com lideranças estritamente locais (*Ibidem*, p. 31). Depois da crise e das tentativas de golpe de Estado de 2008, momento caracterizado como um ponto de bifurcação por García, no qual a direita boliviana foi derrotada eleitoralmente em agosto; militarmente em setembro, depois da tentativa de golpe; e politicamente em outubro, com a aprovação do referendo constitucional, teria se iniciado a estrutura de ordem unipolar do novo Estado.

Pode ser que o antigo bloco dominante volte a articular-se nacionalmente, mas a partir das análises de García Linera, fica claro que a decisão dos rumos do processo de transformação estatal e social da Bolívia se dá dentro do bloco subalterno, não necessariamente apenas dentro do governo. São justamente as polêmicas dentro desse bloco que tem de ser desenvolvidas e resolvidas, de forma a mantê-lo coeso para não possibilitar um ressurgimento nacional das oligarquias no país.

> Alguns dirão que a sociedade boliviana ainda atravessa momentos de tensão, e é certo. A passagem pelo ponto de bifurcação ou consolidação autoproducente da ordem estatal não anula os conflitos; eles vão continuar existindo, mas de baixa intensidade. O que já não haverá são conflitos estruturais, projetos de país e de poder social geral confrontados, isso é o que terminou. Haverá conflitos e disputas sobre, por exemplo, quem poderá levar adiante de melhor maneira a autonomia ou o papel do Estado na economia ou na igualdade, no marco de um Estado de Direito. A briga já não será por projetos de sociedade, e sim por formas de administrar, conduzir e viabilizar cada um desses três eixos do campo político nacional para as próximas décadas.
> Por isso estaria fechando-se o ciclo de crise estatal de oito anos e estaríamos diante da emergência de um processo de estabilização social e de construção, relativamente estável, das novas estruturas estatais (GARCÍA, 2010, p. 40-41).

Raúl Prada, talvez por ter participado do processo como constituinte, tinha em 2010, um ano depois da aprovação, uma visão extremamente otimista da Constituição e do processo como um todo. Em 2008, ele falava da necessidade de defender o governo popular, deste ser consequente com o programa dos movimentos sociais, que se resumiria à nacionalização dos hidrocarbonetos, à reforma agrária, reterritorialização das comunidades indígenas e a convocatória à Assembleia Constituinte (PRADA, 2008, p. 144).

Convocada a Assembleia, depois de muita luta, e aprovada a Constituição em 2009, o autor argumentava que esse processo seria a fundação de uma nova república, um novo nascimento do Estado boliviano, e, de forma mais otimista que Tapia, entendia que as 144 modificações feitas pelo congresso na proposta de Assembleia Constituinte original dos movimentos não puderam derrotar o espírito constituinte, os princípios e as finalidades da Constituição (PRADA, 2010, p. 86). A Constituição reconhece o multissocietal, o plurinacional e afirma uma descolonização que implica o pluralismo institucional, normativo, administrativo e de gestões, como uma descolonização das práticas, das condutas e dos comportamentos: isso é a revolução cultural (*Ibidem*, p. 90). Além disso, a Constituição traria consigo o traço comunitário do Estado plurinacional, e traria também equidade de gênero e outro modelo econômico (*Ibidem*, p. 91-93).

Mesmo nos pontos em que a Constituição apresenta aspectos ambíguos ou utiliza termos tipicamente liberais, Prada encontrava formas de elogiá-la:

> Não pode haver nada parecido às estratégias anteriores, se há alguns traços que sugerem certa analogia, como os relativos à transformação tecnológica e sua incorporação à economia mundial e comunitária, têm que ser lidos nos códigos não da revolução industrial do século xix, sim no contexto do que significa a revolução tecnológica, irradiante, expansiva, em rede, impulsionando saltos que não se podem ler desde a linearidade histórica sucessiva de seguir o curso dos países desenvolvidos. Isso significaria voltar a aportar por nostálgicos projetos nacionalistas e populistas (PRADA, 2010, p. 90).

De fato, esse otimismo inicial com a Constituição deu lugar a decepções profundas com a "moderação e a adequação do projeto político do MAS às lógicas estabelecidas previamente" uma oposição ferrenha ao governo de Evo Morales e do MAS e a uma ruptura com Álvaro García Linera entre 2010 e 2012.

Oscar Vega Camacho colocava a necessidade de, a partir do momento em que o bloco subalterno se encontra representado em certa medida no Estado, afastar-se de uma concepção segundo a qual o Estado é exclusivamente palco do poder e da autoridade, e consequentemente é preciso estar a favor ou contra ele (CAMACHO, 2010, p. 130). O processo boliviano seria a transição da sociedade colonial *abigarrada* para a construção de uma sociedade democrática plurinacional, com ênfase no caráter transitório e na existência de inúmeras possibilidades, o que faz com que se tenha que participar do processo de debates e construção (*Ibidem*, p. 136). Camacho discorre longamente sobre a Constituição, com uma análise detalhada e interessante a respeito de suas potencialidades, principalmente no que diz respeito ao pluralismo e aos direitos fundamentais reconhecidos, e entende que a transformação do Estado é seu principal desafio (*Ibidem*, p. 140-144).

O MAS no poder foi capaz de avançar em diversos aspectos e apresentou vários limites, mas não se tratava nem de idealizá-lo nem de considerá-lo como inimigo, mas sim de entender que a transição constitucional democrática do Estado boliviano consiste em um processo amplo, complexo e gradual, que deve ter como focos estratégicos de aprofundamento a cidadania, ampliando serviços públicos como saúde, educação, moradia etc., mas com uma implementação que reconheça as diferenças culturais, regionais e locais; e a produção, criando condições para, a partir do Vivir Bien, buscar diferentes alternativas de desenvolvimento, diretamente relacionadas às diversas matrizes civilizatórias existentes no país (*Ibidem*, p. 156).

Além disso, conclui que o texto da Constituição em si é também transitório, dados os próprios limites objetivos da sociedade para transformar a si própria e ao Estado (CAMACHO, 2011, p. 43).

> A nova Constituição Política do Estado é um texto que se deve ler com um caráter performativo e, portanto, programático do pro-

> cesso constituinte da sociedade em movimento, para encaminhar a passagem da transição a novas alternativas e orientações de uma sociedade mais justa e digna para viver bem e em harmonia com a vida e os viventes. A condição democrática e suas formas de democracia em nossas sociedades são a descolonização do poder e a transformação do Estado para a produção do comum e a vida em comum de uma sociedade em movimento (CAMACHO, 2011, p. 50).

Neste sentido, Vega Camacho analisa o processo de transformação do Estado disparado pela chegada do MAS ao poder como algo em aberto, e em certa medida, sintetiza posições mais críticas e também otimistas com relação à Constituição. Não é tão otimista quanto Prada com relação ao texto, nem tão pessimista quanto Tapia.

Feitos alguns dos debates mais contemporâneos que demarcam diferenças importantes relacionadas ao processo político concreto em curso no país, é interessante debater, para concluir este capítulo, como os autores do grupo veem o papel do Estado no processo de transformação da sociedade. Além disso, entender qual o projeto político concreto por eles defendido ou esboçado ao longo da produção teórica do grupo Comuna, para buscar uma síntese entre as posições, receios, defesas e críticas às situações e conflitos concretos, bem como a respeito da forma como se desenvolveram essas ideias no âmbito do grupo.

Papel do Estado no processo de transformação radical da sociedade e projeto estratégico

García Linera, como se demonstrou, passou de posições bastante duras com relação à necessidade de autonomia total dos movimentos com relação ao Estado (GARCÍA, 1999, p. 171) para uma compreensão da importância deste no processo de transformação radical da sociedade. Passa a ver no Estado a possibilidade de ampliar, utilizando seus recursos e seu monopólio de decisão, a base operária e sua autonomia, além disso, de potencializar as formas de economia comunitária onde existam essas redes, mas sem controlá-las (RAMÍREZ *et al*, 2009, p. 75). Além disso, o vê como uma entidade altamente misteriosa, uma comunidade ilusória que pode monopolizar o universal, aí está a potencialidade transformadora do Estado, e também o seu limite opressivo, como elementos que convivem mutuamente: trata--se de comunidade e dominação (GARCÍA, 2012). Neste sentido, o Estado pode ajudar o processo de universalização que deve partir necessariamente da sociedade, com recursos, espaços, buscando levar até o limite a dimensão comunitária e universal, e diminuindo, assim, as esferas de dominação sem iludir-se, no entanto, de que será capaz de criar a comunidade, pois esse papel apenas a sociedade pode cumprir (*Ibidem*). Além disso, quando a sociedade está em momentos de descenso, organizada individual e corporativamente, o Estado pode potencializar o universal. Entretanto, enquanto houver Estado haverá dominação, e o que se deve buscar é a fusão e o entrecruzamento entre a dimensão do Estado que ajuda a criar universalidade, mas que, por definição, não pode criá-la; e uma sociedade que cria por si mesma universalidade e utiliza o Estado para ampliar isso (GARCÍA, 2012). Daí a necessidade de ocupar esse espaço e buscar potencializar as lutas sociais a partir daí.

Oscar Vega Camacho afirma que o Estado deve ser visto como uma relação na qual existem momentos nos quais se nega, cede, negocia ou aceita, tratando-se sempre de algo ambíguo, e não de um bloco concreto estático enquanto tal (CAMACHO, 2012). Neste sentido, é possível aspirar a um projeto estatal de transformação: o Estado não deve tomar a si mesmo como sujeito para transformar a sociedade, mas esta que deve tomar o Estado como objeto para transformá-lo (*Ibidem*). O objetivo de transformar o Estado é, através da condição estatal, potencializar transformações na sociedade (*Ibidem*).

Da perspectiva de Prada, as contradições sociais inseridas nas questões de classe, etnias, culturas, bem como de soberania nacional, as quais se tentou superar na época do neoliberalismo, no âmbito da descolonização e da luta de classes, não podiam ser estatalmente superadas: era necessária uma absorção total do político pelo social (PRADA, 2002, p. 116). Além disso, em 2005 escrevia que a luta contra as formas estatais periféricas, que formam parte da maquinaria global do capitalismo, a ser superado, é parte central da tarefa dos movimentos sociais (*Idem*, 2005, p. 150). Entretanto, a partir do processo político concreto, Prada passa a acreditar na possibilidade de ingressar no Estado para demoli-lo desde dentro, o que se torna coerente, em última instância, com as posições de García e Camacho (PRADA, 2012).

Raquel Gutierrez, entretanto, compartilhava a posição inicial de García Linera, e segue defendendo o mesmo. Em 2001, escrevia que

> A insubordinação ou insurgência do dominado nestas circunstâncias não pode radicar na "captura" dos dispositivos da ordem para usá-los "a seu favor". É necessária sua derrogação, sua erosão ao tempo que se levantem novos dispositivos reguladores que não só consagrem a nova relação de poder mas que também anulem a conversão das relações de poder em estado de dominação. A conservação da capacidade de autorregulação, pois, é imprescindível, se de emancipação temos que falar (GUTIERREZ, 2001b, p.66).

De fato, um dos comentários feitos por Gutierrez acerca do caminho seguido pelo Comuna após sua saída consiste em uma crítica, por um lado, à perda dos debates mais estritamente militantes, e por outro, ao desvio do olhar de análise para o âmbito do Estado.

As posições de Camacho e García Linera, e mesmo a de Prada, cabem no prólogo do último livro do grupo, assinado por todos e por Luis Tapia.

> O Estado está se reformando em alguns aspectos porque a composição e ação da sociedade civil e das culturas comunitárias está mudando, produzindo uma conjuntura de possibilidade e de reestruturação democrática das relações entre Estado e sociedades, mas também se colocam os aspectos conservadores contidos na sociedade civil e no polo proprietário e desde os âmbitos populares.
>
> O Estado é uma relação e um conjunto de estruturas que é resultado da luta política. O Estado é um campo de luta e uma forma de luta política, ao mesmo tempo em que se pretende que seja a forma de unificação de territórios e populações divididas por critérios de propriedade, poder político e cultura (GARCÍA *et al.*, 2010, p. 5).

Neste sentido, há em 2010 uma convergência no grupo a respeito do papel que pode cumprir o Estado, desde que radicalmente transformado pela sociedade em movimento.

Mas a partir desse processo de chegada ao Estado para transformá-lo ou demoli-lo, qual o projeto político concreto que os membros do grupo defenderam ao longo do tempo, e qual o espaço fica para os horizontes utópicos defendidos no interior do grupo? No contexto da guerra da água, falava-se da necessidade de recompor a política coletiva nos sindicatos, lugares de trabalho e organização, para deliberar formas de luta pela reapropriação do trabalho e da direção do país (GUTIERREZ *et al.*, 2000, p. 192). Seguindo e desenvolvendo as consignas do movimento, Gutierrez reivindicava também, já em 2001, a necessidade de uma Assembleia Constituinte que não se baseasse na reforma da Constituição Política do Estado, e sim recuperasse a primeira premissa republicana, capaz de afirmar a soberania popular e promover uma transformação geral das instituições políticas, a fim de corrigir a situação de exclusão e desconhecimento dos direitos vigente à época (GUTIERREZ, 2001, p. 209). A Constituinte deveria funcionar como um grande laboratório onde se desenha o futuro político da nação para as décadas seguintes, com base nas demandas de todos os que se comprometem com o bem comum (*Ibidem*, p. 210).

Com base na crise estatal, numa perspectiva que já se afastava da visão de Gutierrez e que começava a debruçar-se sobre um projeto concreto cada vez mais imediato, García argumentava a necessidade de um projeto estatal viável, de tipo multicultural e multicivilizatório, a partir de uma nova estrutura estatal (GARCÍA, 2002, p. 171). Uma proposta que não etnifica o Estado, pelo contrário, desmonopoliza a etnicidade estatal permitindo o acesso de outras culturas e etnias a ele (*Idem*, 2007b, p. 66). O desafio tangível que passava a nortear as reflexões era a democratização, nas condições impostas por ela numa sociedade multissocietal como a boliviana. No que diz respeito à Assembleia Constituinte, García afirmava que ela deveria funcionar como um poder soberano que se colocaria por cima de todo e qualquer poder constituído anteriormente, e que deveria desenhar as normas de convivência da sociedade em pelo menos três âmbitos: estabelecer quais são os bens comuns da sociedade, aos que todos têm direitos coletivos; o modo de administração e gestão desses bens (organização administrativa do Estado); e os mecanismos de participação, representação e controle social do soberano, o povo, na gestão desses bens (GARCÍA, 2004, p. 70). Tapia (2004, p. 158), também afirmava que a melhor estratégia para lograr a democratização e a associação das formas de democracia direta e representativa, demandada pelos movimentos, seria a Assembleia Constituinte.

A partir da guerra do gás, o tema da nacionalização dos hidrocarbonetos passava a ganhar força no programa do bloco subalterno boliviano. No âmbito do grupo, García argumentava que a nacionalização criaria condições para que o Estado se apropriasse do excedente econômico do gás com o intuito de reinvestir na propriedade pública estatal e na industrialização do país, redistribuir renda e subsidiar diversos setores econômicos impossibilitados do acesso a serviços de energia a preços de mercado, por sua produtividade arcaica (GARCÍA, 2005, p. 52-53). A nacionalização garantiria a base material e produtiva para o estabelecimento de um modelo econômico alternativo ao neoliberalismo (*Ibidem*, p. 55).

Prada demonstra que a Assembleia estava ligada à demanda integral de descolonização dos movimentos indígenas, e a nacionalização dos hidrocarbonetos particularmente ligada às demandas articuladas de recuperação dos recursos naturais por parte dos movimentos nacional-populares (PRADA, 2005, p. 192).

Além da Assembleia e da nacionalização, um debate acerca das autonomias é iniciado, tratando de buscar um projeto que garanta autonomias indígenas, mas não permita a autonomização das oligarquias para controlar de forma patrimonialista os recursos naturais de suas regiões. Para garantir um Estado multicivilizatório é preciso pensar nas autonomias indígenas. Neste sentido, se propõe concretamente um esquema de reconhecimento de direitos para as identidades reduzidas, com sua livre determinação, eleição de autoridades, acesso aos fundos do Estado etc., (GARCÍA, 2007b, p. 71); outro para as nações indígenas como os aimarás, que teriam direito à nacionalidade, ao reconhecimento de autonomia por comunidade linguística, um Executivo e uma Câmara estritamente aimarás, governo autônomo com competências educativas etc. (*Ibidem*, p. 73).

Tapia, por sua parte, elabora praticamente uma proposta de Constituição, ao longo de 110 páginas, em *La Transformación Pluralista del Estado*, buscando a garantia de direitos, a democratização, a participação igualitária de todas as culturas e a descentralização do poder político, as formas de governo mais adequadas para esse processo etc. O autor afirmava que

> O desenho das instituições políticas a fazer-se na constituinte tem que ir dirigido a resolver os problemas acumulados historicamente em termos de desigualdade, exclusão e exploração existentes no país por muito tempo. Tem que enfrentar tanto as formas de desigualdade historicamente persistentes como as novas formas de desigualdade. Neste sentido, uma constituição realista não pode supor que se se declara igualdade esta já existe, mas sim cabe pensar o processo de produção da igualdade e a eliminação das formas de discriminação pré-existentes (TAPIA, 2007b, p. 118).

É interessante perceber como neste livro, tanto García Linera, que já era vice-presidente do Estado, quanto Tapia elaboram propostas muito concretas no que diz respeito à democratização e à Constituinte no país. As propostas de ambos são, em geral, convergentes, apesar das diferenças de análise vistas anteriormente. Ao que parece, as diferenças se davam mais no que diz respeito à tática política a ser seguida e a como lidar com o processo concretamente.

No que diz respeito à relação dos horizontes mais gerais dos autores e dos movimentos com os projetos possíveis imediatamente, Prada afirma que

> A saída da crise estrutural do capitalismo só se pode dar em escala mundial, esta superação da crise do capitalismo só se pode dar ingressando em um novo horizonte histórico e cultural, um horizonte que se situa em outro espaço-tempo, que se encontra para além do mundo capitalista, para além do mundo moderno. Enquanto isso, neste encaminhar-se, na transição a um pós-capitalismo, se faz necessário preparar o terreno, criar as condições para a superação do capitalismo. Para o transcurso desta tran-

sição transformadora é fundamental a imaginação e o imaginário radicais, sua potência criativa, ademais da força instituinte. A propósito, em relação à estrutura institucional – algo que se disse durante a Assembleia Constituinte e vale a pena lembrar – se requer um novo mapa institucional, mas também se requer um novo imaginário social. Ambos âmbitos, o imaginário e o institucional, necessitam de uma conexão simbólica (PRADA, 2010, p. 80).

Tapia, por sua vez, afirma que o autogoverno nas condições da época da globalização capitalista implica a reconstrução democrática da dimensão nacional, como horizonte das identificações e do reconhecimento pluralista, assim como de exercício da cidadania. Seria necessário criar um núcleo comum, de convivência e intercâmbio democrático intercultural, nessa sociedade até agora marcada pela dominação e pela desigualdade (TAPIA, 2006, p. 39). Para os bolivianos, é importante lembrar, a dimensão nacional tem que ser necessariamente multicultural e multissocietal quando o objetivo é ser democrático (TAPIA, 2002b, p. 130).

García Linera, quando já no Estado, afirma que o socialismo não se faz por decreto, mas sim pelo movimento real da sociedade, e que o máximo possível de se pleitear na sociedade boliviana daquele momento era o que ele chamava de capitalismo andino amazônico, uma espécie de capitalismo baseado na pequena produção familiar, individual, e comunitária, mas integrada ao mercado (RAMÍREZ *et al.*, 2009, p. 75). García afirma não ser esse seu objetivo, mas ser isso o único possível para agora: fortalecer as formas econômicas não capitalistas e reequilibrá-las com as capitalistas potencializando-as, para que com o tempo gerem processos de maior comunitarização que tornem possível pensar um pós-capitalismo (*Ibidem*). O pós-neoliberalismo é ainda capitalismo, mas contém um conjunto de forças e estruturas sociais que podem se desenvolver em pós-capitalistas com o tempo. O conceito de capitalismo andino-amazônico pode ser, neste sentido, frustrante para os idealistas radicais, mas é, segundo García, o mais honesto intelectualmente, é o que as condições, limitadas pela base econômica material da Bolívia, permitem (*Ibidem*, p. 76).

Os debates no âmbito do grupo Comuna passaram a tornar-se debates públicos acerca dos rumos a serem tomados pelo novo Estado do país. Além disso, sua reflexões mais concretas, as polêmicas que surgiram entre eles e suas formulações mais consensuais – por exemplo o desenvolvimento das ideias de autonomias etc. – desenvolviam teoricamente e sistematizavam demandas dos movimentos sociais. Neste sentido, as propostas surgidas seguramente exerceram influência na construção da Constituição boliviana, nas políticas de governo e nos rumos do país, na medida em que um de seus membros era o vice-presidente, outro foi constituinte e os demais estavam em constante contato, concordando, discordando, propondo e criticando suas concepções e os limites do governo.

***

Em linhas gerais, os autores do grupo partem de uma base marxista para analisar o Estado e o poder, à exceção de Raúl Prada. A evolução dos fatos concretos na luta de classes boliviana traz um giro no pensamento do grupo para questões mais concretas, relacionadas à possibilidade real de ocupar o Estado, primeiro, e depois às políticas necessárias para, desde dentro, transformá-lo radicalmente e potencializar as transformações na sociedade.

As caracterizações relacionadas ao Estado nos tempos neoliberais na Bolívia, vinculadas à noção de Estado aparente de René Zavaleta, são bastante consensuais no âmbito do grupo. Entretanto, a partir das análises concretas sobre a tática, começam a surgir diferenças importantes. Em 2004, quando começam a analisar as condições necessárias para a construção de um processo vitorioso. Tapia e García Linera consideravam a possibilidade de uma via eleitoral como algo importante, mas para o último essa passava a ser prioridade em 2005, mesmo sem as condições ideais para a construção dessa alternativa. Enquanto isso, Tapia mantinha uma aposta no aprofundamento da autonomia dos movimentos e passava a criticar cada vez mais o MAS por estabilizar o sistema democrático representativo liberal, na medida em que participava dele – o que ele não achava necessariamente um erro – e o defendia. O ideal para ambos, entretanto, e para Raúl Prada, era uma combinação da via eleitoral com a via insurrecional dos movimentos, um processo deveria alimentar o outro. Na prática, entretanto, as posições políticas adotadas por García Linera, que se tornou figura central no governo do MAS, afastaram politicamente o grupo, e tornaram os debates cada vez mais intensos, até gerar a ruptura.

Acerca do Estado já em processo de transformação e do processo de Assembleia, as caracterizações de García Linera e Tapia são contraditórias, já que a primeira afirma a unipolaridade e a tendência à estabilidade do Estado, com conflitos e contradições apenas no âmbito do bloco subalterno, na medida em que está consolidada uma nova hegemonia, enquanto a segunda fala de um Estado dividido. A história parece ter dado razão à García Linera, já que a direita ainda não teve força para reorganizar um projeto nacional. Entretanto, os próprios conflitos internos no âmbito nacional-popular e indígena estão se tornando cada vez mais conflitos-limites, como é o exemplo do caso de TIPNIS, ocorrido em 2011 e que reverberou em todo o ano de 2012, ocasionando uma ruptura do Pacto de Unidade entre os movimentos que era base do governo e diversas outras cisões no processo.

Os debates no grupo Comuna sempre foram pautados nas demandas dos movimentos em luta. Sustentar com a amizade as diferenças teóricas e políticas em prol de um projeto comum de derrotar o neoliberalismo se tornava cada vez mais difícil com o neoliberalismo derrotado e o desafio de construir um novo processo. A partir do momento em que o MAS chega ao governo com García Linera como vice-presidente, as formulações e os debates do grupo ganham um peso mais direto de influência nos rumos do país, e isso leva as diferenças a tornarem-se divergências profundas, públicas e passadas ao âmbito interno do Estado. Por um momento, até o conflito de TIPNIS, o Estado boliviano transformado funcionava como o grupo Comuna, um espaço aberto de debates, como um espaço em constante construção plural. Entretanto, a tendência a estreitar os círculos de decisão e influência se acentuou e tornou incompatível a participação de García Linera no grupo. Se o início do grupo tinha a ver com a disputa direta entre dois projetos diferentes de sociedade, entre hegemonias, sua ruptura e seu fim – pelo menos da forma como se configurou até 2010 – se relaciona ao processo de como construir, aprofundar e consolidar uma nova hegemonia dos setores antes subalternos na sociedade.

CONCLUSÃO

O grupo Comuna surgiu com o intuito de travar o debate de ideias e a disputa ideológica contra o neoliberalismo na Bolívia, em consonância com a luta concreta dos movimentos sociais do bloco subalterno no país. Neste sentido, a partir de um contexto de crise social que potencializou a aglutinação dos diversos setores subalternos – trabalhadores, camponeses, indígenas do campo e da cidade – foi capaz de articular-se com diversos segmentos da sociedade em luta e cumprir um papel importante na divulgação e na sistematização teórica do que estava acontecendo no país.

O primeiro papel cumprido pelo grupo foi o de contribuir com a legitimação das ações dos movimentos sociais bolivianos perante o resto da sociedade, especialmente as camadas médias urbanas e setores populares que não estavam participando diretamente dos processos. Isso se deu na medida em que, em suas primeiras obras, o grupo Comuna analisava o processo a partir de uma valoração positiva da ação dos movimentos, e em contato direto com estes, e de uma análise profundamente crítica da configuração neoliberal da sociedade boliviana. Analisava o processo externamente, mas ao mesmo tempo como parte dele. O grupo conseguiu fundir-se de tal forma à ação coletiva que, a partir de suas iniciativas de debates e articulações, e da publicação de seus livros, funcionava como uma extensão dela.

A partir desse processo de legitimação, o grupo, em conexão direta com a ação dos movimentos, passou a contribuir com um processo de construção e consolidação de um novo senso comum na sociedade boliviana. O peso que o Comuna ganhou a partir de suas elaborações, com participação na mídia, promoção de espaços que passavam a estar sempre lotados e as próprias publicações, conferiu-lhe um papel de articulador da "opinião pública". Assim, foram disseminados cada vez mais na sociedade boliviana debates como o do caráter multicultural e multissocietal do país, da necessidade de um aprofundamento radical da democracia que combatesse os resquícios coloniais, dos limites estruturais objetivos do neoliberalismo etc. Neste sentido, tudo aquilo que tinha início e fim na ação dos movimentos sociais em luta, se intensificava num processo de totalização, na busca pela geração de um novo consenso na sociedade boliviana.

A partir desse momento, principalmente depois da guerra do gás de 2003, que colocou definitivamente em crise o regime neoliberal, tornava-se necessário formular programas concretos de luta. Dos movimentos protagonistas do processo de disputa de hegemonias na Bolívia, ficava claro que o horizonte estratégico não era socialista ou comunista, como o horizonte dos membros do Comuna, mas sim radicalmente democratizante e descolonizador. Além disso, com as eleições de 2002 ficavam claras as possibilidades de uma futura vitória eleitoral da esquerda. Daí as reflexões do grupo passam a analisar mais concretamente a crise estatal boliviana, por um lado, e as possibilidades de uma democracia radical no país, associando estas últimas ao questionamento de importantes pilares do sistema capitalista vigente.

Neste momento, a visibilidade do grupo já era grande, e o processo de troca com os movimentos se havia intensificado: o grupo já havia cumprido um papel importante na contribuição para a criação de um novo senso comum entre os setores subalternos e na expansão deste para setores médios. É por essa visibilidade e relevância do grupo que, em 2005, o MAS convida García Linera para compor a chapa eleitoral.

Desde 2004, já cada vez mais se fortalecia o projeto hegemônico subalterno, e os debates passavam a entrar cada vez mais no tema dos rumos que o processo deveria tomar. Quando García aceita o convite do MAS, opta por um desses rumos, o que torna mais intenso os debates internos do grupo. De qualquer forma, desde a saída de Gutierrez em 2002, todos concordavam na necessidade de combinar a luta eleitoral com a via insurrecional direta dos movimentos, e a presença de um membro do grupo no Estado podia ser reflexo também dessa posição. Poderia gerar um encontro de reflexões orgânicas de dentro do processo de direção estatal, com as reflexões de fora, em articulação com os movimentos, que sempre existiram. Com a hegemonia neoliberal absolutamente derrotada, era no âmbito dos subalternos que se daria o debate dos rumos do país, e o grupo Comuna poderia seguir cumprindo um papel central. Entretanto, esse processo não duraria muito.

Até 2010, o grupo funcionou de certa forma em parceria com o Estado de uma perspectiva formalmente independente, mas totalmente associada a ele pela presença de García Linera. O Estado, por sua parte, também promovia seus debates intelectuais em consonância com o processo, de forma bastante democrática. Por fim, com a tendência ao estreitamento desses espaços estatais com a tensão crescente dentro do bloco subalterno sobre os rumos do governo, as rupturas se tornaram inevitáveis, e García Linera declarou-se, no fim de 2010, como um ex-membro do Comuna. O grupo, que havia surgido como forma de potencializar uma disputa de hegemonias por parte dos setores subalternos, terminava justamente quando esta se havia consolidado e o debate poderia passar a ser como aprofundar e manter o processo num rumo progressista, que aponte para a superação do capitalismo.

No intercurso de todo esse processo a produção teórica do grupo associada a ele apresentou potenciais interessantíssimos, que permitiram que o grupo cumprisse o papel que cumpriu. As principais contribuições, de uma perspectiva marxista, são, sem dúvida, provenientes do pensamento de Álvaro García Linera e Luis Tapia. Raquel Gutierrez também tem elaborações muito interessantes, mas deixou de publicar com o grupo em 2002 e acabou desenvolvendo muito menos suas reflexões no âmbito do Comuna.

A caracterização da sociedade boliviana elaborada pelo grupo é, além de muito precisa, útil para pensar e instrumentalizar atividades políticas concretas no país. Neste sentido, noções como multicivilizatória ou multissocietal, são muito importantes para entender contextos colonizados e extremamente complexos como o boliviano. A utilização das categorias de subsunção formal e subsunção real de Marx para compreender os estágios de desenvolvimento do capitalismo na sociedade boliviana e a percepção das potencialidades das comunidades e culturas onde não há subsunção real provenientes dessa análise são uma contribuição central de Tapia e García Linera. Além disso, a caracterização deste último de uma classe comunal contribui muito para entender a composição de classes da sociedade boliviana e sua dinâmica no último período, além de poder servir como aporte para a análise de outros contextos onde coletividades comunitárias se articulam de forma independente de outros setores camponeses.

No que diz respeito à reestruturação do mundo do trabalho e às novas configurações da classe trabalhadora, os trabalhos de García Linera, Luis Tapia, e Raquel Gutierrez também são muito importantes, entendendo suas novas características de fragmentação, desorganização e precarização como demandantes e potencializadoras de outras formas de organização. Neste sentido, as considerações sobre as novas formas organizativas desenvolvidas no país podem ter utilidade para pensar mecanismos organizativos de aglutinação dessa classe trabalhadora transformada, setores camponeses e indígenas emergentes, o que foi muito importante no processo boliviano.

No que diz respeito à democracia, García Linera contribui de forma interessante para o debate da impossibilidade da democracia liberal burguesa em uma sociedade como a boliviana. Raquel Gutierrez tem uma contribuição importantíssima acerca das formas comunitárias de política, incompatibilizando-as e colocando suas diferenças com relação às formas liberais. Neste sentido, as adjetivações e propostas concretas do grupo, relacionadas à internacionalização necessária da democracia, a seu caráter multicultural, público e assembleístico são contribuições importantes de Raúl Prada e Luis Tapia. Este autor desenvolve muito a noção de intergovernamentalidade, da necessidade da articulação internacional da democracia e fundamentalmente da necessidade de se criar espaços de contato e intercambio entre as culturas, modos de produção e tempos históricos existentes no país, sem a dominação de nenhum sobre os outros, para que se possa exercer de fato a democracia. Essas elaborações, compartilhadas pelos demais membros, são parte importante de um desenvolvimento possível do marxismo para o pensamento da democracia e suas condições em sociedades *abigarradas.*

Essas formulações do grupo acerca da democracia embasaram teoricamente muitos dos debates feitos na Assembleia Constituinte e serviram como base para uma concepção de democracia assentada na condição multissocietal da sociedade boliviana, que ainda segue em construção no país andino.

Pode-se concluir que um processo de nacionalização do marxismo – entendida como movimentação e complexificação da teoria a partir de realidades concretas e específicas – se dá nas produções de Luis Tapia e Álvaro García Linera, principalmente. Estes autores parecem haver internalizado a teoria marxista de forma a poder movimentá-la de acordo com a realidade específica da Bolívia, desenvolvendo-a cada vez mais. Raúl Prada e Oscar Vega Camacho não representam esse processo, mesmo porque não reivindicam o marxismo como sua forma principal de analisar a realidade, e Raquel Gutierrez acabou por trabalhar menos temas do que os dois primeiros, mas existem também elementos de suas análises que podem ser considerados parte deste processo. Entretanto, mesmo que Prada e Camacho não representem um processo de nacionalização do marxismo, o diálogo de suas formulações, especialmente de Prada, já que Camacho produziu bem menos e cumpria uma função mais articuladora no grupo, potencializa as formulações marxistas de Linera e Tapia em diversos momentos.

Neste sentido, se a conjuntura de crise do neoliberalismo criou as condições para a produção de autoconhecimento crítico da sociedade boliviana, e para o processo de nacionalização do marxismo, o grupo Comuna com sua configuração plural e relação direta com os movimentos potencializa essas condições a partir de suas práticas.

Tapia afirma que, depois da saída de García Linera, pretende-se retomar as iniciativas do grupo Comuna, mas agora em um perfil mais modesto, apenas de publicações. Se for o início de um novo processo de criação de um espaço de debates e de uma ferramenta importante para a luta ideológica, que busque ser amplo dentro do espectro dos setores populares na Bolívia, ou pelo menos das posições políticas representadas por eles, a iniciativa pode contribuir para o aprofundamento e para a radicalização, principalmente em médio e longo prazo, do *proceso de cambio* vivido na Bolívia atualmente.

Os debates trazidos neste livro, partindo do arcabouço teórico utilizado na primeira parte e culminando na análise da trajetória e da produção teórica de um grupo de intelectuais que exerceu grande influência na conjuntura boliviana visaram proporcionar uma compreensão mais ampla do processo boliviano, mas não só isso. Compreender o papel dos intelectuais na luta de classes e na disputa de hegemonias a partir de um caso concreto pode fomentar iniciativas semelhantes, ainda muito necessárias no contexto latino-americano para pensar transformações profundas de nossas sociedades.

Além disso, o pano de fundo que permeia toda a reflexão do grupo Comuna – desde a caracterização da sociedade boliviana até as novas formas organizativas que influenciaram na transformação ocorrida na primeira década do século XXI – é a possibilidade de transformação profunda de sociedades capitalistas periféricas que passaram por processos de colonização, e que seguem com profundas marcas deste processo em suas entranhas. Neste sentido, cada reflexão elaborada aqui a partir dos escritos do grupo Comuna e as sínteses construídas também tiveram como objetivo fomentar reflexões sobre a realidade de nosso continente, e utilizá-las para movimentar teorias e ideias de transformação de maneira concreta. Se o convite feito na introdução foi aceito e o leitor encontrou ao longo do livro inspiração para esse tipo de movimentação reflexivo-política, o esforço de traçar a história, sistematizar, sintetizar e de certa forma desenvolver as ideias do grupo não foi em vão.

***

A crise do neoliberalismo gerou condições para que o grupo pudesse produzir conhecimento crítico a partir da sociedade boliviana. Neste processo, em relação com as mobilizações dos movimentos sociais, o grupo cumpriu um papel central para a conformação de um novo consenso na sociedade boliviana. O processo de produção teórica que embasou esse consenso pode ser caracterizado, no que diz respeito aos pensamentos de García Linera e de Luis Tapia, como um processo de nacionalização do marxismo. As reflexões acerca da realidade boliviana e grande parte da produção teórica do grupo – aqui sistematizada – podem contribuir para reflexões mais gerais acerca das possibilidades de transformação profunda nos países do continente latino-americano, e até em outros que têm suas sociedades marcadas pela existência de um capitalismo construído em cima e a partir das heranças dos processos de colonização.

REFERÊNCIAS

ANTUNES, Ricardo. *O continente do Labor*. São Paulo: Boitempo Editorial, 2011;

BENSAID, Daniel. Os *Irredutíveis: teoremas da resistência para o tempo presente*. São Paulo: Boitempo Editorial, 2008;

BIANCHI, Alvaro. *O laboratorio de Gramsci. Filosofia, história e política*. São Paulo: Alameda, 2008;

BORÓN, Atilio. *Imperio e imperialismo. Una lectura crítica de Michael Hardt y Antonio Negri*. 5ed., Clacso, 2004. Disponível em http://biblioteca-virtual.clacso.org.ar/ar/libros/imperio/imperio5ed.pdf Acesso em 04/05/2009;

CAMACHO, Oscar Vega. El tiempo vivo de la educación. In: PRADA, Raúl; VEGA, Oscar; TAPIA, Luis; GARCÍA, Álvaro. *Horizontes y límites del estado y el poder*. La Paz: Muela del Diablo, 2005, p.113-132;

_____. Reflexiones sobre la transformación pluralista. In: GARCÍA, Álvaro; TAPIA, Luis; PRADA, Raúl. *La Transformación Pluralista del Estado*. La Paz: Muela del Diablo, 2007, p.7-18;

292   Rodrigo Santaella Gonçalves

_____. Al sur del Estado. In: GARCÍA, Álvaro; PRADA, Raúl; TAPIA, Luis; CAMACHO, Oscar Vega. *Estado. Campo de lucha.* La Paz: Muela del Diablo, 2010, p.129-165;

_____. Entrevistado por Rodrigo Santaella Gonçalves. La Paz, Bolívia, 23/03/2012;

CAMPERO, Fernando. (Org.). *Bolivia en el siglo XX: la formación de la Bolivia contemporánea.* La Paz: Harvard Club de Bolivia, 1999;

CARRASCO, Ronald. *La indigencia del pensamiento político de Linera y el post-modernismo.* La Paz: RCA, 2011;

CUNHA FILHO, Clayton Mendonça. *Evo Morales e os horizontes da hegemo-nia: Nacional-Popular e Indigenismo na Bolívia em perspectiva comparada.* Rio de Janeiro: Instituto Universitário de Pesquisa do Rio de Janeiro, 2009;

FERREIRA, Javo. *Comunidad, indigenismo y marxismo.* El Alto: Palabra Obrera, 2010;

GALVÃO, Andreia. *O marxismo importa na análise dos movimentos sociais?* Anais: XXXII Encontro Nacional da ANPOCS, Grupo de Trabalho 24, Caxambu, 2008;

GARAY, Marcelo V. *La ciencia política en Bolivia: entre la reforma política y la crisis de la democracia.* Revista de Ciencia Política, v.25, n.1. La Paz: Universidad de Nuestra Señora de La Paz, 2005, p.92-100;

GARCÍA, Álvaro. El Manifiesto Comunista y nuestro tiempo. In: GUTIERREZ, Raquel; GARCÍA, Álvaro; PRADA, Raúl; TAPIA, Luis. *El fantasma insomne.* La Paz: Muela del Diablo,1999, p.77-178;

_____. Sindicato, multitud y comunidad. Movimientos sociales y formas de autonomía política en Bolivia. In: GARCÍA, Álvaro; GUTIERREZ, Raquel; PRADA, Raúl; QUISPE, Felipe; TAPIA, Luis. *Tiempos de Rebelión.* La Paz: Muela del Diablo, 2001, p.9-82;

_____. Qué es la democracia? Apuntes sobre discurso y política. In: GARCÍA, Álvaro; GUTIERREZ, Raquel; PRADA, Raúl; TAPIA, Luis. *Pluriverso. Teoría política boliviana.* La Paz: Muela del Diablo, 2001b, p.80-110;

_____. El ocaso de un ciclo estatal. In: GUTIERREZ, Raquel; TAPIA, Luis; PRADA, Raúl; GARCÍA, Álvaro. *Democratizaciones plebeyas.* La Paz: Muela del Diablo, 2002, p.147-176;

_____. La crisis del estado y las sublevaciones indígeno-plebeyas. In: TAPIA, Luis; GARCÍA, Álvaro; PRADA, Raúl. *Memorias de octubre.* La Paz: Muela del Diablo, 2004, p.27-86;

_____. La lucha por el poder en Bolivia. In: PRADA, Raúl; CAMACHO, Oscar Vega; TAPIA, Luis; GARCÍA, Álvaro. *Horizontes y límites del estado y el poder.* La Paz: Muela del Diablo, 2005, p.11-76;

_____. La muerte de la condición obrera del siglo XX: la marcha minera por la vida. In: GARCÍA, Álvaro; GUTIERREZ, Raquel; PRADA, Raúl; TAPIA, Luis. *El retorno de la Bolivia plebeya.* La Paz: Muela del Diablo, 2ed., 2007 (2000), p.23-60;

_____. Estado plurinacional. In: GARCÍA, Álvaro; TAPIA, Luis; PRADA, Raúl. *La Transformación Pluralista del Estado.* La Paz: Muela del Diablo, 2007b, p.19-88;

_____. Marxismo y mundo agrario. In: *La potencia plebeya. Acción colectiva e identidades indígenas, obreras y populares en Bolivia.* Buenos Aires; Prometeu / Clacso, 2008;

_____. *Forma valor y forma comunidad.* La Paz: Muela del Diablo / Clacso, 2009 (1995).

_____. El Estado en transición. Bloque de poder y punto de bifurcación. In: GARCÍA, Álvaro; PRADA, Raúl; TAPIA, Luis; CAMACHO, Oscar Vega. *Estado. Campo de lucha.* La Paz: Muela del Diablo, 2010, p.9-42;

_____. Entrevistado por Rodrigo Santaella Gonçalves. La Paz: 14/11/2012;

GARCÍA, Álvaro; GUTIERREZ, Raquel; PRADA, Raúl; QUISPE, Felipe; TAPIA, Luis. *Tiempos de Rebelión*. La Paz: Muela del Diablo, 2001;

GARCÍA, Álvaro; GUTIERREZ, Raquel; PRADA, Raúl; TAPIA, Luis. *Pluriverso. Teoría política boliviana*. La Paz: Muela del Diablo, 2001b

GARCÍA, Álvaro; GUTIERREZ, Raquel; PRADA, Raúl; TAPIA, Luis. *El retorno de la Bolivia plebeya*. La Paz: Muela del Diablo, 2ed., 2007 (2000);

GARCÍA, Álvaro; TAPIA, Luis; PRADA, Raúl. *La Transformación Pluralista del Estado*. La Paz: Muela del Diablo, 2007b;

GARCÍA, Álvaro; PRADA, Raúl; TAPIA, Luis; CAMACHO, Oscar Vega. *Estado. Campo de lucha*. La Paz: Muela del Diablo, 2010;

GRAMSCI, Antonio. *Cadernos do Cárcere: Volume 3 - Maquiavel. Notas sobre o Estado e a política*. Rio de Janeiro: Civilização Brasileira, 2000;

_____. *Cadernos do Cárcere: Volume 1 - Introdução ao estudo da filosofia. A filosofia de Benedeto Croce*. Rio de Janeiro: Civilização Brasileira, 2001;

_____. *Cadernos do Cárcere: Volume 5 - O resorgimento. Notas sobre a história da Itália*. Rio de Janeiro: Civilização Brasileira, 2002;

_____. *Cadernos do Cárcere: Volume 2 - Os intelectuais. O Princípio Educativo. Jornalismo*. Rio de Janeiro: Civlização Brasileira, 2006;

GRAY MOLINA, George. *La economía boliviana más allá del gas*. In: América Latina Hoy, n. 43. Salamanca: Universidad de Salamanca, 2006, p.63-85;

GRINDLE, Marilee. Shadowing the past? In: *Proclaiming Revolution: Bolivia in, Comparative Perspective*. Cambridge: Cambridge University Press, 2003;

GUTIERREZ, Raquel. Leer el Manifiesto 150 años después. In: GUTIERREZ, Raquel; GARCÍA, Álvaro; PRADA, Raúl; TAPIA, Luis. *El fantasma insomne*. La Paz: Muela del Diablo, 1999, p.9-34;

_____. *Desandar el laberinto. Introspección en la feminidad contemporánea.* La Paz: Muela del Diablo, 1999b.

_____. La Coordinadora de Defensa del Agua y de la Vida. A un año de la guerra del agua. In: GARCÍA, Álvaro; GUTIERREZ, Raquel; PRADA, Raúl; QUISPE, Felipe; TAPIA, Luis. *Tiempos de Rebelión.* La Paz: Muela del Diablo, 2001, p.193-214;

_____. Forma comunal y liberal de la política: de la soberanía social a la irresponsabilidad civil. In: GARCÍA, Álvaro; GUTIERREZ, Raquel; PRADA, Raúl; TAPIA, Luis. *Pluriverso. Teoría política boliviana.* La Paz: Muela del Diablo, 2001b, p.57-74;

_____. Entrevistada por Rodrigo Santaella Gonçalves. Cidade do México-Campinas (chamada virtual): 21/11/2012;

GUTIERREZ, Raquel; GARCÍA, Álvaro; PRADA, Raúl; TAPIA, Luis. *El fantasma insomne.* La Paz: Muela del Diablo, 1999;

GUTIERREZ, Raquel; TAPIA, Luis; PRADA, Raúl; GARCÍA, Álvaro. *Democratizaciones plebeyas.* La Paz: Muela del Diablo, 2002;

GUTIERREZ, Raquel; GARCÍA, Álvaro. El ciclo estatal neoliberal y sus crisis. In: GUTIERREZ, Raquel; TAPIA, Luis; PRADA, Raúl; GARCÍA, Álvaro. *Democratizaciones plebeyas.* La Paz: Muela del Diablo, 2002, p.9-24;

GUTIERREZ, Raquel; GARCÍA, Álvaro; TAPIA, Luis. La forma multitud de la política de las necesidades vitales. In: GARCÍA, Álvaro; GUTIERREZ, Raquel; PRADA, Raúl; TAPIA, Luis. *El retorno de la Bolivia plebeya.* La Paz: Muela del Diablo, 2ed., 2007 (2000), p.143-194;

HARDT, Michael; NEGRI, Toni. *Império.* Rio de Janeiro: Record, 2001;

IAMAMOTO, Sue A. S. *O nacionalismo boliviano em tempos de plurinacionalidade: revoltas antineoliberais e constituinte (2000-2009).* Dissertação de mestrado. São Paulo: Departamento de Ciência Política da Universidade de São Paulo, 2011;

JAMESON, Fredric. *Pós-modernismo: a lógica cultural do capitalismo tardio*. São Paulo: Ática, 2007;

KOHL, Benjamin; FARTHING, Linda. *Impasse in Bolivia*. Londres: Zed Books, 2007;

KRUSE, Thomas. La Guerra del agua en Cochabamba, Bolivia: terrenos complejos, convergencias nuevas. In: TOLEDO, Enrique de la Ganza. *Sindicatos y nuevos movimientos sociales en América Latina*. Buenos Aires: CLACSO, 2005, p.121-161;

LOWY, Michael. Por um marxismo crítico. In: LOWY, Michael; BENSAID, Daniel. *Marxismo, modernidade e utopia*. São Paulo: Xamã, 2000, p.58-67;

MARX, Karl. *A Questão Judaica*. 2. ed. São Paulo: Moraes, 1991;

MARX, Karl; ENGELS, Friedrich. *Manifesto Comunista*. Rio de Janeiro: Paz e Terra, 1998;

NEGRI, Toni; HARDT, Michael; COCCO, Giuseppe; RAVEL, Judith; GARCÍA, Álvaro; TAPIA, Luis. *Imperio, multitud y sociedad abigarrada*. La Paz: Muela del Diablo / Clacso, 2008;

PRADA, Raúl. El Manifiesto comunista en los confines del capitalismo tardío. In: GUTIERREZ, Raquel; GARCÍA, Álvaro; PRADA, Raúl; TAPIA, Luis. *El fantasma insomne*. La Paz: Muela del Diablo, 1999, p. 35-76;

_____. La fuerza del acontecimiento. In: GARCÍA, Álvaro; GUTIERREZ, Raquel; PRADA, Raúl; QUISPE, Felipe; TAPIA, Luis. *Tiempos de Rebelión*. La Paz: Muela del Diablo, 2001, p.83-162;

_____. Genealogía política. Plan de consistencia. In: GARCÍA, Álvaro; GUTIERREZ, Raquel; PRADA, Raúl; TAPIA, Luis. *Pluriverso. Teoría política boliviana*. La Paz: Muela del Diablo, 2001b, p.9-56;

_____. Multitud y contrapoder. Estudios del presente. In: GUTIERREZ, Raquel; TAPIA, Luis; PRADA, Raúl; GARCÍA, Álvaro. *Democratizaciones plebeyas*. La Paz: Muela del Diablo, 2002, p.73-146;

_____. Política de las multitudes. In: TAPIA, Luis; GARCÍA, Álvaro; PRADA, Raúl. *Memorias de octubre*. La Paz: Muela del Diablo, 2004, p.87-136;

_____. Estado periférico y sociedad interior. In: PRADA, Raúl; CAMACHO, Oscar Vega; TAPIA, Luis; GARCÍA, Álvaro. *Horizontes y límites del estado y el poder*. La Paz: Muela del Diablo, 2005, p.133-215;

_____. La hermenéutica de la violencia. In: GARCÍA, Álvaro; GUTIERREZ, Raquel; PRADA, Raúl; TAPIA, Luis. *El retorno de la Bolivia plebeya*. La Paz: Muela del Diablo, 2ed., 2007 (2000), p.91-142;

_____. Articulaciones de la complejidad. In: GARCÍA, Álvaro; TAPIA, Luis; PRADA, Raúl. *La Transformación Pluralista del Estado*. La Paz: Muela del Diablo, 2007b, p.199-270;

_____. *Subversiones indígenas*. La Paz: Muela del Diablo / Clacso, 2008;

_____. Umbrales y horizontes de la descolonización. In: GARCÍA, Álvaro; PRADA, Raúl; TAPIA, Luis; CAMACHO, Oscar Vega. *Estado. Campo de lucha*. La Paz: Muela del Diablo, 2010, p.43-96;

_____. Entrevistado por Rodrigo Santaella Gonçalves. La Paz, Bolívia, 23/03/2012

PRADA, Raúl; VEGA, Oscar; TAPIA, Luis; GARCÍA, Álvaro. *Horizontes y límites del estado y el poder*. La Paz: Muela del Diablo, 2005;

QUISPE, Felipe. Organización y proyecto político de la rebelión indígena aymara-quechua. In: GARCÍA, Álvaro; GUTIERREZ, Raquel; PRADA, Raúl; QUISPE, Felipe; TAPIA, Luis. *Tiempos de Rebelión*. La Paz: Muela del Diablo, 2001, p.163-192;

RAMÍREZ, Franklin; STEFANONI, Pablo; SVAMPA, Maristella. *Las vías de la Emancipación: Conversaciones con Álvaro García Linera*. Cidade do México: Ocean Sur, 2009;

RICUPERO, Bernardo. *Caio Prado Jr. e a nacionalização do marxismo no Brasil*. São Paulo: Editora 34, 2000;

ROJAS, Farit. Entrevistado por Rodrigo Santaella Gonçalves. La Paz, Bolívia, 28/03/2012;

SPEEDING, Alisson. *Elites a la vuelta de la esquina. Reseñas críticas de la producción intelectual del Grupo Comuna*. In: La Voz de la Cuneta, n.3. La Paz: Colectivo Editorial Pirata, 2003;

TAPIA, Luis. La conquista de la democracia: consigna de la plebe en tiempos modernos. In: GUTIERREZ, Raquel; GARCÍA, Álvaro; PRADA, Raúl; TAPIA, Luis. *El fantasma insomne*. La Paz: Muela del Diablo, 1999, p.179-205;

_____. El movimiento de la parte maldita. In: GARCÍA, Álvaro; GUTIERREZ, Raquel; PRADA, Raúl; QUISPE, Felipe; TAPIA, Luis. *Tiempos de Rebelión*. La Paz: Muela del Diablo, 2001, p.215-242;

_____. Subsuelo Político. In: GARCÍA, Álvaro; GUTIERREZ, Raquel; PRADA, Raúl; TAPIA, Luis. *Pluriverso. Teoría política boliviana*. La Paz: Muela del Diablo, 2001b, p.111-149;

_____. Política Salvaje. In: GARCÍA, Álvaro; GUTIERREZ, Raquel; PRADA, Raúl; TAPIA, Luis. *Pluriverso. Teoría política boliviana*. La Paz: Muela del Diablo, 2001c, p.150-164;

_____. Movimientos sociales, movimiento societal y los no lugares de la política. In: GUTIERREZ, Raquel; TAPIA, Luis; PRADA, Raúl; GARCÍA, Álvaro. *Democratizaciones plebeyas*. La Paz: Muela del Diablo, 2002, p.25-72;

_____. *La condición multisocietal*. La Paz: Muela del Diablo, 2002b.

_____. *La producción del conocimiento local*. La Paz: Muela del Diablo, 2002c.

_____. Crisis y lucha de clases. In: TAPIA, Luis; GARCÍA, Álvaro; PRADA, Raúl. *Memorias de octubre*. La Paz: Muela del Diablo, 2004, p.7-26;

_____. Izquierdas y movimiento social. In: TAPIA, Luis; GARCÍA, Álvaro; PRADA, Raúl. *Memorias de octubre*. La Paz: Muela del Diablo, 2004b, p.137-179;

_____. El presidente colonial. In: PRADA, Raúl; CAMACHO, Oscar Vega; TAPIA, Luis; GARCÍA, Álvaro. *Horizontes y límites del estado y el poder*. La Paz: Muela del Diablo, 2005, p.77-112;

_____. *La invención del núcleo común. Ciudadanía y gobierno multisocietal*. La Paz: Muela del Diablo / Autodeterminación, 2006.

_____. La densidad de la síntesis. In: GARCÍA, Álvaro; GUTIERREZ, Raquel; PRADA, Raúl; TAPIA, Luis. *El retorno de la Bolivia plebeya*. La Paz: Muela del Diablo, 2ed., 2007 (2000), p.61-90;

_____. Gobierno multicultural y democracia directa nacional. In: GARCÍA, Álvaro; TAPIA, Luis; PRADA, Raúl. *La Transformación Pluralista del Estado*. La Paz: Muela del Diablo, 2007b, p.89-198;

_____. *Pensando la democracia geopolíticamente*. La Paz: Muela del Diablo / Clacso, 2009

_____. *La coyuntura de la autonomía relativa del estado*. La Paz: Muela del Diablo / Clacso, 2009b.

_____. El estado en condiciones de abigarramiento. In: GARCÍA, Álvaro; PRADA, Raúl; TAPIA, Luis; CAMACHO, Oscar Vega. *Estado. Campo de lucha*. La Paz: Muela del Diablo, 2010, p.97-128;

_____. Entrevistado por Rodrigo Santaella Gonçalves. Recife, Brasil, 10/09/2011;

_____. Entrevistado por Rodrigo Santaella Gonçalves. La Paz, Bolívia, 29/03/2012;

TAPIA, Luis; GARCÍA, Álvaro; PRADA, Raúl. *Memorias de octubre*. La Paz: Muela del Diablo, 2004;

VIAÑA, Jorge. Entrevistado por Rodrigo Santaella Gonçalves, La Paz, Bolívia, 30/03/2012;

WILLIAMSON, John. 'What Washington Means by Policy Reform'. In: WILLIAMSON, John. *Latin American Adjustment: How Much Has*

Happened?. Washington: Institute for International Economics, 1990, p.7-20;

ZAVALETA MERCADO, René. *El poder dual*. Problemas de la teoría del estado en América Latina. 2.ed. Cidade do México: Siglo XXI, 1977;

_____. Las determinaciones dependientes y la forma primordial. In: ARAVENA, Francisco Rojas. *América Latina: desarrollo y perspectivas democráticas*. San José: Flacso, 1982;

_____. Las masas en noviembre. In: ZAVALETA MERCADO (comp.), *Bolivia Hoy*. México: Siglo XXI, 1983, p. 11-59;

_____. *Lo Nacional-Popular en Bolivia*. Cidade do México: Siglo XXI, 1986;

_____. *El Estado en América Latina*. Obras Completas, tomo 3. La Paz: Los amigos del libro, 1990.

AGRADECIMENTOS

À minha mãe, ao meu pai e ao Renato, por toda a força, serenidade, amor e pelo apoio incondicional. Por terem criado as condições objetivas e subjetivas para o cumprimento de mais esse ciclo. Minha eterna gratidão. Às minhas avós, pela acolhida sempre carinhosa e sorridente, e pelo amor de sempre. À Natalia, pelos sonhos que compartilha comigo, por todo o apoio, pela proximidade apesar das distâncias, pelo amor de sempre. Pela vida de companheirismo, pelo sentimento eterno.

A todos os professores que passaram pela minha trajetória na UNICAMP – onde realizei a pesquisa que deu origem ao livro – e na UFC, por todo o conhecimento dividido e discutido. Em especial Andréia Galvão, pelas conversas, pela qualificação; Raquel Meneguello, pelos comentários ao projeto inicial; Mauro Almeida, pela participação na qualificação. Aos membros da banca de mestrado, professores Armando Boito Junior, Rodrigo Duarte dos Passos e Gilberto Maringoni, por terem topado fazer parte dela e por todas as críticas, sugestões, elogios e contribuições. Ao meu orientador de mestrado, Álvaro Gabriel Bianchi Mendez. À FAPESP, que financiou este projeto através do processo 2011/15586-5, proporcionando inclusive viagens de campo que garantiram as entrevistas realizadas na Bolívia e à CAPES, que contribuiu com as bolsas do primeiro ano do mestrado. Ambas as instituições geraram as condições materiais para essa dissertação. Agradeço especialmente ao professor Bernardo Ricupero, por comentários, revisões, e especialmente pela disponibilidade e atenção quase que infinitas.

Aos membros do grupo Comuna: Luis Tapia, Raúl Prada, Oky Vega, Álvaro García e Raquel Gutiérrez. Muito obrigado pela receptividade, abertura e por todas as excelentes entrevistas concedidas. Espero que dos contatos surgidos na pesquisa surjam muitas reflexões em conjunto e um contato constante. Agradeço também a outros que me concederam entrevistas e me ajudaram de todas as formas possíveis: Jorge Viaña, Valeria Silva, Jiovanny Samammud e Farit Rojas. À Sue Iamamoto, pelas conversas e trocas de impressões, ao Clayton Mendonça, pela força de sempre.

Aos camaradas e amigos de militância, no Ceará e no Brasil, por dividirem sonhos, lutas e sentidos. Aos eternos amigos e amigas de Fortaleza. Com todas as diferenças, com toda a distância, a amizade de vocês também enche de sentido a minha vida.

A todas e todos, obrigado por tudo, sempre.